LIBAN
8 jours pour mourir

DU MÊME AUTEUR

aux Presses de la Cité

Les centurions
Les mercenaires
Les prétoriens
Les tambours de bronze
Les chimères noires
Le mal jaune
Sauveterre
Les baladins de la Margeride
Tout homme est une guerre civile, tome 1
Les libertadors, tome 2
Le paravent japonais
Les guérilleros
Voyage au bout de la guerre
Tout l'or du diable
L'Adieu à Saigon
Fiu, Tahiti, la pirogue et la bombe
Le peuple de l'opium
Dieu, l'or et le sang
Le commandant du nord
Marco Polo, espion de Venise

Flammarion

Enquête sur un crucifié
Les rois mendiants
Les naufragés du soleil
Le cheval de feu
Le baron céleste

Gallimard

Saharo Au L.
La grande aventure de Lacq
Visa pour l'Iran
Les quatre fils Aymon
Le Maroc interdit

Le Mercure de France

Le Protecteur *(théâtre)*

Albin Michel

Clefs pour l'Afrique
Lettre ouverte aux bonnes femmes

Édition Spéciale

Les murailles d'Israël

La Pensée moderne

Les Dieux meurent en Algérie
Les centurions du roi David *(albums)*

GP Rouge et Or

Le dragon, le Maître du ciel et ses sept filles

JEAN LARTÉGUY

LIBAN
8 jours pour mourir

PRESSES DE LA CITE
PARIS

ISBN : 2.258.01386.0

Je partis pour l'Orient compliqué avec des idées simples.

Charles de Gaulle,
Mémoires de guerre

Préface

En guise de préface, je souhaiterais rappeler quelques évidences que les derniers événements par l'importance qu'ils accordent au Liban sur la scène internationale pourraient faire oublier. Ce pays est minuscule : 10 176 kilomètres carrés, à peine un département français. Ce n'est qu'une simple bande de terre longue de 250 kilomètres, large de 75 kilomètres au nord, de 40 au sud. Serrée entre la mer et la montagne, une côte étroite se poursuit par une série de terrasses où poussent la vigne, l'olivier, le mûrier et, plus haut, des forêts de pins et de cèdres. Les cèdres qui ont presque totalement disparu sauf sur le drapeau libanais. Mais là aussi ils sont menacés. Entre les deux chaînes de montagnes, du mont Liban et de l'Anti-Liban s'étend une étroite et fertile vallée, la Bekaa, qu'arrosent l'Oronte et le Litani, véritable verger où poussent le blé, les plus beaux fruits, les meilleurs légumes de tout l'Orient mais où se cultive aussi le haschisch, une culture des plus rentables (6 000 tonnes par an) qui excite les convoitises et explique certaines surprenantes prises de positions politiques ou confessionnelles.

Le Liban est bordé au nord et à l'est par la Syrie, au sud par Israël. Ce dangereux voisinage est à l'origine de ses malheurs. Damas considère en effet que le Liban n'est qu'une province de la Grande Syrie et Beyrouth, son débouché naturel sur la Méditerranée. Israël, un jour, semble s'accommoder de l'existence « multiconfessionnelle » de son voisin du nord et le lendemain s'employer à la détruire selon les impératifs d'une politique si changeante, si subtile que personne ne s'y retrouve plus. Le

Liban, qui vit en grande partie du commerce avec les autres pays arabes et du transit des marchandises, à partir du port franc de Beyrouth, dépend pour leur acheminement du bon vouloir de la Syrie, Israël étant pour l'instant exclu du marché. D'où une dépendance économique due à une situation géographique qui ne pouvait qu'engendrer d'autres dépendances. Il est bon de se souvenir qu'au Liban Mahomet ou le Christ doivent souvent s'effacer devant Baal, l'ancien dieu phénicien de l'or et du profit, un dieu assoiffé de sang, toujours prêt à renaître des ruines du passé et qui exige sans cesse de nouvelles victimes.

Selon les dernières statistiques, le Liban compterait un peu plus de 3 millions d'habitants dont 1 300 000 chrétiens, 2 200 000 musulmans parmi lesquels 1 200 000 chiites, 800 000 sunnites et 200 000 druzes.

De source chrétienne officielle (la présidence de la république), on avance un chiffre différent : 2 700 000 habitants dont 1 435 000 chrétiens, 531 000 sunnites, 103 000 druzes et 643 100 chiites, ce qui accorderait la majorité aux chrétiens. Selon les mêmes sources, Beyrouth compterait 506 660 chrétiens, 163 000 sunnites, 14 300 druzes et 350 000 chiites, chiffres bien sûr contestés. Mais ceux que l'on avance de l'autre bord ne valent guère mieux.

Le Liban actuel occupe à peu près exactement le territoire de l'ancienne Phénicie et son histoire se perd dans la nuit des temps.

Beyrouth, Berytos, existait quinze siècles avant notre ère, cinq siècles avant que les guerriers mycéniens ne partent à la conquête de Troie pour une sombre histoire de reine enlevée qui déguisait déjà des rivalités commerciales. Berytos commerçait avec l'Égypte d'Amenophis IV, le fameux Akhnaton, créateur d'Heliopolis et adorateur du soleil. Elle fournissait la résine, la pourpre et le bois de cèdre. Tout à côté, à Byblos, aurait été inventé l'alphabet que nous utilisons toujours et qui remplaça les inscriptions cunéiformes. En rivalité avec la Grèce, la Phénicie règne sur les mers, et ses colonies essaiment dans toute la Méditerranée jusqu'à sa conquête par Alexandre le Grand. Elle devint romaine avec Pompée et la IIIe Légion, la Gallica, composée de Gaulois, qui ne s'appellaient pas encore des Français, tint garnison à Beyrouth devenue Beyritus. Ses vétérans reçurent des terres pour s'y établir quinze siècles avant que les Croisés francs n'y plantent leurs oriflammes et n'épousent les belles Beyrouthines, vingt-deux siècles avant que nos parachutistes ne viennent à leur tour y promener leurs bérets rouges et 88 d'entre eux y laisser la vie.

Le mont Liban devint chrétien au VIe siècle quand un groupe de disciples de saint Maron, d'où leur nom de maronites, se séparèrent de l'église syrienne pour d'obscures raisons de dogme et, afin de ne pas être inquiétés, s'installèrent dans ces montagnes où ils retrouvèrent les mardaïtes, farouches soldats de Dieu, dont certains descendraient. Ils refusèrent de se soumettre aussi bien aux Byzantins qu'aux musulmans dont la marée venait de submerger toute la côte.

Ils n'acceptèrent jamais, comme les coptes d'Égypte, le statut de « dhimmis » qui faisait des « gens du livre » juifs et chrétiens des citoyens protégés mais diminués, assujettis à un impôt spécial, la « Gizya ». Ils conservèrent leur autonomie politique et administrative sous les Omeyyades, sous les mamelouks et sous les Ottomans, administrés par un émir, prince du Liban qui n'avait de comptes à rendre qu'au khalife ou au sultan.

Au XIe siècle, ils seront rejoints dans leurs montagnes par d'autres réprouvés que rejette l'Islam sunnite : les chiites déportés de Perse et les druzes, adeptes de la métempsycose, disciples d'Hakim, le khalife fou du Caire qui avait trop lu Pythagore et qui s'était proclamé l'incarnation vivante de Dieu, à l'image du Christ.

Vinrent des croisés qui furent chaleureusement accueillis aussi bien par les maronites que par les druzes. On prétendit même que les druzes descendaient des chevaliers francs. Cette hypothèse romanesque n'a hélas d'autre fondement historique que les dires de l'émir Fakhereddine qui voulait plaire à l'Occident, pour s'en servir. Puis ce fut Saladin, les mamelouks et les Ottomans, et Soliman le Magnifique avec qui François Ier s'entendit contre la Maison d'Autriche, ce qui lui valut de devenir le protecteur officiel des chrétiens des Echelles, c'est-à-dire des escales du Levant. Tous les navires de commerce devaient y arborer le drapeau à fleurs de lys, ce qui n'alla pas sans exciter des jalousies.

Les grands émirs du mont Liban : Fakhereddine au XVIIe siècle, Bachir Chehab au XIXe fonderont l'unité libanaise sur l'union des maronites et des druzes, que n'opposait alors aucune rivalité confessionnelle. D'autant que les druzes refusaient de convertir qui que ce soit.

Les Turcs avaient fort bien compris qu'ils ne pourraient rétablir leur pouvoir et leur administration sur la Montagne qu'en opposant les deux communautés et, fort habilement, ils remplacèrent l'émir unique du Liban par un « caïmacam », un gouverneur maronite au nord et un « caïmacam » druze au sud.

Aidés par les Anglais qui jouaient les druzes contre les Français, protecteurs traditionnels des maronites, ils surent fort bien attiser les rivalités entre les deux caïmacams, rivalités qui aboutirent en 1840 mais surtout en 1860 au massacre des chrétiens (massacre qui s'étendit à toute la Syrie et provoqua l'envoi par la France d'un corps expéditionnaire) — un massacre qui vient de se répéter dans les mêmes conditions et pour les mêmes raisons en 1983.

La paix ou la guerre civile, l'indépendance ou l'intervention étrangère, depuis les origines du Liban moderne jusqu'à nos jours, ont toujours dépendu de l'union ou de la désunion des deux forces vives du pays : les druzes et les maronites.

Hier, c'était un Chehab chrétien qui s'opposait à un Joumblatt druze, aujourd'hui c'est encore un Joumblatt, Walid, qui s'oppose à l'héritier spirituel des Chehab, Amin Gemayel.

Le 1er septembre 1920, avant même que le mandat de la Société des Nations sur la Syrie et le Liban ait été confirmé, le général Gouraud proclamait la naissance du Grand Liban.

Il serait inexact de prétendre que le Liban est une création française. Les autorités françaises se sont bornées à accorder à l'État historique du mont Liban des frontières économiquement viables : une façade maritime et les riches plaines à blé de la Bekaa et de l'Akkar.

« Un fait nouveau s'y était produit, toutefois, par l'insertion dans les frontières des masses musulmanes qui peuplaient les villes de la côte (Beyrouth, Tripoli, Sour et Saïda) et les quatre " cazas " (Baalbek, la Bekaa, Hasbaya et Racheya) détachées de Damas. Cette fraction nouvelle de " citoyens " devenus libanais à leur corps défendant se trouvait unie avec la Syrie par les liens de l'Islam et l'arabité. Elle ne manque pas dès le début du Mandat de faire montre d'une répugnance, souvent agressive, à toute idée d'une patrie libanaise [1]. » Un sentiment qui a survécu et qui explique l'attitude des communautés musulmanes dans le conflit actuel.

En 1926, le Liban devient une république avec une constitution calquée sur celle de la France. L'indépendance du Liban est proclamée en novembre 1941, mais elle ne deviendra effective qu'en 1943, quand seront rompus tous les liens avec la France.

En mars 1945, le Liban devient l'un des membres fondateurs de la Ligue arabe et en juin de la même année participe à la création de la Charte des Nations Unies.

Il dénonce le 13 mars 1950 son unité économique avec la Syrie, accédant ainsi à l'autonomie monétaire, et inaugure une politique de libre entreprise qui lui apportera une folle prospérité et qui fera de Beyrouth la métropole commerciale de l'Orient comme Hong Kong l'était de l'Extrême-Orient. En même temps que l'une des plus importantes places bancaires du monde. Le pétrole coulait peut-être en Arabie, en Irak, au Koweit, dans le Golfe, mais les pétro-dollars venaient se dépenser et s'investir au Liban. En 1974, le mètre carré de terrain en bord de mer coûtait plus cher à Beyrouth que dans les beaux quartiers de New York.

La pauvreté du Liban en ressources naturelles, à cause de son relief montagneux et malgré quelques riches bandes de terre admirablement cultivées, le condamnait à se tourner vers le commerce, la banque, le tourisme, les services.

Le secteur tertiaire pourra prospérer d'autant librement qu'il n'y a pratiquement pas d'État donc d'administration pour le brider.

« L'État reflète dans sa constitution et son fonctionnement, ces inhibitions, souvent contradictoires, qu'engendre nécessairement un régime communautaire qui ne saurait, en sa nature même qu'être composite, nous serions tentés de dire : kaléidoscopique, qui fut et demeure le sien depuis le Mandat qui va toujours en s'atomisant — organisation administrative, services publics, gouvernants, juges et fonctionnaires, hommes de religion, milieux d'affaires, professions libérales, bourgeois, classes moyennes, ouvriers et paysans, mœurs et habitations, les lieux

1. Edmond Rabbath, *La Formation historique du Liban politique et confessionnel*, Beyrouth 1973.

de sépulture même, tout porte l'empreinte manifeste du confessionnalisme avec ses convictions, ses signes et ses animosités — mais dans le même temps, chose étrange, la marque toujours dynamique d'un modernisme qui prise l'outrance dans les idées comme les parlers, les goûts et les modes [1]. »

Et cela dura jusqu'à l'arrivée des milices palestiniennes. Les Israéliens avaient chassé les Palestiniens de leurs terres mais les pays arabes refusaient de les accueillir. Ils redoutaient leurs activités brouillonnes et leur prétention à répandre partout la révolution. Quand ils ne les massacraient pas comme en Jordanie. On les colla aux Libanais qui les acceptèrent par inconscience ; les Libanais ont toujours été persuadés qu'ils pouvaient s'arranger, tant ils étaient subtils, de n'importe quelle situation. Mais aussi parce qu'ils ne pouvaient guère refuser ce cadeau empoisonné. A se demander parfois si les Palestiniens n'avaient pas eu pour mission de les punir d'être devenus trop riches, trop vite, d'avoir étalé leur luxe, leur insouciance, leur tolérance, leur joie de vivre aux portes d'un Orient misérable que guettait le fanatisme. Les Palestiniens s'employèrent avec un tel succès à cette tâche de déstabilisation que sans l'intervention de la Syrie d'abord, d'Israël ensuite, il existerait aujourd'hui au Liban une république démocratique palestinienne sous contrôle soviétique. Partie remise ?

Combien de fois m'a-t-on expliqué que le départ des Palestiniens devait tout arranger. Il n'en fut rien. Et nous arrivons en ce mois de février 1984, à ces huit jours qui décidèrent du destin du Liban, quand l'Occident, lui retirant son appui, réembarqua ses marines. Bersaglieri italiens et parachutistes français allaient suivre.

Les derniers événements du Chouf auraient amené 100 000 réfugiés, en majorité chrétiens, venant de l'est du pays, dans le réduit maronite, qui se sont entassés sur le littoral comme dans la montagne du Kesrouan. Beaucoup vivent dans des conditions déplorables, quand ils n'ont pas trouvé à se loger dans un hôtel, un couvent ou un parking couvert.

La partition entre les deux communautés est aujourd'hui un fait accompli sauf dans la zone tenue par Israël où domine

1. Edmond Rabbath.

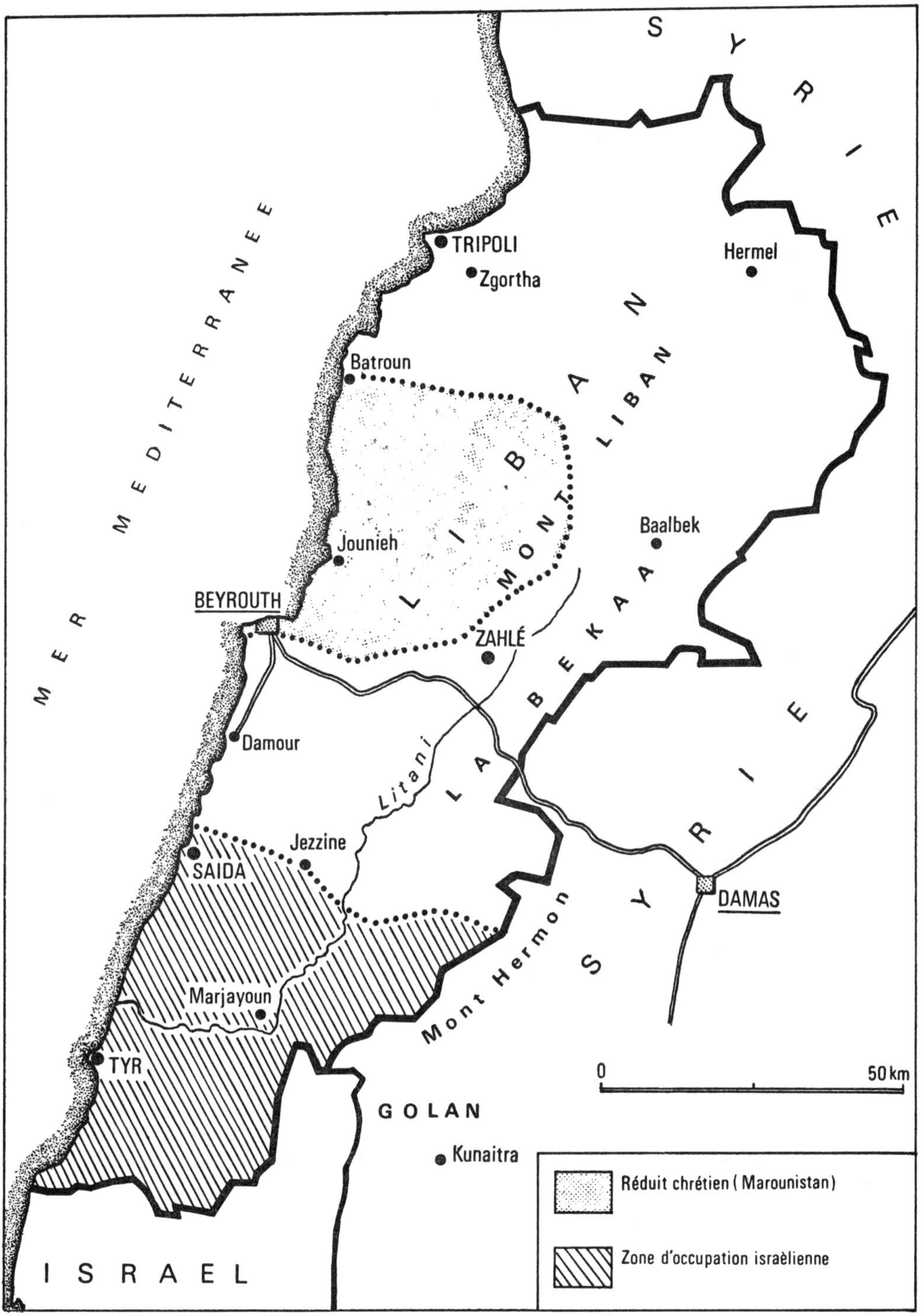
SYRIE
MER MEDITERRANEE
TRIPOLI
Zgortha
Hermel
LIBAN
Batroun
MONT LIBAN
Baalbek
Jounieh
BEYROUTH
ZAHLÉ
LA BEKAA
Damour
Litani
SYRIE
Jezzine
SAIDA
DAMAS
Mont Hermon
Marjayoun
TYR
0
50 km
GOLAN
Kunaitra
ISRAEL
Réduit chrétien (Marounistan)
Zone d'occupation israèlienne

l'élément chiite mais où les chrétiens se sont maintenus. Mais leur existence est liée à l'occupation israélienne.

Le Liban fut largué sans précautions comme une vieille barcasse qui faisait eau de toutes parts et dont on ne pouvait plus rien tirer. Reagan devait affronter des électeurs qui se souvenaient encore trop du Vietnam. Les Libanais, un million aux USA, ne pesaient pas d'un poids électoral suffisant pour qu'on s'en inquiète. Les Italiens estimaient en avoir assez fait pour la cause de la chrétienté et un pape qui n'était même pas des leurs. François Mitterrand était lui-même empêtré au Tchad et sur son propre territoire embarqué dans une mauvaise querelle d'école libre et laïque qui rappelait fâcheusement certains affrontements confessionnels libanais. Bref, ce n'était pas le moment de se poser, malgré l'envie qu'il en avait, en héritier des rois de France, protecteurs traditionnels des chrétiens et de chausser les bottes trop grandes pour lui de Charles de Gaulle.

Quant aux Anglais, ayant prouvé aux Malouines leur détermination et s'estimant quittes pour un siècle, ils s'étaient sournoisement esbignés sans même prévenir leurs partenaires.

Il ne restait plus qu'à régler les détails de cette mise à mort. On s'y employa dans un palace vieillot de Lausanne au nom prédestiné : *le Beau Rivage*. Les vieux « parrains » et leurs rejetons s'y livreront à leur pantomime habituelle s'insultant, s'embrassant, se trahissant pour se réconcilier. Mieux gardés que les coffres-forts d'une banque helvétique, ils dînaient le soir aux chandelles sur des airs désuets d'un autre siècle, en attendant de rejoindre, pour la mise en terre de leur pays, les deux maîtres de cérémonie, le Syrien et l'Israélien. Derrière le Syrien se profilait le Russe qui n'avait pas à se soucier d'élections, derrière Israël, l'Américain qui s'effaçait pour des raisons électorales.

Je vous propose de vivre ces huit jours en compagnie des acteurs et des victimes de ce drame : les Libanais de toutes les confessions, du président de la République au simple bidasse, du mollah chiite, disciple de Khomeiny, au guerrier druze qui par un miracle du temps se retrouve progressiste et socialiste, du Palestinien qui a rejeté Arafat au phalangiste chrétien qui refuse son président maronite. Sans oublier l'Israélien à la fois protecteur du druze et du chrétien et que lient au Syrien de secrètes complicités. Avec pour fond sonore le chœur habituel des journalistes de presse et de télévision, chœur disparate, criard, pathétiques funambules qui viennent un instant agiter leurs grelots sur la scène et qui, désabusés, souhaiteraient certains soirs écrire : « Au Liban, rien de nouveau, rien que nous n'ayons déjà vu : de la merde et du sang. »

Nous nous efforcerons de comprendre à la suite de quelles aberrations le miracle libanais se transforma en cauchemar, comment cessa d'exister un pays qui n'était pas comme les autres bâti sur la tolérance religieuse et qui, depuis 6000 ans, alors que s'écroulaient autour de lui les civilisations, renaissait sans cesse de ses cendres. Mais cette fois, il semble condamné à n'être plus qu'une province syrienne, une zone d'influence israélienne, un îlot chrétien noyé dans la marée musulmane que chaque vague effritera un peu plus. Qu'en restera-t-il ? Le souvenir d'une liaison amoureuse avec la France mêlée d'élans et de rancœurs, celle d'une fête folle qui se termina dans le sang. Et partout dans le monde, une diaspora d'exilés qui, comme les Juifs, rêvera d'un retour à la terre promise, cette terre de miel et de lait de la Bible transformée par la cruauté, la bêtise des hommes et l'inconscience de ses habitants en un champ de ruines où l'on n'a pas fini de s'égorger.

J. L.

Ce livre document n'aurait pas existé sans les reportages et les photographies qui ont été réalisés pour l'hebdomadaire Paris-Match *au cours des années 1983-1984.*

I

Les étapes d'une descente aux enfers

On fait la guerre quand on veut,
on la termine quand on peut.
Machiavel,
Le Prince

Nous nous bornerons à donner ici quelques dates importantes ainsi qu'un résumé succinct des événements qui jalonnent la longue descente du Liban vers les Enfers.

5 juillet 1958

J'assiste à Beyrouth, de la plage de l'hôtel Saint-Georges, au débarquement de 5 000 marines américains qui, à la demande du gouvernement libanais de l'époque, viennent mettre fin à la guerre civile qui opposait (déjà) chrétiens et musulmans, partisans de l'Orient et de l'Occident, Camille Chamoun, le président sortant qui souhaitait le rester, au leader druze Kamal Joumblatt, seigneur héréditaire du Chouf, fondateur du PSP (Parti Socialiste Progressiste) et qui espérait le devenir. Ce qui n'était possible que si était rompu le fameux Pacte national de 1943, pacte non écrit où le chrétien renonçait à la protection occidentale, le musulman à se perdre dans une nation ou un empire arabe. En échange, il accordait la présidence de la République et le commandement de l'armée à un chrétien, la présidence du conseil à un sunnite, celle de la chambre à un chiite et un ministère aux druzes, qui ne constituaient il est vrai que 8 % de la population, mais se croyaient des droits historiques sur le Liban ce qui n'est pas inexact si l'on préfère l'histoire aux statistiques. Aussi, Joumblatt, entre autres réformes, réclamait-il l'abrogation de ce pacte qui faisait, selon lui, la part trop belle aux chrétiens. Il était appuyé par la majorité des chefs traditionnels sunnites et chiites, tous partisans de Nasser, alors à l'apogée de sa gloire qui venait de proclamer l'union entre la Syrie et l'Égypte à laquelle il comptait bien joindre le petit Liban.

L'intervention des marines ne changea pas grand-chose (déjà), mais elle eut au moins ce mérite d'obliger le général Fouad Chehab, créateur et commandant de l'armée libanaise (13 500 hommes) à devenir président de la République. « Ni vainqueurs, ni vaincus », proclama-t-il. Et il réussit à faire cohabiter dans un même gouvernement Kamal Joumblatt, le grand féodal progressiste, et Pierre Gemayel, le pharmacien fascisant de la place des Canons, fondateur des Phalanges.

Pour avoir connu les deux personnages, je puis affirmer qu'ils ne manquaient pas de traits communs. Minces, grands, ils avaient tous deux fière allure ; ils n'étaient ni fascistes ni progressistes, mais plutôt les tenants d'une révolution nationale, façon Pétain : Travail (à la rigueur), Famille (toujours), Patrie (puisqu'il fallait s'y résigner). Chacun à leur manière, ils représentaient le vrai Liban, celui de la Montagne, celui des druzes et des maronites.

Sous le régime assez particulier du général Chehab, le Liban connut la paix et une véritable prospérité. Le général — dont le modèle était Charles de Gaulle, l'ambition en moins — s'efforça de réconcilier les deux communautés par des réformes prudentes et de mettre un peu d'ordre dans le pays en utilisant les officiers de son Deuxième Bureau.

Le poids de l'armée se fit plus pesant après une piteuse tentative de coup d'État, une nuit de la Saint-Sylvestre de 1961, tenté par le parti populaire syrien, qui n'était que libanais et derrière lequel se profilait l'ombre de Chamoun, le « parrain » évincé de la présidence. Mais le pays se sentit protégé, aux dépens, disent certains, de la perte de ses libertés politiques, libertés qui étaient surtout liées au partage des prébendes, seule façon pour les politiciens de conserver leur clientèle.

Charles Hélou succédera à Chehab après que ce dernier eut refusé le renouvellement de son mandat. La religion l'attirait ; la politique le consternait. Hélou s'efforcera de poursuivre sa politique. Mais il n'était pas Chehab, il n'avait pas derrière lui une armée qu'il avait créée et il ne descendait pas des émirs qui avaient fait le Liban à partir de quelques bandes de maronites et de druzes dressés sur leurs cailloux.

La leçon que l'on peut tirer du chehabisme tient dans deux, ou trois principes fort simples qui auraient pu, s'ils avaient été appliqués, éviter à ce pays bien des avatars, même au prix de quelques désagréments. Le Liban est certes une démocratie, mais superposée à des structures féodales, des clans, des clientèles, des groupements confessionnels où les élections n'ont pour but que mesurer la puissance montante ou descendante d'un chef traditionnel et de sa descendance. Cette démocratie ne peut fonctionner correctement que si le président, appuyé par une armée placée au-dessus des clans et des confessions, agit à la manière d'un dictateur éclairé, laissant à ses officiers le soin d'user dans l'ombre mais sans excès des méthodes traditionnelles de pression propres à la région. En revanche le président ne se risquera que prudemment à promouvoir les réformes qui tendront à remplacer cette féodalité anachronique de la naissance, de l'argent, de la confession par une forme moderne de pouvoir démocratique bien tenu en laisse. Car l'édifice né d'un savant équilibre est extrêmement fragile.

En se référant au modèle Chehab, en croyant comme lui que la clé de la paix, de l'unité, de la survie du Liban résidait dans une armée forte, unie et qui aurait surmonté ses divisions confessionnelles, les Occidentaux, Américains et Français, iront jusqu'à envisager de donner le pouvoir à cette armée. Mais ils ne pourront poursuivre très loin ce projet.

D'où l'importance que nous accordons à cette date du 15 juillet 1958. J'avais pu alors assister à une répétition réussie d'événements qui, un quart de siècle plus tard, en se reproduisant souvent avec les mêmes acteurs, tourneront à la catastrophe.

« Une armée, ça coûte très cher, disait le brave général Chehab, mais il en coûte infiniment plus cher de ne pas en avoir. »

15 octobre 1966

Krach de l'Intra-Bank qui menace tout le crédit du Liban. Un habile fonctionnaire chehabiste, Elias Sarkis, gouverneur de la Banque du Liban, rétablira la situation.

5 juin 1967

La guerre des Six Jours consacre le triomphe d'Israël sur l'Égypte, la Syrie, la Jordanie, lui donne Jérusalem, la Cisjordanie, le Golan, Gaza, le Sinaï et porte un coup fatal au prestige panarabe de Nasser. Les Palestiniens n'étaient pas intervenus dans la guerre. Quand elle fut perdue, ils ne s'en agitèrent que plus. Ils sont 300 000 au Liban, parqués dans des camps où ils reçoivent une éducation militaire et politique imprégnée d'arabisme, d'Islam et de marxisme. Ils ne sont plus des réfugiés mais des feddayins dont le principal mouvement est le Fath, de Yasser Arafat. Utilisant le sud du Liban comme base, ils vont attaquer le territoire israélien, ce qui vaut au Liban de sévères représailles, dont le 28 décembre 1968 le raid israélien sur l'aéroport international de Beyrouth où est détruite la plus grande partie des appareils de la flotte libanaise de commerce.

Émeutes sanglantes à Saïda qui opposent des Palestiniens encadrant des musulmans libanais à l'armée nationale. Les chrétiens prennent parti pour l'armée ; les musulmans contre. Au sein de cette armée se dessinent déjà les failles à partir desquelles elle éclatera.

Septembre 1970

Les feddayins palestiniens sont écrasés à Amman par les bédouins du roi Hussein de Jordanie. Ils se réfugient au Liban avec armes et bagages, d'autant que les accords du Caire signés en 1969 entre le gouvernement libanais et la résistance palestinienne les autorisaient à utiliser l'Arkoub au Sud-Liban comme base pour des actions militaires contre Israël. L'Arkoub deviendra le Fathaland et aura sa piste Ho Chi Minh, baptisée piste Arafat grâce à laquelle elle peut communiquer directement avec la Syrie et par-delà avec les pays de l'Est et la Russie. Comme convenu, l'armée libanaise s'est retirée, mais les Palestiniens qui s'étaient engagés à ne pas ouvrir le feu à partir du territoire libanais sur les kibboutz de Galilée n'en font qu'à leur tête, et comme ils ont plusieurs chefs et plusieurs têtes ils rendront caducs ces accords gardés pourtant secrets mais que tous connaissaient avant même qu'ils soient signés, Israël en premier.

Mort de Nasser. Il sera vite oublié mais conservera à Beyrouth quelques partisans dont il n'aurait pas été très fier, s'il les avait connus, une bande de ruffians, les mourabitouns.

Les Palestiniens installent leurs innombrables bureaux et états-majors à Beyrouth ouest. Ils prennent le contrôle des camps de réfugiés qui encerclent la capitale ainsi que la plupart des grandes villes libanaises : Tripoli, Saïda, Tyr qu'ils transforment en véritables citadelles. La conquête de Jérusalem passe désormais par Jounieh (le port et le bastion chrétien), déclarent tous les leaders palestiniens qui ne cachent plus leur but : éliminer les chrétiens attachés à des valeurs bourgeoises et occidentales.

Les réfugiés palestiniens sont maintenant 400 000 et disposent d'une force militaire de 30 000 combattants bien armés et entraînés, mais toujours aussi indisciplinés et débraillés. Ils affectionnent le style guérillero latino-américain et la fantasia façon bédouin où la jeep remplace le cheval.

1971

Yasser Arafat, dirigeant acrobatique de l'OLP qui groupe 80 % des Palestiniens, joue fort subtilement des divisions confessionnelles du pays et des rivalités personnelles de ses dirigeants. Il s'est trouvé un allié dans le druze Kamal Joumblatt, et dans les différents partis progressistes musulmans qui vont des mourabitouns, qui pratiquent le racket et l'enlèvement afin d'en tirer de substantiels profits, aux communistes libanais, qui arborent des gueules glacées à la Saint-Just. Il les enrôle dans un Front Arabe de participation à la révolution palestinienne qui deviendra le Mouvement National. Ces alliances permettent à Arafat d'intervenir dans la politique intérieure du pays, si bien qu'il fait figure de véritable chef d'État en face d'un gouvernement libanais de plus en plus inexistant et déchiré.

Beyrouth devient la capitale du terrorisme international, un immense champ clos où s'affrontent à travers milices et services secrets tous les pays voisins concernés : la Jordanie, la Syrie, l'Irak, la Libye, l'Égypte, Israël et les deux superpuissances : les États-Unis et l'URSS qui envoient comme ambassadeurs Godley et Soldatov, deux superbarbouzes bien décidées à en découdre.

La Russie soutient les Palestiniens et joue la Syrie ; les USA, Israël, tout en s'efforçant de faire basculer Damas dans son camp. Washington s'intéresse épisodiquement aux chrétiens. Kissinger voulait qu'on les pousse à l'exil pour laisser la place aux Palestiniens ; leur acharnement à rester l'obligera à renoncer à ce plan.

Les coups de semonce d'Israël contre « la terre d'accueil du terrorisme » se font de plus en plus sévères et les Libanais qui encaissent les coups en accusent « le manque de discrétion de leurs hôtes palestiniens ».

Sleimane Frangié succéda à Charles Hélou comme président de la République, il fut élu à une voix de majorité, l'autre candidat étant Elias Sarkis, l'homme des chehabistes et de l'armée.

Frangié, rude montagnard aux mœurs de capo-maffioso mais sans la finesse ni la subtilité d'un Chamoun, n'a qu'un souci : démanteler l'armée et ses services spéciaux qui gênaient sa clientèle traditionnelle. Tous les grands « parrains » l'approuvent.

Frangié est hostile aux accords du Caire, il voudrait museler les Palestiniens et en même temps il se prive de l'instrument qui lui aurait permis d'agir efficacement dans ce sens. On peut dire de cet homme qui s'agite toujours sur la scène politique qu'il fut l'un des fossoyeurs du Liban. Avec tous ceux qui le firent élire ou l'ont élu.

1972

Attentats palestiniens à Lod où sont utilisés des Japonais ; à Munich, aux jeux Olympiques ; à Bangkok ; détournements d'avions ; assassinats de diplomates à Londres, à Bruxelles, auxquels répondent des représailles israéliennes au Liban. Les victimes, le plus souvent des chiites du Sud, trouvent l'occupation palestinienne de plus en plus insupportable.

6 octobre 1973

Guerre israélo-arabe, dite du Kippour, déclenchée par les Égyptiens et les Syriens. J'assiste à son déroulement du côté arabe. « Il y a ceux qui se battent : l'Égypte, la Syrie ; ceux qui font semblant : la Jordanie, le Koweit, le Maroc ; ceux qui fournissent les fonds : l'Arabie, les Émirats ; ceux qui donnent des conseils : l'Algérie ; ceux qui boudent : la Libye, et ceux qui ont été tenus à l'écart d'un conflit qui les regarde au premier chef : les Palestiniens [1]. »

Les chrétiens libanais souhaitent le succès d'Israël mais ne sont pas mécontents de ses premiers revers, car après tout ils sont arabes, et le triomphalisme de Tsahal les agace. Les Israéliens rétablissent la situation et l'emportent. La Syrie encaisse les coups les plus durs ; Damas est à portée de canons de Tsahal. Les chrétiens applaudissent, ils se sentent de moins en moins arabes, de plus en plus... phéniciens.

Peu après, l'armée libanaise soutenue par les milices chrétiennes s'en prend aux Palestiniens appuyés par Joumblatt et ses partisans. Ce n'est qu'un prélude au grand affrontement qui se prépare. Cinq cent mille armes ont été déversées sur le pays. Elles sont aux mains de sept groupements palestiniens et d'une vingtaine de milices de toute obédience. Les Palestiniens sont alors 500 000 au Liban, 600 000 selon des sources chrétiennes. Je réside plusieurs mois au Liban et j'ai l'impression de danser sur une poudrière... au casino du Liban... aux Caves du Roy. Mais que la vie y était agréable !

13 avril 1975

La guerre civile éclate. Le matin, une jeep que l'on affirme palestinienne mitraille une cérémonie religieuse dans le quartier de Aïn Remaneh à laquelle participent les phalangistes. Bilan : 4 morts. L'après-midi, un autobus transportant des Palestiniens dont des femmes, des vieillards, des enfants passant dans

1. J. Lartéguy, *Tout l'or du diable*, Presses de la Cité.

le même quartier est attaqué à la roquette : 27 morts. Tout le Liban s'embrase.

Janvier 1976

A Beyrouth, bataille des hôtels, sur la corniche que perdent les phalangistes, destruction et pillage du centre commercial et de la vieille ville. Les chrétiens prennent d'assaut deux camps de réfugiés qui sont des bases militaires palestiniennes au milieu du secteur chrétien, Dbayé et la Quarantaine. Massacres, massacres encore, mais cette fois de chrétiens à Damour sur la route de Saïda.

L'armée libanaise a éclaté, une partie a rejoint le camp « islamo-progressiste », l'autre les phalangistes. Bon nombre de soldats sont rentrés chez eux mais tous continuent à percevoir leur solde. Le Liban reste riche, sa monnaie est entièrement gagée sur l'or... et les soldes si misérables.

8 mai 1976

Elias Sarkis, bon gestionnaire et fidèle disciple du général Chehab, est enfin élu président de la république grâce à l'appui de la Syrie et dans des conditions rocambolesques [1]. Les chrétiens se trouvent en fâcheuse posture aussi bien à Beyrouth que dans la plaine de la Bekaa ou dans la Montagne. Les Palestiniens supérieurs en nombre et en armement se sont infiltrés dans le Kesrouan, le sanctuaire maronite et menacent de leurs canons à longue portée tout le secteur chrétien. Les dirigeants du Front Libanais, le pendant du Mouvement National islamo-palestinien, font appel à la Syrie qui jusqu'alors aidait la faction opposée.

L'armée syrienne intervient massivement aux côtés des chrétiens. Hafez el Assad ne peut permettre l'installation d'un État palestinien au Liban et prendre le risque d'une guerre avec Jérusalem ; ce dont ne veut pas l'URSS son protecteur officiel et son bailleur d'armes. Pas de fonds — ils viennent plutôt de l'Arabie

2. J. Lartéguy, *Tout l'or du diable*, Presses de la Cité.

Séoudite qui ne tient pas à ce que se propage la révolution palestinienne. Après quelques combats, les Palestiniens détalent tandis que les chrétiens aidés des Syriens reconquièrent la Montagne et assiègent le camp-forteresse palestinien de Tall-Zaatar.

L'armée syrienne (25 000 hommes), étoffée de maigres contingents séoudiens (1 200 hommes), soudanais (1 000 hommes), des Émirats (800 hommes) et du Yemen (700 hommes), devient la FAD (Force Arabe de Dissuasion). C'est l'Arabie Séoudite qui paye. Officiellement, le président de la république libanais en dispose. Il en disposera si peu qu'elle bombardera son palais. Il m'avouera que, le téléphone coupé, il ne put même pas supplier le président syrien Hafez el Assad d'arrêter.

10 août 1976

Les chrétiens s'emparent de Tall-Zaatar mais en contrepartie les troupes syriennes qui les ont aidés s'installent dans la Bekaa et à Beyrouth. Pour dîner avec le diable, il est préférable de se munir d'une longue cuillère. Les chrétiens avaient oublié ce proverbe et considèrent avec effarement ces vaillants soldats syriens qui ne pensent plus maintenant qu'à leur faucher leurs tapis.

16 mars 1977

Assassinat de Kamal Joumblatt par les Syriens. Ils lui reprochent de s'être violemment opposé à leur intervention au Liban qui contrariait son ambition, toujours la même : être le premier président druze, et de s'être lancé à la conquête de la Montagne chrétienne malgré leur défense.

« Les Syriens ne se sont jamais résignés à un Liban indépendant, m'avait-il dit. La preuve, ils n'ont jamais voulu y ouvrir une ambassade ou même un consulat. Quand on s'oppose à eux, c'est sa tête que l'on met dans la balance. » Son fils Walid que rien n'avait préparé à tenir ce rôle devient malgré lui, à moins de trente ans, chef du Mouvement National qui groupe les Palestiniens, les musulmans, les progressistes, les communistes. Et j'en passe certainement. Le voici sacré seigneur incontesté des druzes du Chouf devant le cercueil de son père, lorsqu'on lui passe « l'abaka » noire sur le dos. Les druzes constituent l'essentiel du PPS, ce Parti Progressiste Socialiste dont j'aimerais connaître les statuts. Sont-ils aussi secrets, inviolables que les livres sacrés des druzes et rédigés comme eux en iranien ?

20 novembre 1977

Le président égyptien Anwar Sadate se rend à Jérusalem où il prononce son fameux discours à la Knesset. L'histoire de l'Orient bascule. Assad, le Syrien furieux de s'être fait doubler retrouve toute sa ferveur arabe et antisioniste. Comme il soupçonne les phalangistes d'être favorables à l'Égypte, d'entretenir des contacts secrets avec Israël, il change de politique et renoue avec les palestino-progressistes. Walid Joumblatt devra s'allier à l'assassin de son père, s'il tient à lui survivre. L'alcool et la drogue lui seront alors d'un grand secours.

Février 1978

A Fayadh, l'armée libanaise appuyée par les phalangistes s'oppose à l'armée syrienne tandis qu'Israël envahit le sud du pays jusqu'au Litani. Le Front Libanais se disloque quand Tony Frangié, fils de l'ancien président de la République et leader des maronites du nord, est assassiné ainsi que sa femme et sa fille par les phalangistes de Bechir Gemayel. Trois conflits ensanglantent le pays : Israël contre les Palestiniens au sud, la Syrie contre les phalangistes à Beyrouth, les phalangistes contre les chrétiens de Frangié au nord. Les cessez-le-feu se succèdent. L'intervention du Vatican pour réconcilier les chrétiens n'y change rien. On s'égorge sur toutes les routes du Liban. Je rencontre Bechir Gemayel et Sleimane Frangié ; Bechir exprime ses regrets mais couvre ses partisans. Frangié hurle comme un loup blessé.

Septembre 1978

Accords de Camp David entre l'Égypte et Israël avec la bénédiction des USA. Le leader chiite, l'imam Moussa Sadr, qui vient de fonder le mouvement Amal disparaît en Libye dans des conditions mystérieuses. Ses proches dont sa sœur m'affirment que Kadhafi l'a fait assassiner. Palestiniens et chiites venus de la Bekaa en viennent aux mains.

En réponse aux accords de Camp David, violents bombardements syriens de tout le secteur chrétien. Cent jours de combats meurtriers entrecoupés de trêves, de parlotes, de rencontres « au sommet entre Sages », ces sages qui ne sont que des fous ou des pantins et qui règlent entre eux d'interminables vendettas. Sans jamais oublier leurs intérêts. Les Palestiniens multiplient au sud les bombardements de kibboutz et les Israéliens leurs raids punitifs. Les Syriens renforcent leurs liens avec l'URSS, les Palestiniens et la gauche libanaise, ils s'éloignent des États-Unis et s'en prennent aux alliés potentiels d'Israël et de l'Égypte : les chrétiens.

1979

Sommets à Damas, sommets à Tunis. La frontière sud du Liban est tenue par les milices à majorité chiite du commandant chrétien Haddad, appuyées, armées, entretenues par Israël. Les observateurs onusiens de la FINUL ne peuvent que compter les coups et toucher leur solde. Heureusement, elle est double et non imposable. En fidèle disciple du général Chehab, Elias Sarkis tente de recréer une armée multiconfessionnelle autour de laquelle il reconstruira le Liban. Un projet courageux, ambitieux qui ne pouvait qu'échouer car personne n'en voulait, ni les phalangistes, ni les Syriens et encore moins les Palestiniens...

7 juillet 1980

Bechir, le fils cadet de Pierre Gemayel, le fondateur des Phalanges, s'affirme comme le chef incontesté des chrétiens en liquidant les bandes armées de son jeune rival Dany, rejeton du patriarche Camille Chamoun. Il unifie toutes les milices chrétiennes sous le sigle de Forces libanaises. Elles combattent avec succès à Zahlé, ville chrétienne de la Bekaa assiégée. La Force Arabe de Dissuasion, la FAD, n'est plus constituée que par l'armée syrienne, les autres contingents étant rentrés chez eux. Les pays arabes modérés comme l'Arabie et le Koweit lui ont coupé les vivres, trouvant saumâtre que l'argent qu'ils versent aux Syriens aille aux communistes libanais et palestiniens. Bechir Gemayel reçoit des armes d'Israël.

2 avril 1981

Bombardements massifs par l'armée syrienne de Zahlé et de Beyrouth pour obliger les chrétiens à rompre tout contact avec les Israéliens. Il est désormais certain que, si l'OLP poursuit ses actions militaires, Israël envahira le Liban.

6 octobre 1981

Assassinat de Sadate par les Frères Musulmans.

22 décembre 1981

Onzième sommet arabe à Fès, qui ne change rien mais permet au président libanais Sarkis de prendre l'air. Aucun résultat, beaucoup de résolutions sont votées dans l'irrésolution.

6 juin 1982

Les Israéliens déclenchent l'opération « Paix en Galilée », balayant Syriens et Palestiniens. Le 13 juin, Ariel Sharon, ministre de la Défense d'Israël, s'installe à Baabdad, aux portes du palais présidentiel libanais et s'y fait servir le café. Les Syriens qui ont perdu leurs rampes de missiles de la Bekaa et une centaine d'avions demandent l'armistice, tandis qu'Arafat, encerclé dans Beyrouth avec ses troupes, jure d'en faire un nouveau Stalingrad. Mais personne ne le croit, y compris ses plus fidèles supporters de la presse internationale qui l'ont pourtant bien servi. Le but de Jérusalem est d'en finir cette fois avec les Palestiniens et pas seulement d'assurer sa sécurité dans le Sud.

23 août 1982

Le gouvernement israélien déclare : « Notre armée ne se retirera pas tant que les forces syriennes et palestiniennes n'auront pas évacué le Liban et jusqu'à ce que soit formé à Beyrouth un gouvernement stable. »

En réponse à ce souhait, à 34 ans, Bechir Gemayel est élu président de la république. Arafat accepte de quitter la capitale libanaise.

25 août 1982

Une force multinationale d'interposition française, américaine, italienne et anglaise débarque à Beyrouth pour procéder à l'embarquement d'Arafat et de ses troupes. Malgré la cuisante leçon qu'il vient de subir, Arafat s'efforcera de transformer sa défaite en victoire politique. Il ressortira de sa boîte à Tripoli, au Nord-Liban, mais en sera chassé par les Syriens et les Palestiniens à leur solde. Heureusement, les Français seront encore là pour lui sauver la mise.

4 septembre 1982

L'armée libanaise se déploie à Beyrouth ouest d'où elle avait été chassée depuis 1973. Une semaine plus tard, la Bourse de Beyrouth reprend ses activités et le port est réouvert au commerce. On respire, le cauchemar s'éloigne.

14 septembre 1982

Bechir Gemayel est assassiné et l'armée israélienne pénètre dans Beyrouth Ouest. Du 15 au 17 septembre, massacre dans les camps de Sabra et de Chatila. 1 500 victimes.

21 septembre 1982

Le frère aîné de Bechir Gemayel, Amin, 40 ans, est élu, avec un large consensus, président de la république par des députés qui depuis dix ans ne se sont plus représentés devant leurs électeurs qui n'en voudraient plus...

Pendant six mois, le Liban connaîtra un répit. La Force multinationale s'installe dans Beyrouth, la vie reprend. Le nouveau président Amin Gemayel, en s'appuyant sur les États-Unis, s'efforce de faire traîner en longueur la signature de l'accord libano-israélien pour ne pas indisposer les autres pays arabes et surtout la Syrie. Bien que pour l'instant éliminée du jeu, elle n'en présente pas moins une menace latente. Ces subtilités exaspèrent Israël secoué par les massacres de Sabra et Chatila auxquels Sharon et l'armée israélienne ne sont pas étrangers.

17 mai 1983

Signature de l'accord israélo-libanais en présence du représentant des États-Unis.

Les deux parties confirment que la frontière internationale entre le Liban et Israël est inviolable, que l'état de guerre a pris fin. Israël s'engage de son côté à retirer toutes ses forces armées du Liban dans un délai de huit à douze semaines... à partir de l'entrée en vigueur du présent accord et à condition que toutes les forces étrangères l'imitent.

Profitant de la présence israélienne dans la Montagne, les Forces libanaises tentent de récupérer leurs positions perdues. Elles s'y prennent maladroitement et se heurtent aux druzes avec lesquels les Israéliens entretiennent d'excellents rapports.

Sans prévenir le gouvernement libanais, sans donner à l'armée libanaise le temps de s'y déployer, l'armée israélienne quitte la Montagne. Les druzes de Joumblatt aidés par tout le camp progressiste et par les Syriens culbutent les Forces libanaises et massacrent les chrétiens. Plus de 1 300 morts; 130 000 réfugiés abandonnent leurs villages et gagnent le réduit chrétien.

23 octobre 1983

Deux camions-suicide détruisent les positions des parachutistes français et des marines américains. Bilan : 300 morts. Beyrouth bascule à nouveau dans l'horreur.

« Comme le territoire, la souveraineté s'émietta. Une germination touffue de pouvoirs locaux couvrit le sol. Fonctionnaires, grands propriétaires, aventuriers qui ont prospéré, brigands qui se sont rangés : ces nouveaux roitelets ont mille origines. Violences, usurpations, contrats, immunités, partages, aliénations opérant au hasard des circonstances : voilà les sources instables et incohérentes de leur pouvoir. Tous les attributs de la puissance publique se détachent, se brisent, se vendent, se volent. L'un s'empare d'un péage, l'autre d'un marché. Il n'y a plus d'armée, il n'y a plus que des bandes. La justice se partage en mille juridictions spéciales : territoriale, personnelle, haute et basse. Les armées se dissolvent comme les droits. Une seule force demeure : la valeur, le courage, la brutalité de l'individu.

« L'insécurité est générale. On se bat partout. Les chroniques ne parlent que de meurtres, de pillages, d'incendies, de villages rasés, de femmes violentées, de laboureurs massacrés. Pour le faible, la vie n'est plus qu'une longue terreur. »

Un article récent d'un quotidien ou d'un hebdomadaire ? La description de l'effondrement de l'empire carolingien qui sombre dans la grande nuit du IXe siècle.

Son auteur : l'historien Pierre Gaxotte [1].

Le Liban si fier de sa « modernité » est retourné à l'aube du Moyen Age. Horrifiés, impuissants, les Occidentaux, venus rétablir l'ordre et la légalité, rembarquent leurs soldats. Ils ont assisté à la brutale décadence d'une civilisation qui se réclamait des mêmes valeurs qu'eux.

La guerre libanaise aura fait plus de cent mille morts ; à son actif 15 234 attentats à l'explosif, l'assassinat de trois ambassadeurs, un américain, un français... un irakien, ainsi que celui d'un président de la république...

***

Nous sommes le samedi 4 février 1984. Le président du conseil, le sunnite Chafic Wazzam vient de remettre sa démission au président de la république Amin Gemayel, une démission qui, selon un communiqué officiel à la libanaise, n'a été que « virtuellement » acceptée. Qui d'autre Amin Gemayel pourrait-il trouver ? Les hommes politiques musulmans, y compris tous les vieux chevaux de retour, se sont éclipsés. Et pourtant comme on aime le pouvoir au Liban car dans des mains habiles, il devient de l'or, des voitures, des bijoux, des voyages, des femmes et amène une cour de flatteurs, de courtisans ! Dans l'ancienne Phénicie, on reste très sensible aux fumées de l'encens, cet encens qui trouble si fort l'esprit des hommes quand ils se croient un destin national. Faut-il qu'ils sentent venir l'orage pour refuser un poste de Premier ministre ! Interrogé à ce sujet, le vice-président des USA, George Bush déclare que cette démission permettra la constitution d'un gouvernement plus représentatif de toutes les factions libanaises. Mais connaît-il seulement Chafic Wazzam, politicien plutôt courageux, mais sans grande envergure ? On prétend à Beyrouth que de nombreux Libano-Américains évoluent dans son entourage. Est-ce pour se rassurer qu'on imagine une Amérique de clientèles qui ressemblerait au Liban ?

Quant au président Reagan, il a été très ferme dans ses propos : « Pas de retrait des marines. Nous ne nous retirerons pas du Liban car un tel départ serait désastreux pour les intérêts

1. Pierre Gaxotte, *La Révolution française*, Fayard.

américains partout dans le monde... Partir aujourd'hui, quitter le Liban signifierait la fin de ce pays et sonnerait le glas de tous nos efforts pour une paix globale dans la région. »

On continue à s'affronter dans la banlieue sud de Beyrouth, l'armée libanaise d'un côté, un millier de miliciens chiites d'Amal de l'autre. Ces bandes inorganisées, dont les militaires libanais m'avaient affirmé que le moment venu ils n'en feraient qu'une bouchée, semblaient leur donner du fil à retordre.

On s'affrontait aussi dans la Montagne où cette même armée libanaise, appuyée par les milices chrétiennes des Forces libanaises, résistait de son mieux à la poussée des druzes du PSP de Walid Joumblatt appuyés par les Palestiniens d'obédience syrienne et toutes sortes de groupuscules politico-militaires se réclamant de la gauche et utilisant les derniers modèles d'armes soviétiques. Les Syriens conduisaient le bal au son de leur artillerie lourde dont des conseillers soviétiques réglaient les tirs.

Le verrou qui, à Souk-el-Gharb, défendait Baabdad où se tenait le président résistait cependant à tous les assauts grâce à l'excellent comportement de la 8e brigade dont j'avais rencontré le chef, le colonel Aoun, une brigade à majorité maronite qu'étaient venus appuyer en temps opportun les canons lourds du cuirassé américain *New Jersey*.

Dans la Bekaa, sous occupation syrienne, une autre brigade de l'armée libanaise restait bloquée dans ses cantonnements. Elle s'en tenait à une stricte neutralité, n'ayant aucune envie d'affronter les chars lourds de Damas. En revanche elle restait fidèle à ses chefs autant qu'ils payaient sa solde et lui procuraient habits, couvertures et ravitaillement.

Or, selon des sources syro-progressistes cette brigade qui menait une vie paisible se serait soudain mutinée. L'état-major de Beyrouth démentait. Mais il semblait ne plus très bien savoir ce que devenaient ses forces, dans la Bekaa, le Liban Sud ou la Montagne.

On en était arrivé à une sorte d'équilibre dans l'horreur. Pas plus d'une dizaine de morts par jour alors que la moyenne quotidienne depuis le début des « événements », était de 34 [1]. Les miliciens druzes avaient fait savoir que tout bombardement du palais de Moukhtara, résidence de Walid Joumblatt, serait

1. Il y eut exactement 12 tués et 116 blessés ce samedi 4 février.

vengé par le bombardement du palais présidentiel de Baabdad. Si Baardarame où se tenait le chef religieux de la communauté druze le cheikh Ali était pilonné, le siège du patriarcat maronite le serait. Au bombardement de Beit-ed-Dine, siège de l'administration civile druze après avoir été la résidence estivale du président de la République, répondrait celui du ministère de la Défense à Yarzé. Si Baekline était visé, Bikfaya, village natal du président, recevrait le même lot d'obus. Au bombardement du Chouf tenu par les « progressistes » druzes répondrait le bombardement du secteur des « conservateurs » chrétiens de Beyrouth. Amal faisait connaître de son côté que si l'attaque de la banlieue sud tenue par ses milices se poursuivait, elle entraînerait le pilonnage de la ville chrétienne de Zahlé, isolée dans la Bekaa où les chiites étaient nombreux et pouvaient demander l'appui de l'artillerie syrienne. Pour ne pas être en reste, les « loyalistes » de l'armée et des Phalanges avaient déclaré qu'ils procéderaient selon les mêmes principes, si bien qu'on en était arrivé à mettre au point ce surprenant code de l'artillerie en campagne. Il avait au moins le mérite, par son pragmatisme, d'avoir des chances d'être respecté. Des sommets arabes se préparaient par-ci par-là. Un cessez-le-feu, le centième ou le deux centième, avait été conclu dans la nuit « après que des contacts fébriles aient été engagés au plus haut niveau ».

On s'était affronté à l'arme automatique puis au canon sur l'ancienne route de Saïda, au rond-point de Tayouné et de Chatila. Les chiites n'auraient fait que répondre au pilonnage des quartiers résidentiels de la banlieue sud par l'armée libanaise. Jamais vu de quartiers résidentiels dans ce coin-là, plutôt des gourbis ! L'armée avait seulement résisté aux attaques lancées par des commandos chiites contre ses positions. Ainsi le « pacte d'artillerie » avait été rompu comme un vulgaire cessez-le-feu. Zahlé, la ville chrétienne de la Bekaa était à son tour bombardée. Nabih Berri, le leader national du mouvement Amal ayant demandé au responsable militaire local, un certain Abou Yahya d'arrêter les tirs, celui-ci l'envoya promener, ce qui semblait prouver que la discipline n'était toujours pas le fort de ce mouvement que j'avais vu naître dans l'incohérence.

Très peu de journalistes à Beyrouth. Apparemment il ne se passait pas grand-chose. L'aéroport international fonctionnait normalement ; les avions avaient pu décoller et atterrir aux heures prévues. Au port, en revanche, l'activité était réduite. Les dockers, en général bien renseignés, étaient rentrés chez eux plus tôt que d'habitude.

Dimanche 5 février : le président Amin Gemayel s'est rendu à la messe et Walid Joumblatt, ce qui est probable, s'est abstenu. Il hanterait plutôt les bars s'ils étaient ouverts à Damas où il réside. Amin et Walid se détestent, aversion discrète et méprisante d'Amin, violente, bruyante de Walid. Cette haine a pris l'allure d'un règlement de comptes personnel et trouve ses raisons dans la politique et l'histoire, alors qu'elles ne sont qu'accessoires. Pourtant, l'un et l'autre connaissent les mêmes ennuis avec leur clan, Amin est mal supporté de ses coreligionnaires chrétiens, des phalangistes des Forces libanaises que son frère Bechir unifia, du parti Kataeb dont il fut l'un des dirigeants et que créa son père. On lui reproche de manquer de cet esprit de décision, de ce charisme qui firent la fortune de Bechir et d'oublier, pour plaire à tout le monde, les intérêts de sa communauté. Walid Joumblatt s'efforce de surmonter comme il peut certaines contradictions inhérentes à sa position. Homme de droite par goût autant que par raison, il préside aux bruyantes destinées d'une sorte de PSU libanais où chaque tendance appuie ses revendications à la Kalachnikov et au canon. Il doit s'accommoder des conseils impératifs du président syrien, le souriant et énigmatique Hafez el Assad qui, malade ne se décide pas à rendre son âme au diable. Mais ne raconte-t-on pas que les alaouites ont passé un pacte avec le diable. Enfin Walid n'aime pas la politique, ce qui exaspérait son père qui ne vivait que pour elle et le traitait à tout propos d'âne bâté.

A Jérusalem, Ytzhak Shamir, le Premier israélien, reçoit le ministre australien de la Défense et lui fait cette déclaration : « Il n'est pas question, malgré les actions terroristes, que l'armée israélienne quitte pour l'instant le Liban Sud. Tout désengagement syrien qui permettrait un désengagement israélien ne pourrait se faire qu'avec l'accord de l'URSS qui n'a aucun intérêt à sortir les USA ou Israël du guêpier libanais. » Aucune raison de s'inquiéter s'il n'y avait trop de notes discordantes dans les propos tenus au même moment par le commandement de l'armée libanaise : « Alors que l'armée se préparait à prendre les dispositions nécessaires pour assumer ses responsabilités et en premier lieu celles que lui imposerait, en matière de sécurité, la création brutale d'un vide au Liban Sud, à la veille d'éventuels retraits israéliens de cette région [or nous venons de voir qu'il n'en était pas question], le commandement a été surpris par le déclenchement d'opérations marginales dans la partie orientale de la banlieue, à l'instar de ce qui s'était déjà produit lors des retraits israéliens en montagne. Dans ce même temps certains appels à la rebellion étaient lancés visant à un éclatement de l'armée... »

Les combats se déroulent autour de Mar Michael, l'église Saint-Michel de Sfeir, proche, si mes souvenirs sont exacts, de ce fameux triangle de Khaldé qui commande l'embranchement de deux routes, celle de la côte et celle qui monte vers la Montagne qu'occupent druzes et Syriens. Comme si l'armée s'efforçait de couper les chiites d'Amal et leurs alliés de leur seule voie de ravitaillement en hommes, en armes, en munitions. L'armée qui dispose, grâce à l'aide des Occidentaux, d'un puissant matériel : artillerie, chars, préfère l'utiliser plutôt que pratiquer le combat d'infanterie classique. Et ce sont les civils qui trinquent. Ce n'est pas nouveau.

De leur côté les chiites et leurs alliés s'accrochent au terrain car si leur ravitaillement était coupé, ils seraient étouffés. L'armée libanaise et le président Amin Gemayel jouent-ils leur va-tout malgré le danger d'éclatement d'une troupe composée en majorité de soldats chiites. Ces soldats, je m'en étais rendu compte au cours de mon dernier séjour en novembre 1983, étaient travaillés par une propagande religieuse intense et ils répugnaient de plus en plus à tirer sur leurs coreligionnaires. Jusqu'à ce jour, le général Tannous, chef d'état-major, avait soigneusement évité ce genre d'affrontement. Tout se limitant à des escarmouches. Derrière la résidence des Pins tenue par les Français, soldats réguliers et miliciens d'Amal pratiquement au contact, arrêtaient les tirs à midi, se retrouvaient pour déjeuner et retournaient ensuite chacun dans leur camp pour reprendre avec entrain vers 16 heures leurs échanges d'armes automatiques, de mortiers et de canons. En évitant de se faire trop de mal. Les jeunes parachutistes français, fraîchement débarqués et peu au fait des méthodes de la guerre à la libanaise... ou à la chinoise avant que Marx et Mao ne viennent en changer les règles m'avaient manifesté leur ahurissement. Les renforts qui affluent de la Montagne, dont certaines unités palestiniennes sous contrôle syrien, la peur d'être débordés, ont-ils poussé l'état-major à tenter l'aventure ? Pour la première fois, des miliciens armés d'Amal ont fait leur apparition à Beyrouth ouest jusqu'alors solidement tenue par une armée qui ne paraît pas réagir comme en décembre 1983 en les chassant mais qui palabre avec eux.

« La bataille décisive est inévitable », proclame, de Damas, Walid Joumblatt. Cette déclaration lui a-t-elle été soufflée par Hafez el Assad ou par le whisky ?

Rush sur les boulangeries et les magasins d'alimentation ; exode massif de milliers de civils de la périphérie sud de Beyrouth vers les zones tenues par Israël. Ces civils sont en général originaires des villages du Sud-Liban dont l'occupation palestinienne et la guerre les avaient chassés. Ils y reviennent. Je crois à la sagesse du peuple quand l'existence de sa famille est en jeu, que l'homme abandonne le pouvoir de décision à son épouse. Dans les pays en guerre comme le Liban, la femme demeure, par-delà les affrontements et les idéologies, l'élément décisif de survie. Les femmes libanaises ont pris très au sérieux la menace de Joumblatt.

Le président Amin Gemayel partage leur inquiétude puisque le lundi 6 février, il propose un programme en huit points susceptible de sauver le pays et la date du 27 février pour rencontrer à Genève les leaders de l'opposition armée. Ce serait tellement plus simple de se rencontrer à Beyrouth, mais le voyage en Suisse semble faire partie du rituel politique libanais. Le président propose un certain nombre de réformes mais surtout insiste sur la mission de l'armée qui doit être prête à se déployer au Liban Sud dont Israël n'envisage nullement de se retirer, et au Liban Nord où les Syriens sont bien décidés à rester. De qui se moque-t-on ?

Aussi bien à l'est qu'à l'ouest, les écoles décident de ne pas rouvrir leurs portes tandis que se multiplient les mises en garde contre les criminels qui visent à remettre en question l'unité de l'armée. Nabih Berri, le leader chiite vient de son côté de lancer un appel solennel à la désobéissance mais à Yarzé, à l'état-major, on affirme qu'aucun élément n'y a répondu. Pourtant certaines casernes, certains terrains d'entraînement auraient été abandonnés. Faute de pouvoir les tenir ? L'heure de vérité approche. Si l'armée libanaise résiste à ses démons, et ils sont tous d'ordre confessionnel, si elle s'empare du carrefour de Choueifat, si elle contrôle la route de la Montagne et rétablit sa liaison avec les unités qui bordent la zone d'occupation israélienne, Amin Gemayel et son homme de confiance le général Tannous peuvent espérer reconquérir le grand Beyrouth. Le comportement passé de cette armée ne plaide guère en sa faveur. En septembre 1983, dans la Montagne, au lieu de se déployer pour remplir le vide laissé par le brusque départ des Israéliens, elle se contenta de s'enfermer prudemment dans des positions fortifiées qui tenaient seulement les grands axes et elle laissa les phalangistes des Forces libanaises se débrouiller avec les druzes. Alors que six cents militaires d'origine druze dont un général étaient passés à l'autre bord. L'opposition au régime reflète les thèses de Damas, qui reflètent celles de Moscou, avec des nuances, car si Begin ne veut pas être traité en république bananière par les USA, le Syrien refuse tout autant d'être considéré comme le gauleiter d'une république populaire à la botte du Kremlin.

L'opposition exige comme préambule à toute discussion l'abrogation de l'accord libano-israélien du 17 mai conclu sous l'égide des États-Unis. Conflit Est-Ouest, bras de fer Moscou-Washington ? Arafat est à Bagdad mais il n'intéresse plus personne. C'est à Damas que tout se joue, à Damas où un homme malade, secret, détesté par la majorité de la population, mais soutenu par une secte confessionnelle étrangère à l'Islam, un parti inexistant, l'alaouite, Hafez el Assad, vient de réussir un étonnant rétablissement politique. Dans la nuit les affrontements se font de plus en plus violents, tout particulièrement dans la banlieue sud sur l'ancienne route de Saïda, entre Tayouné et Sfeir, avec au centre des combats l'église de Mar Mikhail. Les positions sont prises et reprises. Le mardi 7 février tout le Liban s'embrase. Les quartiers est et ouest sont soumis aux plus intenses bombardements que l'on ait connu depuis le début de la guerre civile. Après cette violente préparation d'artillerie, les milices chiites que l'on croyait occupées au sud, se lancent à l'assaut de Beyrouth ouest et s'emparent de cette partie de la ville sans rencontrer de résistance. L'armée s'est-elle ralliée ou débandée ? Composée à 70 % de chiites, déjà lâchée par certains éléments druzes, elle a, semble-t-il, suivi les appels à la désertion et fait passer son fanatisme religieux avant son sens national. Mais qui a vraiment le sens national au Liban ? Le ministère de l'Information, la présidence du conseil, la banque du Liban, la télévision sont entre les mains des chiites et le réduit chrétien d'Achrafieh est lui-même encerclé comme en 1975 et 1976. On revient à la case départ.

Des centaines de morts ; des milliers de blessés ; les hôpitaux ne sont plus que des dépotoirs où l'on abandonne les mourants. Partout sur les ruines, sur les bâtiments encore intacts, sont plantés les petits drapeaux noirs et collées les effigies de Khomeiny et de l'imam Moussa Sadr. On les trouve autour des positions françaises de la résidence des Pins où un soldat vient d'être tué, deux autres blessés ; on les retrouve à l'aéroport devant les positions des marines américains terrés dans leurs tranchées, derrière leurs sacs de sable. Ces drapeaux noirs, ces effigies leur rappellent l'attentat dont ils furent victimes ce dimanche 23 octobre 1983, où deux camions pilotés par des « sacrifiés de Dieu » firent sauter leurs positions. Bilan : 300 morts. Le palais présidentiel de Baabdad est lui-même sous le tir de l'artillerie syrienne, officiellement des « progressistes-socialistes » de Walid Joumblatt lequel réclame l'élimination physique du président. Nabih Berri, dépassé par ses extrémistes, joint sa voix à la sienne. Couvre-feu fixé à 13 h 30 que personne ne respecte. La population civile traînant ses couffins de vivres, ses bidons d'eau, ses bougies et ses lampes électriques, se réfugie dans les caves et les abris. L'aéroport est fermé ; le port aussi. Beyrouth est coupée du monde extérieur. Les Israéliens assistent sans réagir à la fin de l'État libanais qui était d'abord un État chrétien. Ils se bornent à quelques vagues mises en garde qui ne sont pas écoutées. Les Syriens sont maîtres du jeu misant à la fois sur les druzes, les communistes, les sunnites, les chiites et ce qui reste de Palestiniens rangés sous leur bannière. En face l'armée libanaise qui a cessé d'exister. Incompréhensible !

Dans une situation ausis confuse que peuvent faire encore les Américains, les Français, les Italiens, les Anglais de la Force multinationale ? Ils avaient pour mission de séparer des combattants qui jamais ne se sont empoignés avec autant de fureur. Les situations ambiguës ne conviennent pas aux militaires ; les baptiser « soldats de la paix » était déjà une aberration. Les engager plus avant dans ce combat ? Impossible. Les retirer ? L'Occident perdrait la face ! J'écris dans *Paris-Match* : « Le Liban est un grand malade qu'on a tenté de soigner par des doses de plus en plus fortes de médicaments traditionnels : la FINUL avec les Casques blancs de l'ONU, la FAD, la Force Arabe de Dissuasion qui fut phagocytée par les Syriens. Syriens et Israéliens s'employèrent à purger le malade de ses Palestiniens. On le crut guéri mais son état s'aggrave encore. On en arrive aujourd'hui à la chirurgie, à l'amputation pure et simple des membres malades, ce qui risque de nous donner un Liban sans bras ni jambes, réduit à un tronc lui-même gangréné. Et comme on manque d'anesthésiques l'opération se fait à chaud, dans le sang qui gicle, parmi les incendies, les quartiers dévastés, le pilonnage des canons lourds soviétiques, l'éclatement des fusées GRAD auxquels répondent mollement les 420 américains du cuirassé *New Jersey.* Tragique et burlesque mise en scène pour la fin d'un drame, pour la mise à mort d'un Liban qui voulait rester ouvert sur l'Occident, qui refusait à la fois l'intégrisme musulman et de disparaître au profit d'une Syrie, protégée de l'URSS qui, pour cacher ses divisions, ses drames intérieurs, rêvait de l'annexer ! »

Il ne me reste plus qu'à faire mes valises et gagner Beyrouth afin, comme à Saigon, de pouvoir témoigner de cette fin absurde, de cette défaite, la nôtre, celle des défenseurs désemparés, d'une civilisation dont on sonne ce soir le glas sur cette parcelle de terre libanaise.

II

Jeudi 9 février 1984
Les Israéliens

Pour nous Juifs, gagner la bataille ce n'est pas s'emparer d'un terrain quelconque, d'une montagne, d'une plaine, d'un désert ou même d'une ville. C'est détruire l'armée ennemie. Nous pouvons perdre des batailles en avançant jusqu'au Caire, jusqu'à Damas si nous n'avons pas détruit le corps de bataille adverse, surtout si nous avons eu de grosses pertes... Chaque tué, c'est un peu de notre sang que nous perdons.

Général Ariel Sharon, 1968,
Les Murailles d'Israël

L'aéroport international de Beyrouth est fermé. On s'y bat et les derniers appareils de la Middle-East Airlines, la compagnie nationale, se sont envolés en catastrophe pour Athènes et Nicosie, échappant de justesse, en fin de piste, aux éclatements des mortiers lourds. Impossible de gagner le petit port chrétien de Jounieh par mer à partir de Chypre. Une violente tempête sévit en Méditerranée qui interdit à tous les bâtiments de prendre la mer et le ferry de Larnaca a dû faire demi-tour. Mais est-ce seulement à cause de la tempête ? Un déluge de fer et de feu s'est abattu sur les positions chrétiennes de la côte. Les canons soviétiques de 130 servis par les Syriens portent jusqu'à quarante kilomètres et Jounieh est sous leur feu. Nous décidons avec Claude Azoulay, le photographe de *Paris-Match* qui m'accompagnera dans ce reportage, de tenter de gagner Beyrouth par Israël.

Les Israéliens occupent le Sud-Liban ; ils tiennent Saïda, l'antique Sidon et au-delà de la rivière Awali. Leurs chars patrouillent jusqu'aux abords des faubourgs de Beyrouth. En novembre dernier, comme je m'en étonnais, un colonel israélien me fit, à Saïda, cette réponse : « Qui a prétendu que la rivière Awali était la ligne rouge que nous ne devrions pas franchir ? Les seules limites que nous admettons à nos actions de reconnaissance sont celles de notre sécurité, même si elles doivent nous conduire jusqu'à Beyrouth. Et croyez-moi, c'est une excellente chose. Ainsi nous évitons aux chrétiens des Forces libanaises avec lesquelles nous entretenons d'excellents rapports et aux druzes de Walid Joumblatt avec lesquels nous en avons d'aussi bons, de s'entretuer stupidement pour un bout de montagne et une portion de route. Il suffit qu'ils apprennent ou que nous leur fassions savoir que nos chars se trouvent entre eux pour qu'ils s'arrêtent de tirer. » Comme je lui demandais s'il existait un officier de liaison israélien dans chaque camp, il éclata de rire.

Ce serait bien le diable si nous n'arrivons pas, à partir de Saïda, à rejoindre au moins la banlieue sud de Beyrouth et, la chance aidant, Beyrouth ouest dont viennent de s'emparer les milices chiites d'Amal, pratiquement sans combats, ce qui est inconcevable. Nous atterrissons trop tard à Lod pour gagner le poste frontière israélo-libanais qui ferme à 5 heures de l'après-midi.Les Israéliens sont très stricts sur ce genre de règlement surtout avec les journalistes. Autant coucher à Tel-Aviv, partir avant l'aube et profiter de l'occasion pour prendre la température d'Israël. J'imagine qu'on y suit avec une particulière attention les événements du Liban, qu'on y est inquiet de l'effondrement d'un régime que les soldats de Tsahal ont contribué à mettre en place au prix de cinq cents morts.

Israël m'a toujours fasciné pour avoir réussi à faire cohabiter deux univers apparemment inconciliables : une démocratie avec ce qu'elle comporte de libertés, de débats, de combinaisons électorales, de dissensions étalées sur la place publique, et une société militaire secrète, efficace qui tire ses qualités de la tradition des premiers kibboutzniks qui plantaient et labouraient, un fusil dans le dos. Israël ne peut jamais oublier que son existence, sa durée, dans un milieu qui lui est viscéralement hostile, qui vit selon d'autres règles — et souvent sans aucune règle — que celle du poignard et de la bombe, dépend de sa force militaire, de la détermination de son armée, de Tsahal dont tous se sentent solidaires. Quel est le véritable visage de l'Israélien ? Le démocrate ou le soldat ? Israël est-il Athènes ou Sparte ? Sparte toujours, quand sa sécurité est menacée. Or je ne connais point d'années sauf peut-être après la guerre des Six Jours où Israël se sentit vraiment en paix.

Mais pour avoir trop cru à cette paix, pour avoir voulu goûter à la douceur de vivre et se comporter comme un autre peuple, Israël manqua périr quand, surpris, au début de la guerre du Kippour, il connut ses premières défaites. Israël se sent-il en péril aujourd'hui ? Vais-je trouver Sparte ou Athènes ? Hier, Israël jouissait de la sympathie du monde libre, de son estime, une estime où se mêlait pas mal de remords. Mais les sorcières du Kremlin ont su transformer les victimes de l'Holocauste en bourreaux des Palestiniens. Parce qu'elles avaient besoin des Palestiniens comme ingrédients dans leurs chaudrons d'où sortirait la potion magique qui rendrait à tout jamais les hommes esclaves et désespérés. Même ceux qui ne croyaient plus à leurs grossières incantations, par habitude, parce que la mode en était restée, continuaient à les amplifier et les répandre. Les deux derniers ancrages de l'Occident dans cette partie du monde aux relents de pétrole, les deux dernières démocraties restaient Israël et le Liban. Même si les puristes en la matière trouvaient à redire sur le fonctionnement de l'une d'entre elles, la libanaise. A Beyrouth, on pouvait au moins parler librement, entrer dans le pays, en sortir sans problèmes, adorer Dieu, le diable ou ne croire en rien, boire du thé ou du whisky, manger du porc ou du mouton qui ne soit pas égorgé selon les rites. La presse reflétait toutes les opinions et les élections, quand elles étaient truquées, par je ne sais trop quelle mystérieuse alchimie, arrivaient à donner une image à peu près exacte du pays. Le Liban, après neuf ans de guerre civile, que l'on avait cru, il y a un an, enfin sauvé du malheur, sombrait soudain dans cette anarchie qui précède toujours les dictatures et les pogroms. Qu'allait faire Israël ? Revenons brièvement sur certains événements.

L'armée israélienne est entrée au Liban le dimanche 6 juin 1982, prenant prétexte de l'assassinat de l'ambassadeur israélien à Londres. Officiellement, le but de l'opération était d'assurer à Israël une zone de sécurité de quarante kilomètres, en repoussant les forces palestiniennes au-delà du fleuve Litani. C'est du moins ce qu'avait raconté Menahem Begin au président américain Reagan qui affecta de le croire. L'opération ne portait-elle pas le nom rassurant de « Paix en Galilée » ?

Mais il ne faisait aucun doute pour ceux qui connaissaient les hommes au pouvoir à Jérusalem, Menahem Begin, Arik Sharon et le chef d'état-major Raphaël Eytan, qu'ils étaient trois faucons de haute volée selon la terminologie qui a cours parmi ceux qui leur préfèrent les colombes si faciles à plumer. Pour prendre un tel risque ils avaient certainement des motifs plus graves que mettre à la raison quelques Palestiniens. Ils avaient obtenu l'appui inconditionnel du secrétaire d'État américain Alexander Haig, ancien commandant de l'OTAN qui partageait les craintes israéliennes de voir le Liban basculer dans l'orbite soviétique.

Pressés par les Syriens et les « palestino-progressistes », les chrétiens sont chaque jour un peu plus acculés, enfermés dans leur réduit. Même si pris dans l'ambiance, le milieu, même si victimes de leur histoire, pour survivre, ils ont dû parfois se comporter en barbares face à d'autres barbares, ils restent aux yeux du secrétaire d'État américain les seuls alliés fiables en dehors d'Israël. Haig veut les sauver, et qu'ils participent à son grand projet que Reagan semble approuver : réanimer les accords de Camp David entre Israël et l'Égypte qui battent de l'aile en obtenant l'adhésion du Liban qui entraînera celle de la Jordanie, isolera la Syrie et rejettera les Soviétiques hors du Proche-Orient. Le moment lui paraît favorable. La dictature du clan alaouite en Syrie est menacée par des dissensions internes, des rivalités familiales, elle est en butte à l'hostilité d'une population en majorité sunnite travaillée par les intégristes, les Frères musulmans, qui récusent à la fois le laïcisme du parti Baas et le paganisme dont elle accuse la secte. Yasser Arafat, le leader de l'OLP, au cours d'une de ces cabrioles dont il a le secret et qui perdrait tout autre que lui, s'est rangé dans le clan des intégristes musulmans, et Hafez el Assad n'en veut plus. Il ne fera donc rien pour les défendre. La Syrie est certes alliée de la Russie mais l'accord de défense passé avec Moscou ne couvre pas l'armée syrienne en stationnement au Liban. Haig est maintenant persuadé que la Syrie est trop engagée avec la Russie pour basculer dans le camp occidental surtout depuis que Begin a annexé le Golan malgré les vertueuses protestations américaines. Haig a su faire entendre raison à son président, furieux qu'on lui force la main. Qu'importe, lui a-t-il expliqué, que Begin ramasse quelques arpents de terre rocailleuse peuplés d'une poignée de druzes. A partir du Golan, les Syriens tenaient sous leur feu les kibboutz, de Galilée, ce que Jérusalem ne pouvait tolérer. Les Israéliens pourront débouler sur Damas avec leurs chars. Et alors ? L'armée israélienne est la seule qui compte au Moyen-Orient. Israël est l'allié de l'Amérique et la Syrie mariée aux Russes. Il faut savoir être réaliste. On s'informe plus avant. Les Égyptiens ont discrètement laissé entendre qu'ils se contenteraient de protestations verbales ; les Séoudiens et autres États arabes modérés, quoi qu'ils racontent, n'ont guère de sympathie pour Arafat et ses Palestiniens. Ils coûtent cher ; ils sont de mèche avec Moscou, prêts à importer n'importe quelle révolution marxiste ou islamique si on ne les couvre pas de pétrodollars et d'armes. Et puis Arafat agace, exaspère et ne sert plus à rien car il tient de moins en moins ses troupes. On le pleurera, on ne fera rien pour le protéger. Israël de son côté veut en finir avec la fiction de l'État palestinien du Sud-Liban dont la capitale serait Beyrouth ouest.

« Le Liban était voué à se scinder en deux États dont un État palestinien couvrant la plus grande partie du territoire. Depuis 1974, l'OLP jouissait, d'une part, d'une reconnaissance internationale de facto : titre d'observateur à l'ONU, ouverture de bureaux quasi diplomatiques dans les principales capitales arabes et occidentales (sauf Washington), accueil à Beyrouth de délégations officielles étrangères d'autre part, des structures d'un État à part entière : armée, information, diplomatie, éducation, hôpitaux, usines, etc. L'aboutissement de cette dynamique palestinienne devait fatalement entraîner la résistance libanaise à se replier dans un mini-État chrétien en danger permanent. A cet égard, l'invasion israélienne a révélé au monde la profondeur de l'enracinement palestinien au Liban ainsi que l'énorme potentiel militaire dont ils disposaient, faisant notamment de Beyrouth et des grandes villes du sud de véritables poudrières. » (*Une proie pour deux fauves,* Annie Laurent, Antoine Bassous, Beyrouth, Éd. Aid-bairat.)

Les Soviétiques, personne ne l'ignore plus, fournissent aux Palestiniens des armes, des équipements parmi les plus sophistiqués, ainsi que des instructeurs. Ne constituent-ils pas ce vivier où ils vont pêcher les terroristes qui leur servent si bien à déstabiliser le monde libre et à faire peser sur tout le Moyen-Orient du pétrole une lourde menace. C'est ainsi que les Israéliens découvriront dans le Sud-Liban suffisamment d'armes, de matériels pour équiper une armée de cent mille hommes. Ils détruiront 100 chars et blindés palestiniens ; ils en captureront 400 ainsi que des rampes de missiles Sam prêtes à être installées, des radars, du matériel de génie militaire très perfectionné.

Selon certaines sources israéliennes, les Soviétiques étaient disposés à fournir aux Palestiniens tout ce qui leur manquait pour devenir une véritable nation rassemblée, à l'image d'Israël autour d'une armée forte. Jérusalem se serait trouvé un matin en face d'un État reconnu par une majorité de pays, doté d'une véritable armée à laquelle viendraient se joindre des milliers de volontaires de l'obédience communiste. Des Cubains étaient même prévus à cet effet selon certains documents découverts à Saïda. Ce plan en cours de réalisation nécessitait un certain délai et qu'on en finisse auparavant avec les chrétiens du Liban. Il n'avait qu'un inconvénient : il déplaisait à Assad, qui ne voulait à aucun prix d'un État palestinien qui deviendrait, par l'intérêt qu'il présentait, l'anarchie qui ne manquerait pas d'y régner une proie pour les communistes qui le transformeraient rapidement en satellite. C'est ce qui explique les raisons pour lesquelles Assad voudra en finir à Tripoli et dans la Bekaa avec l'OLP d'Arafat. Le Liban est sa chasse gardée ; pas question de l'abandonner aux Palestiniens, ni que les Russes aient, dans cette partie du monde, d'autre interlocuteur que lui. Il n'a pas plus confiance en eux qu'ils n'en ont en lui. C'est ainsi que se concluent les bonnes alliances. De son côté, Israël ne peut tolérer une Palestine libanaise que patronneraient les Soviétiques et qui le menacerait directement. Begin y mêle des raisons personnelles et de politique intérieure. Il est l'allié, à la Knesset, des orthodoxes juifs d'Eretz Israël, les partisans du Grand Israël qui veulent donner à leur pays les frontières de la Bible et annexer la Cisjordanie comme l'ont été le Golan et Jérusalem. Or, les Palestiniens de Cisjordanie, dans leur grande majorité, suivent Arafat et l'OLP. Arafat, cessant d'exister, ils n'auront plus d'espoir en une libération de leur territoire par le biais d'un accord politique. Et ils se résigneront à devenir des Arabes israéliens.

Une fois de plus on a choisi le Liban comme champ de bataille entre l'Est et l'Ouest. Les services secrets israéliens solidement implantés au Liban disposant au sud de l'aide des milices chiites du commandant chrétien Haddad, jugent que la situation est favorable au moins sur le terrain. Qu'il soit chrétien, chiite, sunnite, aucun Libanais ne peut plus supporter l'occupation des Palestiniens. Dans le sud ils accaparent les terres mais ce sont les paysans dépossédés devenus leurs serfs qui reçoivent les coups quand les Israéliens lancent des raids de représailles. A Beyrouth ouest ils font la loi et comme ils n'en ont aucune c'est l'anarchie. Dans la banlieue sud, des heurts violents opposent les miliciens chiites d'Amal aux bandes de l'OLP.

Ne parlons pas des chrétiens qui dans leur prières se tournent de plus en plus vers Jérusalem. En 1976, quand ils étaient en mauvaise passe, ils ont reçu armes et matériel d'Israël, en petite quantité et pas de la première qualité comme me fera remarquer à l'époque un dirigeant phalangiste un peu déçu. Mais ce sera la seule aide qu'ils recevront. Les relations entre phalangistes et Israéliens se feront avec le temps, plus étroites. N'ont-ils pas les mêmes ennemis, les Syriens et les Palestiniens ? Des miliciens des Forces libanaises suivront des stages de formation en Israël, stages qui se poursuivront, pour certains cadres, aux États-Unis. Arik Sharon, à peine nommé ministre de la Défense, le 17 janvier 1982, en compagnie du chef d'état-major Raphaël Eytan, et d'une douzaine d'officiers et de hauts fonctionnaires de la Défense, atterrit en hélicoptère à Jounieh et n'en repartira que le lendemain. Il rencontrera longuement Bechir Gemayel et ses officiers qui déjà portent tous la tenue vert olive de Tsahal. Il scellera avec lui un pacte d'alliance, un pacte qui sera mortel pour le jeune chef phalangiste comme il l'a été pour Sadate.

« Pour nous chrétiens, la situation face à la fois aux Syriens et aux Palestiniens est désespérée, dit Bechir à Sharon. Aussi votre guerre est la nôtre. » Réponse de Sharon : « Nous vous aiderons en armes et en munitions et nous entraînerons vos cadres mais si un jour nous passons à une action directe contre l'OLP au Liban, nous ne le ferons que pour les besoins de notre sécurité. Nous ne permettrons pas que les chrétiens soient liquidés mais nous ne pouvons envisager de partir en guerre pour votre seule défense. A vous de vous défendre. Nous vous fournirons ce dont vous avez besoin. » Le lendemain matin, Sharon accompagné de Bechir monte jusqu'au village de Beth-Marie qui domine Beyrouth et ses buildings. Raphaël Eytan qui est à ses côtés lui dit : « Jamais au grand jamais il ne faudra pénétrer dans cette ville ; nous devrons trouver le moyen de chasser l'OLP de Beyrouth sans être obligés d'y entrer. Cette ville est un piège mortel. » (Ben Porath, Document *Paris-Match.*)

Juste avant le déclenchement de « Paix en Galilée », Bechir Gemayel rencontrera à nouveau Sharon à Tel-Aviv, mais dans le plus grand secret. On lui demande alors de prendre ses précautions et de mobiliser tous ses partisans. Les deux hommes se plaisent et s'apprécient. Ni l'un ni l'autre n'ont peur de se salir les mains ; ils sont violents, courageux, emportés, ils aiment la gloire mais ils sont dévoués corps et âme à leur pays. Israël comme le Liban chrétien est une minorité noyée dans l'océan islamique.

Les 6 et 7 juin Tyr et Saïda sont occupés. Le château de Beaufort, haut lieu de la résistance palestinienne, observatoire qui domine toute la Galilée, est pris après un violent combat. Nabatieh tombe. L'ONU proteste et tempête. Personne ne s'en soucie. Le « machin » est à ce point grippé qu'il ne peut plus émettre que des grincements.

Le 8 juin Tsahal pénètre dans les montagnes du Chouf où il n'y a pas de Palestiniens. Ni les druzes, ni les chrétiens, ni les chiites ne s'y opposent, pas plus que l'armée libanaise. Walid Joumblatt recevra dans son château de Moukhtara le leader israélien Shimoun Peres ; il est vrai qu'il est socialiste. Les troupes syriennes sont bousculées et repoussées vers la Bekaa qu'elles essayent d'interdire en s'accrochant à Mochghara qui en commande l'entrée. Six avions syriens sont descendus. Begin conseille à Assad de s'en tenir au cessez-le-feu de 1973 et de ne pas intervenir s'il ne veut pas connaître de plus graves ennuis. Assad ne demande rien d'autre, tellement soulagé qu'on lui massacre les Palestiniens. Un sale travail qu'on lui évite. Mais Israël a un compte à régler avec la Syrie.

Prenant prétexte de tirs de l'artillerie syrienne sur les blindés israéliens —mais est-ce bien les Syriens qui ont tiré ? —, son aviation attaque le 9 juin les 19 batteries de missiles installées dans la Bekaa et qu'Hafez el Assad avait refusé de retirer malgré les pressions de Jérusalem appuyé par Washington. Déployés sur un champ de vingt kilomètres de long et dix de large, Sam 2, Sam 3, Sam 6 devaient, selon les spécialistes soviétiques, constituer un écran impénétrable à toute aviation ennemie. En vingt minutes les rampes sont détruites. Pas un appareil israélien n'est touché. Les Syriens, qui ont envoyé leur aviation à la rescousse, perdent 22 Mig dans un premier affrontement. Ils en perdront une centaine. L'aviation israélienne a pris sa revanche sur les Sam dont elle avait tant souffert pendant la guerre du Kippour. Comme la mer, le ciel appartient à Tsahal. F 15 et F 16 américains aux ailes marquées de l'étoile de David se livrent à un véritable jeu de massacre sur deux brigades blindées syriennes, équipées des derniers modèles de chars soviétiques dont le fameux T 72. Il ne reste plus à la Syrie, après cette dure leçon, qu'à demander un cessez-le-feu. Mais elle laissera cependant, pour sauver l'honneur, un millier de combattants dans Beyrouth qui feront le coup de feu à côté des Palestiniens mais refuseront de recevoir des ordres de l'OLP.

L'armée libanaise n'est pas intervenue, elle n'a pas tiré un seul coup de canon et n'a à aucun moment songé à le faire. A-t-elle encore des canons en état de fonctionner ?

Le 13 juin, les Israéliens sont à Baabdad devant le palais de la présidence de la république. Le président Elias Sarkis s'affole. Il est persuadé que Begin va apparaître et lui brandir sous le nez un traité de paix. « Je ne signerai pas », déclare-t-il à son entourage. Et il retourne dans son abri.

Ce n'est pas Begin mais Sharon qui s'est installé aux portes du palais avec ses allures de reître, sa bedaine et son rire tonitruant. Il s'est borné à se faire servir une tasse de café par un garde et il est reparti laissant ses chars prendre position. Elias Sarkis qui n'a jamais beaucoup existé, encore était-ce grâce à la Syrie, aujourd'hui n'existe plus du tout. Qu'en feraient Begin ou Sharon ? Ils veulent au Liban un président fort et ils ont déjà choisi leur candidat. Elias Sarkis a été celui de la Syrie ; Bechir Gemayel sera celui d'Israël. Ils oublient seulement que Sarkis n'a jamais été le valet des Syriens, bien qu'il leur doive son élection, que Bechir Gemayel ne le sera pas non plus d'Israël quelle que soit sa dette à son égard et que le nationalisme libanais même s'il prend des formes surprenantes existe vraiment, du moins chez les chrétiens et à condition qu'il n'entre pas en conflit grave avec les intérêts de leur confession. Elias Sarkis s'efforcera de mettre sur pied un comité de salut national pour éviter la destruction de Beyrouth où se sont réfugiés 8 000 Palestiniens solidement armés, appuyés par 12 000 miliciens des différentes organisations musulmanes et progressistes, 40 000 Israéliens et un millier de chars les encerclent ; les Syriens sont hors-jeu. Mais tous les ministres, toutes les personnalités pressenties se défilent. On attend. Elias Sarkis a compris. Il n'a plus qu'à préparer sa succession. Et alors qu'il le détestait, il devient paternel avec ce « voyou » de Bechir.

Yasser Arafat déclare : « Beyrouth sera un nouveau Stalingrad. » Christian Hoche écrit dans l'*Express* : « Désormais seuls, sans appuis extérieurs autres que verbaux, les lambeaux de la résistance palestinienne refluaient sur Beyrouth ouest, forteresse assiégée de toutes parts. Prêts à l'assaut final, retranchés à chaque coin de rue, ils attendaient le coup de grâce d'un adversaire qui venait de refermer la nasse en coupant à l'est la route de Damas... Suicide collectif? Déjà les experts militaires estimaient que les Palestiniens avaient perdu les deux tiers de leur potentiel de résistance en hommes et en matériel. Les munitions manquaient et les voies d'approvisionnement coupées, l'aube se levait sur une journée d'apocalypse. »

Tsahal dont les pertes sont déjà lourdes se contente, de bombarder la ville en écrasant les positions palestiniennes. Mais comme elles sont implantées parmi les immeubles occupés par des civils, les morts s'ajoutent aux morts, le plus souvent innocents. Le 28 juillet, les bombardements israéliens font 120 tués et 300 blessés, le 31 juillet, 165 morts et 400 blessés. L'opinion s'émeut devant ces destructions et ces massacres, même en Israël où 10 000 manifestants conspuent Begin et Sharon. Il y en aura 500 000 quelques jours plus tard pour les approuver mais on en parlera moins. Les sorcières de Moscou frappent à tour de bras sur leurs chaudrons et ameutent le ban et l'arrière-ban de leurs amis.

Trouvant une bonne occasion de s'en prendre à Reagan, appuyé par une presse qui se croit investie de pouvoirs divins depuis le Watergate, le Congrès américain exige la fin des combats. Alexander Haig, le fidèle ami d'Israël, pour avoir trop mis de passion dans cette guerre, lâché par le président, en est réduit à démissionner, Arafat qui ne doute de rien et place ses derniers espoirs dans un revirement de la politique américaine, pose ses conditions pour évacuer Beyrouth et se laisse photographier dans les ruines de cette ville qu'il a tant contribué à détruire en faisant le V de la victoire. Begin entre en transe et déclare à la Knesset le 29 juin : « Cet assassin est enfoui dans un bunker d'où il veut nous donner des ordres et exige le retrait de nos forces de cinq kilomètres. C'est incroyable ! »

Le 10 août 1982, la pression israélienne s'accentue aussi bien sur Beyrouth que dans la Montagne. Il semble que Sharon malgré toutes les bonnes résolutions veuille forcer la chance. Mais la pression américaine se fait de plus en plus insistante. Israël, en pleine faillite financière, qui a besoin des armes et des approvisionnements américains d'autant que la guerre dure, ne peut y rester insensible. Les autres pays d'Occident, la France entre autres, se joignent à l'Amérique. Allié traditionnel d'Israël le parti socialiste français s'éprend de ce pitre sanglant d'Arafat et l'invite à Paris oubliant qu'il est d'abord le client de Moscou. A moins que ce ne soit pour cette raison. Encore faut-il le sortir de son trou. Philip Habib, le représentant du Département d'État obtient d'Israël qu'il accepte le déploiement d'une force multinationale américaine, française, italienne qui supervisera le départ des Palestiniens « dans l'honneur » !

Le colonel Fouad Malek, représentant des Forces libanaises à Paris, fera au *Figaro* une déclaration qui reflète l'état d'esprit des chrétiens et de certains musulmans libanais à l'époque. « Je considère que l'Occident en général et la France en particulier ont eu tort de ne pas laisser les Israéliens finir le travail qu'ils avaient commencé en lançant une opération " Paix en Galilée " en juin 1982. A l'époque 80 % des Libanais, toutes confessions confondues, y étaient favorables car ils ne pouvaient plus supporter l'implacable domination syro-palestinienne. Mais alors que vous, Français, n'aviez pas été capables, pendant les sept années précédentes, de faire cesser la guerre qui déchirait mon pauvre pays, vous vous êtes soudain réveillés pour empêcher le général Sharon de crever définitivement l'abcès palestinien. La sortie dans l'honneur des terroristes de l'OLP vous importait davantage, semble-t-il, que l'existence du Liban — un Liban que ces mêmes Palestiniens occupaient sans vergogne. »

Le 21 août, un premier contingent de 400 Palestiniens est évacué par bateau de Beyrouth, les autres suivront, passant par la route s'ils sont d'obédience syrienne, par la mer s'ils appartiennent à l'OLP. On ne leur a laissé que les armes légères mais ils en font un usage insensé, tirant dans tous les sens pour fêter leur... victoire. Ils affirment qu'ils reviendront.

Beyrouth soulagé revit. Faisant contre mauvaise fortune bon cœur, les dirigeants israéliens s'efforcent de consolider le grand axe Jérusalem-Le Caire-Beyrouth. Il ne manque plus qu'à donner au Liban l'homme fort et décidé qui osera s'y rallier en signant un traité de paix avec Israël.

Le 23 août 1982, Bechir Gemayel, âgé de 34 ans, est élu président de la république dans les bâtiments d'une école militaire, le Parlement n'étant plus qu'une ruine. Begin, maladresse calculée, sera le premier à le féliciter. Veut-il lui rappeler ses engagements ? Les Syriens enragent et installent dans la Bekaa des rampes de Sam 9. Israël réagit en les détruisant les 9, 12 et 13 septembre. Le 14 septembre les services secrets syriens font assassiner le nouveau président de la république alors qu'il se trouvait dans la permanence des milices chrétiennes à Achrafieh. Trente-cinq kilos de TNT réduisent à néant les espoirs d'une partie de la population libanaise, espérances des chrétiens mais aussi des musulmans, désemparés, las de la guerre, qui, faute de mieux et séduits par son charisme, s'étaient ralliés à Bechir depuis qu'ils s'étaient rendu compte que le chef de bande s'affirmait comme un véritable chef d'État. Le Liban avait toujours manqué de ce genre de personnalité alors qu'il regorgeait de politiciens subtils. Cet assassinat anéantissait du même coup les espoirs américains et israéliens ; il aura de terribles conséquences.

Dans la nuit du 14 septembre, l'armée israélienne occupe Beyrouth ouest dont tous les combattants syro-palestiniens sont officiellement partis. Mais les services secrets du général Saguy affirment que deux mille sont restés. Sur ordres, ils se sont mis en civil ; une partie de l'armement lourd a disparu dans des caches aménagées dans les camps de Sabra et Chatila. Aux termes des accords passés avec les Forces libanaises, il incombait à celles-ci de nettoyer les camps et de trouver les armes. Alors que les phalangistes sont fous de rage après l'assassinat de leur chef et d'une partie de son état-major, qu'ils ne sont plus encadrés ni tenus en main, les responsables de l'armée israélienne commettent la faute de les laisser entrer dans les camps. L'obsession de Sharon était d'extirper la résistance palestinienne à tout prix. Voilà qu'on lui vole sous le nez Arafat et ses feddayins. Il est sincèrement persuadé comme tous les services de renseignement de l'armée que les camps palestiniens sont restés des bases terroristes camouflées. Bechir Gemayel est mort mais le problème continue à se poser. Peu importe s'il n'est plus là pour imposer à ses miliciens la discipline à laquelle il les a habitués. Les Forces libanaises sont entrées dans les camps de Sabra et de Chatila pour « y faire le ménage ». Il était facile d'imaginer comment elles s'y prendraient alors qu'elles avaient une si lourde dette de sang à régler. Les Israéliens ne pouvaient non plus ignorer, que dans le Chouf après l'assassinat du leader druze

Kamal Joumblatt par les Syriens, ce furent les chrétiens que l'on massacra alors qu'ils n'y étaient pour rien. Ce seront les Palestiniens qui paieront pour un assassinat auquel ils sont probablement étrangers et que les Syriens sont ravis de leur coller sur le dos après avoir essayé d'en rendre responsable Israël. Ce sera un massacre horrible qui durera deux jours et fera 1 500 victimes dont des femmes, des enfants.

Le 21 septembre, le frère aîné de Bechir, Amin, 40 ans, se fait élire presque à l'unanimité président de la république malgré Sabra et Chatila parce que tous les Libanais chrétiens et musulmans, après cet horrible exorcisme, espèrent en un état de grâce né de l'horreur. Amin est l'expression accomplie du bon politicien libanais, il passe pour un homme de dialogue, ouvert sur le monde arabe. Le Liban souhaitait un chef, même s'il était brutal, même s'il avait les mains tachées de sang de ses amis comme de ses ennemis. Amin à vouloir trop rassurer ne rassure personne et moins que d'autres les Israéliens. Ils sentent qu'il leur échappera s'ils ne le tiennent pas solidement en main.

Pour obtenir la signature de ce traité de paix auquel ils tiennent tant, qui leur a coûté 500 des leurs, ils mettent en action leurs services secrets et prennent certaines précautions. Dans la zone qu'ils occupent en Montagne, dans le Chouf où les Forces libanaises se sont risquées pour conquérir le terrain perdu, ils excitent les deux communautés l'une contre l'autre, les druzes contre les chrétiens. Ainsi l'ondoyant Amin aura le choix : être l'allié fidèle d'Israël, signer le traité, ou bien on laissera ses partisans aux prises avec les druzes de Joumblatt qu'ont rejoints des progressistes de tous bords. Mais aucun Palestinien. Tsahal y veillait, Joumblatt aussi. Quand, s'estimant joués par Amin, les Israéliens se retireront du Chouf, que les phalangistes seront culbutés par les druzes et que l'armée libanaise restera l'arme au pied, on assistera à un autre massacre, aussi horrible que celui des camps palestiniens, 1 500 chrétiens y laisseront la vie, plus de 100 000 sans abris seront rejetés sur les routes. Au contraire de Sabra et de Chatila, on en parlera peu de peur de dénaturer la belle image des « progressistes » druzes, et ce n'est pas à travers des chrétiens que l'on pouvait, comme avec des Palestiniens, nuire à Israël.

Begin devra accepter la constitution d'une commission d'enquête sur les responsabilités encourues par Israël à Sabra et

Chatila, afin d'éviter la dégradation de l'image de marque de son pays. Rendues publiques le 8 février 1983, les conclusions du rapport Kahane mettront en cause Begin lui-même, Sharon, le général Saguy. Les généraux Eytan et Saguy seront relevés de leurs commandements ; Sharon perdra le ministère de la Défense. Begin se retirera de la politique. Si « Paix en Galilée » fut une remarquable victoire militaire, elle s'est révélée une défaite politique dans laquelle l'Occident ne pouvait qu'être entraîné. Un seul point positif : l'opération fut un excellent banc d'essai pour le matériel militaire américain. Il est indéniablement supérieur à celui que fabriquent les arsenaux soviétiques.

Personne n'envisagea jamais de créer une commission pour enquêter sur les massacres du Chouf. Encore si c'étaient les druzes qui avaient été égorgés !

Je retrouve Tel-Aviv avec ses odeurs d'eucalyptus et de viande grillée, son pâle soleil d'hiver, ses larges avenues qui longent la Méditerranée dont le bleu fonce avec le soir. Tel-Aviv me rappelle Alger. C'est une ville qui n'a pas d'histoire, une ville inventée où règne une jeunesse robuste, batailleuse, insolente, mal élevée mais franche, amicale, chaleureuse. Des pieds-noirs, les jeunes Israéliens ont le verbe haut, les convictions solides mais aussi une détermination qui manquait aux Français d'Algérie. Ils croyaient trop en la métropole qui ne croyait plus en rien. Les Israéliens, le dos au mur, ne comptent que sur eux-mêmes, ils sont sans illusions et savent qu'on ne leur fera pas de cadeaux ou qu'ils devront les payer très cher.

— Ça va très mal, me dit d'emblée cet ami israélien.

Je m'inquiète :

— La guerre qui menace ? Les attentats au Sud-Liban ?

— Surtout l'économie. Je suis incapable, tant l'inflation est galopante, de calculer en shekels, notre monnaie nationale, ce que je gagne et ce que je dépense. Il me faudrait un ordinateur. Pour m'en sortir, je me rabats sur le dollar en le prenant comme référence. Sais-tu qu'en 1984, si nous continuons à suivre ce rythme d'inflation, les prix auront augmenté de 430 %. Si tu avais le temps, je te conseillerais de faire un tour dans un supermarché. On n'utilise plus le shekel, mais des tickets d'achat indexés sur le dollar. Les salaires sont en général payés le 1 et le 15 du mois. A peine encaissés, sachant que le shekel continuera sa course vers l'abîme, tous se précipitent pour acheter n'importe quoi et vident les rayons. D'où les tickets émis par les grands magasins et valables un mois. Une casserole devient une valeur sûre. Tout se calcule désormais en dollars puisque le gouvernement lui-même est incapable de voter un budget étalé sur plus de trois mois, compte tenu de l'impossibilité où il est d'évaluer à plus long terme la valeur de notre monnaie. Et quand je pense qu'on a démissionné Yoram Aridor, ce ministre des Finances qui, il y a quelques mois, proposait de prendre le dollar comme monnaie. Son crime ? Avoir douté du shekel et de l'économie israélienne. Dans un mois, nous serons obligés de nous amarrer au dollar, d'être un peu plus dépendants de Washington et des décisions qui pourront être prises par un président qui n'est pas le nôtre.

« Notre armée a bien changé depuis que tu écrivais *Les Murailles d'Israël.* Elle n'est plus constituée seulement de parachutistes, de tankistes et de pilotes de chasse, tous réservistes, mais de techniciens hautement qualifiés. Elle est devenue une armée de métier que l'on doit entretenir, et payer comme telle. Officiers et soldats reçoivent une solde convenable pour consacrer tout leur temps à maintenir en état des armes de plus en plus sophistiquées, les servir efficacement, à en inventer ou en modifier d'autres. Comment crois-tu que nous sommes venus à bout des rampes de fusées syriennes Sam 6, les plus modernes que les Russes aient mises au point ? Grâce à l'électronique et pas seulement au courage, à l'habileté de nos pilotes. Un computer coûte très cher à entretenir, encore plus à fabriquer et à mettre au point.

— L'Amérique payera.

— A condition que nous servions sa politique et que nous obéissions aux " amicales " injonctions du Département d'État. Quand Begin était encore au pouvoir, qu'il croyait avoir gagné la guerre au Liban et mis à genoux la Syrie sans que la Russie intervienne, il pouvait se permettre d'envoyer promener Reagan.

« Mais il a dû s'incliner un peu plus tard quand Washington lui a interdit de prendre Beyrouth ouest d'assaut pour ne pas choquer l'opinion américaine et l'opinion internationale. On nous reprochait trop de morts innocents. Mais à Beyrouth les morts n'étaient pas tous innocents. Nos aviateurs et nos artilleurs, parfaitement renseignés, savaient comment localiser leurs cibles et ils s'efforçaient dans la limite du possible de ne pas bombarder des installations civiles. Difficile ! Les Palestiniens avaient établi leurs positions à proximité des hôpitaux et des écoles, et parfois même dans ces hôpitaux et ces écoles, afin de se servir des civils comme boucliers et de rameuter l'opinion internationale. Le massacre des Innocents !

« Aujourd'hui que pourrait dire Begin à Reagan avec notre misérable shekel qui pique de plus en plus du nez ? Essaye de comprendre notre attitude face au drame libanais en fonction du désastre que connaît notre économie, en te souvenant que notre armée qui reste l'une des meilleures du monde, pour faire face à la Syrie et à ses alliés « palestino-progressistes » suréquipés par l'URSS, doit disposer d'un matériel de plus en plus sophistiqué et qui revient de plus en plus cher. Certes, nous en fabriquons. Pas assez. Toute notre économie qui déjà en temps de paix devait se livrer à toutes sortes d'acrobaties est faussée par cette guerre larvée qui dure. Nous n'étions pas préparés à ce genre de conflit. Nous avons pataugé au Liban ; nous y pataugeons encore, et c'est pas fini.

« Depuis que le shekel s'est couché aux pieds du dollar, nous avons cessé d'être les maîtres de notre destin. Begin et Sharon qu'on ne peut accuser de manquer de caractère ont dû renoncer aux buts véritables de l'opération « Paix en Galilée » : détruire les Palestiniens coincés dans Beyrouth. Parce qu'à Washington on avait décidé de laisser filer Arafat et ses feddayins pour ne pas mécontenter les Russes dont ils constituent un atout majeur dans la subversion. Le vieux mythe increvable, sans cesse conforté par une certaine presse d'Arafat, le leader modéré ! Il n'a jamais fait que suivre ses troupes et approuver, quelle que soit son opinion autant qu'il en ait une, la plupart des actions terroristes, s'il ne les avait pas lui-même ordonnées.

Je lui demande :

— N'a-t-on pas interrompu l'opération " Paix en Galilée " à cause des pertes israéliennes déjà élevées et qui l'auraient été plus encore s'il avait fallu prendre Beyrouth d'assaut ?

— Nos pertes auraient été plus lourdes c'est vrai, mais au moins, nous aurions extirpé l'abcès palestinien. " Paix en Galilée" nous a coûté jusqu'à ce jour, avec l'occupation du Sud-Liban, six cents de nos hommes, trois fois plus de blessés et des milliards de dollars. Pour rien. Notre économie est en passe de sombrer si les Américains ne viennent pas la repêcher. Résultat ? Nous sommes revenus au Liban à la case de départ. Que dis-je ? En arrière. Les Syriens et leurs protecteurs soviétiques sont en meilleure position qu'au moment de notre « victorieuse » intervention. Aussi, ne t'étonne pas de voir tant de visages désabusés à Tel-Aviv ou à Jérusalem, d'entendre des réflexions amères du genre des miennes, de rencontrer tant de soldats qui n'ont plus du tout cette gueule de combattants victorieux d'il y a un an. Ils font de l'occupation en terre ennemie, Là où ils avaient été accueillis avec des fleurs, il n'est pas de jour qu'ils ne sautent sur des mines, ne reçoivent des grenades ou des rafales de Kalachnikov. Parce que nous n'avons pas été jusqu'au bout. Prendre Beyrouth nous aurait peut-être coûté 200 hommes de plus. Nous les perdrons quand même dans les attentats, les embuscades qui suivront.

« Je te quitte, j'ai un ticket d'achat à faire honorer. Je m'offrirai peut-être une cocotte norvégienne bien que j'en possède déjà deux, ou une table de cuisine ? Mais où la mettre ? Plus de shekels m'a dit ma femme, achète n'importe quoi. La semaine prochaine, malgré mon âge, proche du tien, je serai mobilisé un mois, envoyé à Tyr ou Saïda. Avec le risque qu'un camion suicide, conduit par un fou de Dieu, un « Hezbollahi » fanatisé par Khomeiny et ses mollahs, ne vienne faire sauter l'immeuble où je traduirai de l'arabe des tracts palestiniens invitant la population à nous égorger. Car les Palestiniens sont aussi de retour, mais sous le drapeau syrien. Et les pires d'entre eux les terroristes d'Habache et d'Hawatmeh, ces deux leaders d'origine chrétienne aux ordres du KGB. A croire que nous n'avons gagné la guerre du Liban que pour le plus grand profit des Syriens et des Russes. Mais qui a faussé les cartes ? Nous tous, Israéliens et Occidentaux, avec notre fichue conception démocratique de la politique de la guerre et des relations internationales en face de gens qui s'en foutent, ne croient qu'à la force et à l'efficacité et rêvent de l'empire du monde.

« Pour comble de malheur, Reagan en pleine campagne électorale est obligé, s'il veut être réélu, de plaire à tout le monde, et surtout de ne pas effrayer l'opinion américaine déjà sensibilisée par les interventions plus ou moins déguisées en Amérique centrale de ses bérets verts et qui n'a pas oublié le Vietnam.

« Tu te demandes comment nous en sommes arrivés à cette situation de faillite ? A cause de notre armée qui nous coûte de plus en plus cher, dont l'entretien, l'entraînement, la formation dépassent de beaucoup nos moyens. Mais nous devons en passer par là sous peine de disparaître.

« Sais-tu à combien nous revient — et nous sommes économes — une heure de chasseur-bombardier F 16, en opération ? 15 400 dollars. Parce que si on compte en dollars pour les casseroles, il est évident que c'est encore en dollars que nous devons évaluer nos dépenses militaires. Et une heure de char lourd Markava ? 5 000 dollars. Combien nous coûte un obus de 175 mm ? 1 100 dollars.

« Tu n'ignores pas que nous préférons user du matériel, dépenser des millions de dollars en heures d'avion et de char plutôt que de perdre nos garçons qui sont notre plus précieux capital, ce qui nous amène, nous qui sommes pauvres, à faire une guerre de riches. Les Arabes peuvent se permettre de gâcher des hommes, ils n'en ont que trop, et un armement dont on les inonde. Heureusement, il n'est pas toujours de très bonne qualité. Mais ils ne le payent pas ou avec des dollars que leur rapporte un pétrole qui ne leur a coûté aucune peine à découvrir et à extraire.

Je l'interromps :

— Sais-tu ce que disait un responsable syrien pour expliquer la défaite de son aviation et de ses blindés ? Que l'armement que reçoivent les alliés de Moscou a toujours trente ans de retard sur celui que les États-Unis livrent à Israël. Il date de dix ans mais comme le matériel soviétique le plus récent a dix ans de retard sur celui des Américains, fais le compte.

— Ce n'est plus vrai. Les Syriens viennent de recevoir des fusées, des chars, des avions qui n'équipent pas encore les troupes du pacte de Varsovie. Et les Syriens commencent à bien se battre, infiniment mieux que les Palestiniens.

Et il me quitta pour aller acheter sa cocotte minute, à moins que ce ne soit une table de cuisine.

Le soir, dans un restaurant roumain où seul le vin n'était pas détestable, j'ai dîné, en compagnie de journalistes israéliens, vieux routiers du Moyen-Orient et de ses conflits.

— Le gouvernement israélien, leur ai-je demandé, va-t-il intervenir pour aider le président libanais Amin Gemayel ?

— Non, m'a répondu l'un d'eux qui passait pour refléter assez bien l'opinion du gouvernement. Nous ne ferons rien pour lui. Il ne représente plus que lui-même. Un fantôme que même ses coreligionnaires rejettent. Il ne peut servir qu'à la Syrie qui le promènera dans les conférences internationales ou les sommets arabes pour prouver qu'il existe toujours un Liban indépendant avec un président maronite.

— Quelles sont les raisons véritables de votre lâchage ?

— Quel lâchage ? On ne peut lâcher que celui avec lequel on s'est entendu au moins une fois. Amin Gemayel n'a jamais eu une politique franche, décidée à notre égard, celle qu'on pouvait espérer de son frère Bechir. Pendant plusieurs mois, il a fait traîner la conclusion du traité de paix israélo-libanais qui ne fut signé que le 17 mai 1983 alors que les négociations avaient commencé en septembre 1982. Les chrétiens s'étaient engagés à conclure ce traité, quand acculés, perdus, écrasés sous les obus syriens, nous étions accourus à leur secours après les avoir entraînés et armés. Amin Gemayel a joué au plus fin pour ne pas ratifier ce traité, espérant ainsi se dédouaner auprès des autres pays arabes qui ne lui en ont su aucun gré. De la politique à la libanaise, des combines de marchands de tapis ! Les Libanais sont certainement d'excellents commerçants mais à vouloir utiliser les mêmes méthodes en politique, ils se fourvoient, surtout quand ils ont en face d'eux des gens sérieux comme nous qui ne pratiquons pas les mœurs du bazar ou du souk. Amin Gemayel a mis toute sa confiance dans la protection américaine, croyant que le Liban était le pivot de la politique de Washington au Moyen-Orient, espérant avec l'aide américaine se désengager vis-à-vis d'Israël. Et il a suivi tous les conseils des envoyés spéciaux ou officieux du Département d'État, peu importe s'ils se contredisaient. Le Liban, il ne l'avait pas compris, ne devenait une carte essentielle pour l'Amérique que lié à Israël, en permettant d'étendre les accords de Camp David à d'autres pays.

— Que reprochez-vous aux chrétiens libanais ?

— Sabra et Chatila dont ils essayent aujourd'hui de nous rendre responsables. Les chefs phalangistes que nous avions formés en Israël nous avaient persuadés que les Forces libanaises constituaient une véritable armée, plus motivée que l'armée nationale, une troupe semblable à la nôtre, hiérarchisée, disciplinée malgré ses fantaisies capillaires et vestimentaires. Mais ce n'est pas à nous de leur reprocher. Sharon l'a cru, aussi leur a-t-il confié le nettoyage des camps palestiniens. Ce n'était pas pour massacrer des femmes et des enfants, mais pour dénicher les feddayins qui s'y étaient planqués en civil, et trouver les caches d'armes... Le sang de ce massacre abominable, par leur faute, est retombé sur nous.

Je proteste :

— Sharon qui n'était pas né de la dernière pluie leur a confié cette mission le lendemain de l'assassinat de Bechir Gemayel alors qu'ils étaient fous de rage et capables de tous les excès.

— Ce fut une erreur, une faute, pas un crime. Sharon ne voyait que le but à atteindre : chasser les Palestiniens du Liban, détruire l'OLP. Le nettoyage des camps par les Forces libanaises était prévu depuis longtemps, bien avant l'assassinat de Bechir, avant même qu'il ne soit élu président. Sa disparition a tout précipité. Vivant, il aurait probablement su tenir ses hommes et il n'y aurait pas eu tant de dégâts. Mais de toute manière était prévue une opération phalangiste sur les camps. Ceux qui l'ont fait assassiner savaient ce qu'il en adviendrait après sa disparition. Ce sont les mêmes qui, à Tripoli, ont achevé le travail commencé à Sabra et Chatila, les Syriens qui, pour des raisons différentes des nôtres, avaient décidé d'en finir eux aussi avec l'OLP, Arafat et le mythe d'une nation palestinienne.

— Est-ce pour faire payer aux phalangistes Sabra et Chatila qu'après les avoir incités à occuper la Montagne dont le Chouf, sans les prévenir, sans que l'armée libanaise puisse se déployer, vous vous êtes soudain retirés ? Vous saviez pourtant que les druzes avaient reçu des renforts en armes, en hommes, et qu'ils ne pouvaient manquer de passer à l'action dès que vous seriez partis.

— Malgré nos avertissements, les phalangistes s'étaient assez mal conduits avec les druzes qui sont venus s'en plaindre à nous. Ils se comportaient en vainqueurs alors qu'ils ne s'étaient pas battus et que c'était nous qui avions fait le travail. Dans notre armée servaient un certain nombre de druzes, soldats ou officiers et nous entretenions d'excellentes relations avec la communauté druze du Liban ainsi qu'avec ses dirigeants. Il est certain que si Amin avait fait moins de manières pour signer le traité, nous aurions pu lui éviter certaines erreurs tragiques.

— La leçon a été sévère : 1 500 chrétiens massacrés.

— Nous ne l'avions pas prévu comme nous n'avions pas prévu Sabra et Chatila. Nous ne pouvions imaginer ce qui se passerait dans le Chouf. Nous ne sommes pas préparés à autant de haine ; nous devons nous habituer à l'Orient et à ses violences. Nous sommes quand même intervenus après que les phalangistes ont perdu la bataille de Bandhoum. A Deir el-Khammar, ils étaient assiégés depuis septembre 1983 avec peu de chances de s'en sortir vivants. Nous sommes allés les chercher en décembre pour les ramener chez eux et qu'ils y passent la Noël. Ils étaient 1 500 combattants qui sont partis sous les huées des druzes, mais indemnes. Et nous avons installé la gendarmerie libanaise à leur place.

— Plus de 100 000 réfugiés chrétiens ont fui avec eux la montagne où ils vivaient depuis des siècles. Les druzes ont occupé leurs maisons, ils se sont emparés de leurs terres. Les chrétiens reviendront-ils ?

— Je ne le pense pas. Le Liban est condamné à la partition.

— Aussi avez-vous proposé à Walid Joumblatt de l'aider à constituer son canton druze où il jouirait de la double protection syrienne et israélienne.

— On l'a raconté. Mais est-ce vrai ? Ne serait-ce pas une initiative de quelques militaires favorables à la cause druze ou druzes eux-mêmes ? Vous avez connu dans votre armée la fascination des minorités, que ce soit en Algérie ou en Indochine. Le Liban va éclater en plusieurs mini-États qui conserveront ou ne conserveront pas une structure fédérale. En prévision de cet avenir, chacun regroupe les siens. Les chrétiens voulaient élargir leur zone jusqu'au Chouf. Ils en ont été chassés et maintenant les druzes sont chez eux. Les chrétiens doivent se résigner...

— A disparaître ou à émigrer.

— A se regrouper dans leur mini-État où ils pourront résister indéfiniment s'ils reçoivent une aide et des garanties suffisantes.

— Venant de vous ?

— Je n'en vois pas d'autre. Les garanties de l'Occident, tout l'a prouvé, ne valent pas grand-chose.

— Qu'allez-vous faire dans les jours qui suivent devant cette situation qui ne cesse de se dégrader ?

— Demandez-le à Moshe Arens qui a remplacé Sharon. S'il le sait. Je puis cependant vous affirmer sans risque de me tromper : même au prix d'une guerre avec la Syrie, nous ne tolérerons jamais le retour de Palestiniens constitués en armée et disposant de toutes les structures d'un État. Les druzes ont tenu parole en les empêchant de s'infiltrer au Sud-Liban. Et s'ils acceptent comme on le prétend ce matin leur aide pour combattre l'armée libanaise et la chasser de ses positions dans la Montagne, nous savons qu'ils s'en débarrasseront par la suite. La vérité, vous voulez la connaître, si choquante soit-elle. Même les musulmans libanais, chiites ou sunnites n'ont pas réagi autant qu'on aurait pu le croire au massacre de Sabra et Chatila. Ils ont voulu l'oublier. Les victimes ? Des étrangers après tout, ces Palestiniens, qu'ils en étaient venus à accuser de tous les maux. Certains de leurs leaders après ce massacre dont ils n'ignoraient rien ont voté pour Amin Gemayel. Le massacre des chrétiens dans le Chouf n'a pas eu ce caractère confessionnel qu'on a voulu lui prêter. Chacun faisait son ménage chez lui, à la façon de l'Orient où l'on ne se perd pas dans les détails. Certains partisans chrétiens de Joumblatt ont été massacrés sciemment parce que les druzes voulaient se retrouver entre eux. Ces massacres, au moins dans le Chouf, ont été perpétrés de sang-froid selon un plan préétabli pour que les chrétiens prennent peur et s'enfuient.

— Allez-vous occuper indéfiniment le Sud-Liban après l'avoir érigé en mini-État sous la conduite du successeur du commandant Haddad décédé, ce général Antoine Lahd que vous sortez d'on ne sait trop quelle poche ?

— Pensez-vous que nous puissions nous replier pour l'instant en provoquant un retour des Palestiniens pour qu'ils tirent, comme avant notre intervention, sur nos villes et nos kibboutz proches de la frontière ? Nous souhaitons évacuer le Sud-Liban mais à condition d'obtenir des garanties de sécurité que nous jugerons sérieuses.

— Qui peut vous les donner ?

— La Syrie... et l'URSS mais qui n'en ont nullement l'intention. Espérons qu'on y verra plus clair après la réélection de Reagan et qu'il pourra cogner enfin sur la table puisqu'il n'aura plus à se soucier de ses électeurs car ce sera son dernier mandat. Lui seul peut tenir tête aux Russes comme nous aux Syriens. Mais faut-il encore que nous soyons d'accord l'un et l'autre et que nous poursuivions les mêmes buts.

— Et si les travaillistes l'emportent aux prochaines élections en Israël [1] ?

— Ça ne changera pas grand-chose contrairement aux illusions que l'on se fait à Paris. Partir du Sud-Liban sans avoir assuré nos arrières, ce serait reconnaître notre échec, notre défaite que nous sommes des jean-foutre et que les nôtres sont morts pour rien. Vous voyez Shimoun Peres assumer ce risque ? En Israël, jamais nous ne permettrons qu'une idéologie si séduisante soit-elle l'emporte sur la sécurité de la nation, garantie de sa survie. Or, notre sécurité et notre survie exigent que pour l'instant nous restions au Sud-Liban. N'en déplaise à M. Cheysson qui joue si bien à Beyrouth les mouches du coche et n'arrive qu'à agacer tout le monde. Sauf Nabih Berri qui débute en politique et prend encore des vessies pour des lanternes et Cheysson pour Talleyrand.

— Sur quels alliés pouvez-vous compter ?

— L'Amérique. Et pas seulement parce que les Juifs y représentent une force. L'Occident nous boude ; nous sommes, paraît-il, trop brutaux. Nous lui avons pourtant rendu un fier service en purgeant Beyrouth des camps de terroristes où ils s'entraînaient, avec la bénédiction du Kremlin, à préparer la déstabilisation de vos crédules gouvernements. Ils n'ont manifesté aucune gratitude et ils ont continué à applaudir aux pantomimes d'un Arafat, ce pantin dont les Russes tirent depuis longtemps les ficelles mais dont Hafez el Assad, l'alaouite, finira bien par nous débarrasser. Assad, voilà un allié qui nous aurait convenu. Mais quel ennemi redoutable ! L'un des rares Arabes qui ne s'encombre pas de verbiage et de rêves. Sadate, lui, se prenait pour un pharaon.

— Les États-Unis risquent de devenir plus que votre allié, votre patron ?

— Les Américains ont trop besoin d'Israël dans cette partie du monde si fragile, si menacée pour se montrer trop exigeants.

1. Ils ne l'ont pas emporté et Sharon a connu un triomphe.

— Et sur place, qui peut vous aider ? Les milices chiites du Sud-Liban reprises en main par ce mystérieux général Antoine Lahd. Deux mille hommes !

— Les chrétiens, les plus décidés, qui appartiennent pour la plupart aux Forces libanaises et continuent à suivre la ligne Bechir, ceux qui rejettent les Syriens comme les Palestiniens ; qui ne suivent plus Amin, le trop habile, le trop ondoyant Amin qui redoute de finir comme Sadate et qui en ne voulant se fâcher avec personne s'est mis tout le monde à dos.

— Ne vous tiendront-ils pas rancune de la manière dont vous vous êtes comportés dans le Chouf ?

— Sabra et Chatila contre le Chouf. Nous sommes quittes et ainsi nous n'avons plus d'illusions à entretenir les uns sur les autres. Chacun se bat pour sa survie et nous pouvons parler franchement. En étant cynique à la façon d'Assad, on pourrait avancer que chacun de ces massacres d'un côté Sabra et Chatila, de l'autre le Chouf a atteint son but. Les Palestiniens qui savent maintenant combien ils sont haïs au Liban hésiteront à y remettre les pieds. Comme les chrétiens dans le Chouf. Nous refusons la présence des Palestiniens au Liban ; au moins dans cette partie du Liban qui nous intéresse et se trouve au sud de la rivière Awali ; les druzes de leur côté ne veulent plus de chrétiens dans leurs montagnes. On commence à y voir plus clair.

— Au prix de combien de morts, de combien de destructions ? Dont celle du Liban ?

Plus tard, je rejoignis d'autres amis dans un de ces bars enfumés où se retrouvent journalistes, hommes politiques qui ne tiennent encore que des premiers rôles et tous ceux qui éprouvent à partir d'une certaine heure de la nuit le besoin de refaire le monde ou de se rassurer. Une jeune femme me demanda comme si je pouvais lui fournir la réponse :

— Quand se terminera cette guerre ? Car elle n'est pas terminée n'est-ce pas ? Quand cessera-t-on de se massacrer au Liban ? Allons-nous être obligés de reprendre Beyrouth ? Nous portons depuis si longtemps le fusil à l'épaule, qu'il nous pèse. Que les Arabes s'entretuent, ça les regarde. Ils n'ont jamais cessé. Quand ce n'était pas pour Allah, c'était pour le pétrole ou pour régler entre eux d'interminables querelles comme l'Irak et l'Iran qui recommencent la bataille de Qadissyah, au temps des khalifes et des Sassanides. Ne sommes-nous que prétexte à un affrontement qui nous dépasse entre l'Est et l'Ouest, l'Amérique et la Russie mais où nous sommes tous entraînés : Syriens, Palestiniens, Israéliens, Libanais chrétiens, musulmans et juifs ? Nous autres, Israéliens, nous voulons la paix, mais nous savons qu'elle est fragile, que nous devons rester sur nos gardes car nous ne sommes pas naïfs au point de faire confiance à nos voisins. Ne suffirait-il pas que nous soyons solidement installés sur nos frontières sans nous encombrer d'un morceau de Liban, ni se mêler aux querelles des clans qui s'y opposent ? Nous sommes nombreux, en Israël, à le penser aujourd'hui.

— Trop tard, tranche mon voisin. Nous ne pouvons tolérer un massacre des chrétiens au Liban, ou que leur communauté soit rayée de la carte ? Nous ne voulons plus retourner dans notre ghetto dont nous sommes sortis grâce aux accords de Camp David. Mais Sadate a été assassiné et son successeur Moubarak attend de voir comment nous allons nous conduire au Liban pour maintenir ces accords ou les dénoncer.

« Les chrétiens ont le choix. S'ils veulent survivre en conservant leur religion, leur mode d'existence, en restant ouverts à l'Occident, ils ne peuvent que s'allier avec Israël. A moins qu'ils ne se résignent à se perdre dans l'Islam, ou dans cette forme d'Islam laïque qui a nom l'arabité, mais ne durera pas. Ils deviendront des citoyens de seconde zone, à la merci d'un pogrom ou d'une persécution.

« Certains éléments des Forces libanaises envisagent une partition du Liban — elle existe déjà de fait — car ils préfèrent se maintenir sur un petit coin de terre où ils se sentiront chez eux que disparaître en tant que communauté. Ils comptent sur notre aide et viennent d'ouvrir un bureau à Jérusalem. Ils n'ignorent pas que derrière nous, quoi qu'il arrive, se tiendra l'Amérique. »

Je me souviens de la fin de l'Algérie française et des rêves de partition qu'entretinrent certains dirigeants de l'OAS. Puis tout rentra dans l'ordre, celui qu'avait voulu de Gaulle. Je fais remarquer à mon interlocuteur que si le shekel s'effondre à Jérusalem, la livre libanaise en revanche se maintient si bien à Beyrouth qu'elle n'a perdu que 30 % en neuf ans de guerre.

— Les Libanais, affirme un buveur désabusé, qu'ils soient

chrétiens ou non, choisiront la facilité et la livre contre le shekel, la pauvreté et la souffrance, même au prix de certains renoncements. Ils ont l'habitude d'être lâchés et de survivre. Ils ont été abandonnés tour à tour par les Byzantins, les croisés, les Français, ils le seront demain par les Américains et ils s'en sortiront.

— Plus cette fois, dit un autre. A moins de s'allier avec le diable.

— Qui est le diable ?

— Les Russes. Certains maronites y pensent. Rappelez-vous cette déclaration que fit Bechir Gemayel, il y a quelques années, avant qu'il ne tienne un langage plus prudent : « Si l'on me demandait de choisir entre l'Islam et les Soviétiques, moi chrétien, je n'hésiterais pas ; je choisirais Moscou. »

Je demande :

— Quel autre choix proposez-vous aux chrétiens libanais ?

— Émigrer. Ils sont plus nombreux hors du Liban que dans le pays lui-même, et certains sont si bien intégrés dans leur nouvelle patrie qu'ils ne pensent plus à revenir. Les chrétiens libanais ne seront pas les juifs d'une nouvelle diaspora ; ils n'auront pas été rejetés comme nous ; ils n'auront pas connu l'Holocauste, et Baalbek ne peut leur servir de Mur des lamentations. Le plan que l'on prêtait à Kissinger se réalise sauf qu'il n'y a plus de Palestiniens à installer au Liban à la place des chrétiens qui en seraient partis.

« Le jour où les marines américains lèveront définitivement le pied, ce jour-là sonnera le glas du Liban et ça ne tardera plus. Au lieu de nous réjouir d'être conviés au partage des dépouilles du mort, nous ferions mieux de nous boucher les oreilles et d'abandonner notre part aux autres charognards.

On me souhaita bonne chance et je regagnai mon hôtel. Impossible de m'endormir. Je me souvenais de cette discussion que j'avais eue, il y a fort longtemps, avec un vieux général israélien spécialiste des minorités religieuses et ethniques en Orient. Israël, m'avait-il dit, pourrait jouer un rôle historique dans cette contrée. Minorité en terre d'Islam mais la plus évoluée, la mieux armée, elle pourrait rassembler autour d'elle tous ceux que le fanatisme musulman menace : les chrétiens mais aussi les ismaéliens, les druzes, les alaouites... tous ceux qui veulent penser à leur guise et adorer qui leur plaît ou n'adorer personne. Il s'arrêta et pointant son crayon vers le plafond crevassé du cagibi encombré de livres :

— Mais pour cela, il faudrait que nous autres, Juifs, donnions l'exemple en nous montrant plus ouverts, plus accueillants, en acceptant de ne plus nous croire le peuple élu. Difficile, très difficile ! Et pourtant si nous ne voulons pas être condamnés à la guerre, il ne nous reste guère d'autre solution, car jamais l'Islam ne nous tolérera. Et puisque nous avons choisi l'Orient pour patrie, autant nous y intégrer.

Israël n'était plus Sparte ni Athènes mais une nation comme les autres, qui s'interrogeait avec inquiétude sur son avenir en redoutant qu'il n'en soit plus le maître. Il connaissait le doute malgré sa formidable armée, malgré son acharnement à survivre et la qualité de son peuple parce qu'à son tour, après tous les autres pays qui s'y étaient frottés, le Liban lui avait collé sa lèpre.

III

Vendredi 10 février 1984
Les phalangistes

Dans ce Moyen-Orient où libre cours est donné à tous les excès du despotisme et de l'intolérance, notre Liban sera pacifique par vocation, démocratique par tradition, laïque et libéral par nécessité.

Bechir Gemayel

L'aube mit très longtemps à naître. Nous roulions vers la frontière à travers un pays fantomatique. Des pylônes, des usines, des hangars sortaient de la brume. A se croire dans quelque banlieue industrielle de Belgique ou de Lorraine. Heureusement le soleil vint remettre les paysages en place et la mer apparut sur notre gauche où un caboteur têtu traçait son sillon. Nous étions bien en Terre sainte. Quelques soldats, traînant leur barda, garçons ou filles, faisaient de l'auto-stop. Puis ce fut très vite la frontière entre Israël et le Liban, la frontière officielle s'entend, l'autre passant pour l'instant au nord de Saïda qui portait, au temps du roi David, le beau nom de Sidon. Sidon était une des cités-États de Phénicie et entretenait avec les rois d'Israël d'excellentes relations. Il semble que depuis les choses se soient gâtées.

Nous tendons nos passeports, on en retire une simple fiche. Officiellement, dans ce Liban qui n'a plus de frontières et si peu d'existence, dont l'armée israélienne occupe un tiers, on continue à appliquer les résolutions de boycott de la Ligue arabe contre Israël. Un pays qui officiellement n'existe pas ne peut délivrer de visas. Tout tampon israélien interdit l'entrée dans un pays arabe. La preuve de la non-existence d'Israël : l'Égypte qui l'a reconnu... a été chassée de la Ligue arabe. Fouille rapide. Elle serait beaucoup plus minutieuse à notre retour si nous empruntions le même chemin. Officiers, policiers, douaniers parlent français avec l'accent de Tunis et de Casablanca comme l'arabe ce qui explique leur présence. Juifs sépharades, juifs orientaux, ils constituent aujourd'hui la communauté la plus importante d'Israël, une communauté qui prend conscience de sa force et que l'on accuse, pour avoir appris pendant des siècles à connaître l'Orient et l'Islam, souvent à ses dépens, de soutenir la ligne dure de Sharon et de Begin. Au contraire de l'autre clan, les ashkénazes, venus de Pologne, de Russie, fondateurs de l'État d'Israël, qui en constituent la caste supérieure et passent pour être de « sensibilité » plutôt travailliste, dans la ligne de Ben Gourion jadis, aujourd'hui de Shimoun Peres. Le conflit existe certes à condition de lui donner ses véritables dimensions et de le replacer dans le cadre de ce « show » démocratique auquel je faisais allusion et où les Israéliens sont passés maîtres.

Mais le danger lamine vite ces différences surtout lorsqu'il est présent à tous les esprits. On s'entre-tue à quelques kilomètres des hauteurs de Galilée. Un conflit dans lequel Israël est engagé et dont il ne sait plus comment se sortir. Les chasseurs à réaction qui passent très haut dans le ciel, en laissant une traînée blanche, nous le rappellent. Pour clarifier une situation déjà si confuse, pour ne pas obliger les Syriens à de trop violentes réactions qui pourraient déboucher sur l'internationalisation du conflit, on jouera, on trichera encore avec les mots. Jérusalem a décidé, une fois pour toutes, que sont Palestiniens tous ceux qu'il faut, à coups de bombes, ramener à la raison, en restant dans les limites d'un affrontement limité : Syriens, Libyens, Iraniens... et même Palestiniens.

Un pauvre Libanais, encombré d'énormes valises, attend avec nous que les bureaux de l'émigration veuillent bien ouvrir. Commerçant ? Trafiquant ? En temps de guerre commerces et trafics se confondent. Agent israélien ? Il a décidément trop la tête de l'emploi pour qu'on l'utilise. Il passe sans problèmes et disparaît dans une voiture qui l'attend. Il habite Tyr, nous a-t-il dit et il est chrétien. Une situation déjà inconfortable qui le serait bien plus avec le départ des Israéliens. Tous les hommes âgés de 17 à 55 ans doivent être porteurs, en zone occupée, d'un laissez-passer délivré par l'armée israélienne ce qui ne leur accorde pas le droit d'entrer en Israël, à moins qu'ils n'y entretiennent des amitiés, servent le commerce de l'État hébreu, appartiennent aux milices du Liban libre du commandant Haddad ou pour toutes autres raisons souvent obscures. Les membres de la FINUL, les Casques bleus de l'ONU qui reçoivent vivres et ravitaillement d'Israël, qui vont y passer leurs permissions de détente, malgré ce qu'ils en racontent, sont devenus, au sens antique du terme, des clients d'Israël.

Un taxi bringuebalant, vieille bagnole américaine du temps où Greta Garbo régnait encore sur Hollywood, nous transporte jusqu'à Nakoura. Quelques Onusiens de la FINUL font du jogging sous l'œil goguenard d'une patrouille israélienne qui progresse de chaque côté de la route. Les soldats de Tsahal ont le doigt sur la détente de leurs mitraillettes ou de leurs fusils d'assaut. Ils sont maigres, sales, couverts de poussière, débraillés mais agiles et aux aguets. Les Casques bleus sont nets, propres, bien lavés : ils sentent la savonnette et l'aftershave. Des chairs roses et bien nourries, des chairs trop molles et des muscles trop saillants. Les Onusiens font de la culture physique, les Israéliens la guerre, une guerre qui n'est pas de tout repos bien que la sécurité dans cette zone soit officiellement assurée par les milices du commandant Haddad.

Mais Haddad est mort d'un cancer ; ses troupes composées de chiites luttaient, de son temps, contre les Palestiniens pour la libération de leur territoire. Ne vont-elles pas se débander puisqu'elles n'ont plus de chef ni les mêmes motifs de combattre et qu'elles trouvent en face d'elles d'autres chiites qui prêchent aujourd'hui la libération du Liban contre des occupants qui sont maintenant israéliens ?

Changement de taxi. Nous trouvons un chauffeur qui, contre une bonne poignée de dollars, accepte de nous conduire à Saïda et plus loin encore si on nous laisse passer. Claude Azoulay accompagnait l'armée israélienne dans sa remontée sur Beyrouth.

— Les soldats israéliens, me dit-il, qui ignoraient tout de l'ampleur de l'opération, pensaient en avoir terminé en six jours, leur chiffre fétiche, et qu'ils laisseraient aux chrétiens le soin d'achever le travail. Mais ils ne s'attendaient pas à tomber sur pareille résistance et de telles fortifications. Dans la Montagne qui débute au pied de la mer, ils ont découvert des grottes, des cavernes aménagées en bunkers, avec des tunnels les reliant entre elles, bourrées d'armes, de munitions dont des obusiers de 150 mm. Cinq armes au moins par combattant ! Les Palestiniens préparaient une opération de grande envergure. Les services israéliens ne s'attendaient pas à une telle pléthore de matériel : artillerie lourde et chars.

Tout le long de la route, nous longeons des façades éventrées, calcinées, des carcasses de camions, de voitures que les bulldozers ont aplaties, rejetées dans les fossés où elles rouillent. La ville de Tyr est rasée ; des femmes, des enfants grouillent dans les ruines puis soudain disparaissent comme s'ils s'enfonçaient dans de mystérieux souterrains. Très peu d'hommes.

— Les hôpitaux étaient combles, me dit encore Azoulay. Des centaines de morts parmi les civils. Et va savoir qui est palestinien ou libanais ! L'eau et la nourriture manquaient. Plus d'électricité. Et bien des cadavres restaient ensevelis sous les décombres. Avec 40° à l'ombre, ça puait.

« Je me souviens de ces longues files de feddayins, pris les armes à la main, les yeux bandés, les mains attachées dans le dos, qui attendaient d'être embarqués dans des camions qui les conduisaient dans des camps de triage. Les Palestiniens s'étaient laissé prendre au piège. On savait imminente l'attaque israélienne mais, gonflés par une propagande imbécile, ils n'y croyaient pas. Des dégâts, certes, moins qu'en aurait causé toute autre armée car les Israéliens étaient bien renseignés. Seulement les Palestiniens s'étaient installés systématiquement au milieu des populations civiles afin de s'en servir comme boucliers et d'en faire des martyrs de l'impérialisme sioniste. Je me souviens qu'à Tyr, ici même, on a découvert, dans la cour d'une école, sous une carapace de ciment, un véritable arsenal. Il y avait de tout : mortiers de 82, pièces d'artillerie, batteries anti-aériennes : suffisamment de munitions et d'explosifs pour faire sauter tout le quartier. Partout des caches d'armes, dans les mosquées, les églises. Au camp palestinien d'Ein-Hilwe, près de Saïda, au pied d'une colline que domine une statue blanche de la Vierge, les feddayins avaient pris dix otages civils pour un combattant et ils s'étaient retranchés dans deux mosquées. Fidèles de Khomeiny, ils avaient juré de tous mourir. Peut-être sont-ils morts. Quand le camp est tombé, on a ressorti deux cent cinquante camions d'armes et de munitions. A Tyr, les soldats de Tsahal qui redoutaient l'explosion de cette poudrière, le 7 septembre, ont balancé des tracts sur la ville, demandant à la population civile de la quitter dans les deux heures et de gagner les plages. Certains ont obéi, d'autres non, d'autres encore ont été retenus par les Palestiniens. »

A chacun de mes voyages au Liban, je ne manquais jamais de rendre visite à la place des Canons, tant que ce fut possible de déjeuner à Byblos sur le vieux port et d'errer au crépuscule parmi les ruines de Tyr, là où vécut le roi Huram qui fut l'ami de David et de Salomon. Ce fut à Salomon qu'il envoya son meilleur architecte afin de construire à Yahvé, ce dieu jaloux, le temple de Jérusalem sur les plans d'un sanctuaire de Baal. Cet architecte, nous dit la Bible, était habile, plus que tout autre, pour travailler l'or, l'argent, le fer, le bronze, le cramoisi, l'écarlate et la pourpre violette.

Du Temple, il ne reste plus que le Mur des Lamentations, du palais du roi Huram, à Tyr, quelques soubassements. J'aurais souhaité m'y arrêter, mais le temps nous pressait. Aurais-je pu, parmi les ruines récentes, retrouver les vestiges de ce qu'avaient édifié Phéniciens, Grecs, Romains et Francs ? Et si les mortiers lourds des Israéliens les avaient écrasés ?

Il y a cinq ans, les ruines étaient encore à peu près intactes, mais les Palestiniens, tout en le démentant, y avaient installé leur artillerie. Je les avais parcourues, accompagné de jeunes Casques bleus français qui auraient préféré à ce pèlerinage une halte dans un mauvais bistrot où ils avaient leurs habitudes.

J'avais cueilli une fleur de térébinthe à côté d'une admirable mosaïque byzantine. Les Palestiniens m'offraient de choisir un souvenir parmi ces stèles, ces céramiques qui ne leur rappelaient aucune histoire. Et ils reprochaient aux juifs de s'être installés à Jérusalem, d'avoir occupé leurs maisons, profané leurs mosquées, détruit leur patrimoine. Que faisaient-ils d'autre à Tyr ?

Pas étonnant que la population libanaise du Sud, à 70 % chiite, ait accueilli les soldats de Jérusalem avec des fleurs, qu'elle leur ait jeté, pour leur porter bonheur, du riz comme à une mariée. Puis les relations au début excellentes se sont détériorées quand, après l'attentat contre les marines et les paras français à Beyrouth, un autre hezbollahi, un fou de Dieu, eut fait sauter avec un camion bourré d'explosifs un QG de l'armée israélienne, le gouvernorat de Tyr, où étaient interrogés des suspects libanais et palestiniens. Trente seront tués par leurs « frères » mais avec eux un certain nombre d'Israéliens, des spécialistes du renseignement. Même explosif, mêmes méthodes qu'à Beyrouth. Le kamikaze avait été lui aussi formé à Baalbek selon les enseignements de Khomeiny. On retrouvait la même conjonction des services secrets syriens, conseillés par le KGB, des terroristes palestiniens, experts en attentats et des illuminés prêchés par les mollahs iraniens.

Face à cette forme de terrorisme suicidaire de fanatiques qui recherchent le martyre et la mort, les services antiterroristes israéliens, les meilleurs dit-on, se trouvèrent désarmés. Alors, ils écrasèrent le nid, prenant pour cible une caserne de gendarmerie et un camp où s'entraînaient les tueurs de Hussein Moussaoui étroitement lié à l'Iran et qui avait revendiqué les attentats. Cent morts et trois cents blessés. On protesta, guère plus que contre le raid des Étendard français qui n'aurait tué... qu'un berger. Paris voulant ménager la chèvre et le chou, montrer à nos soldats que leurs camarades assassinés seraient vengés, et ne pas s'attirer les foudres de l'Iran et de la Syrie, aurait poussé l'imposture et la farce jusqu'à prévenir du raid ceux qui devaient en être victimes. Jamais le ministre de la Défense nationale ne put s'expliquer clairement à ce sujet.

L'attentat de Tyr, atteignit son but en provoquant la nervosité, l'inquiétude des troupes d'occupation israéliennes, qui se montrèrent plus dures, plus méfiantes avec la population. Il fut le signal d'autres actions semblables. Difficile de connaître exactement de quels éléments se compose cette résistance à l'occupant : Chiites d'Amal ? Communistes infiltrés dans le mouvement ? Chiites iraniens venus gagner au Liban la palme du martyre ? Peu de Palestiniens semble-t-il. Même libérés du camp d'Ansar, ils sont trop bien surveillés. Mais ils serviraient, dit-on, d'instructeurs aux novices qui débutent dans la carrière. A la moindre alerte, la zone est bouclée et les ponts sur la rivière Awali fermés parfois durant une semaine interdisant tout le commerce avec Beyrouth dont vit le Sud-Liban. Les contrôles se font plus nombreux et gare à celui qui a perdu sa carte d'identité. Il n'existe plus aucun service pour la remplacer. Il est vrai que ces cartes servaient parfois à d'étranges trafics.

Tsahal doit faire face en moyenne à deux attentats par jour qui vont du simple jet de grenade, d'une rafale tirée d'un fossé, d'une fenêtre, d'un verger d'orangers, ou de citronniers comme celui que nous longeons, à de véritables attaques aux roquettes ou à la pose de mines. Les Israéliens, malgré tous leurs efforts, n'ont pu casser l'enchaînement inéluctable : attentat — répression. Les premiers temps, bien accueillis par la population, ils ne manquaient pas de sources d'information et pouvaient intervenir avant même que les terroristes se soient organisés en réseaux. Il en va tout autrement aujourd'hui, depuis que les mollahs chiites, influencés par Amal et dont ils ne s'étaient pas assez défiés, ont repris solidement en main leur clientèle, y développant la mystique du martyre. Les techniques de l'action terroriste suivirent, enseignées par des prêcheurs d'un tout autre genre, qui lisaient plutôt *le Capital* que le Coran.

Confronté au même problème, à Hama, l'alaouite Hafez el Assad maître de la Syrie a tranché dans le vif, exterminant vingt-cinq mille personnes, répondant à la terreur des Frères musulmans, par l'horreur que firent régner les brigades spéciales de son frère Rifaat. Et les sorcières de Moscou se sont bien gardées de taper sur leurs chaudrons. Genre de mesures que jamais Israël ne voudrait ni ne pourrait se permettre. Qui traita jamais Assad de nazi ? Et que fit la Ligue des Droits de l'homme ?

Nous ne sommes plus qu'à quarante kilomètres de Beyrouth et nous arrivons à Saïda qui fut la grande ville sunnite avant qu'elle ne devienne une capitale palestinienne. Je l'avais connue grouillante de vie quand Arafat et ses bandes y faisaient la loi. Braillement des haut-parleurs débitant des slogans révolutionnaires qui dominaient les appels pourtant démesurément amplifiés des muezzins à l'heure de la prière ; sirènes des Jeeps, rafales de Kalachnikov tirées en l'air par des conducteurs pressés de se tailler un passage dans la cohue ; marchands de pistaches, de sucreries au miel, étals de bouchers couverts de mouches. On égorgeait les moutons sur la chaussée, tandis qu'un gosse, à peine plus haut que sa mitraillette, la posait contre le chariot d'un marchand de glaces pour déguster un sorbet dont le rouge criard lui dégoulinait sur le menton. La ville, avec ses réfugiés et ses Palestiniens, avait compté plus de cent mille habitants. Elle semble ce matin déserte. Peu de clients devant les boutiques à moitié vides et ils se pressent d'effectuer leurs achats. Plus de haut-parleurs ; le silence. Même les muezzins semblent s'être tus.

A la sortie de Saïda, sur la rivière Awali, un barrage israélien, nous en interdit le passage. Le chauffeur se renseigne. On peut emprunter un chemin de terre à travers les vergers. Nous y croisons une patrouille de Jeeps montées par des miliciens de Haddad qui nous obligent à faire demi-tour. Enfin, en empruntant encore un autre chemin et en suivant trois camions chargés d'agrumes qu'ils vont vendre à Beyrouth, nous retrouvons, je ne sais trop comment, la grande route qui longe la côte. Roulant dans notre sens, aucun véhicule ; dans l'autre, filant vers Saïda, nous croisons une dizaine de voitures bourrées à craquer de femmes, d'enfants, de paniers, de couffins, toutes avec des matelas sur le toit. C'est encore ce qui se fait de mieux pour se protéger des attaques aériennes. Certains pare-brise sont étoilés de balles. Les voitures filent à toute vitesse, refusant de s'arrêter malgré les grands gestes de notre chauffeur qui aimerait savoir comment ça se passe plus au nord et s'il doit nous laisser tomber.

Porté par le vent, nous parvient le grondement du canon. Nous approchons de Damour. Nous sommes à moins de 25 kilomètres du centre de Beyrouth, à 15 kilomètres de sa banlieue. C'est à Damour que se déroula en 1975 un horrible massacre de chrétiens perpétré à la hache, au couteau, et qui répondait à celui de la Qarantia. Chacun fit ses comptes ; on était à peu près quitte. Soudain nous tombons sur une forte patrouille de chars lourds israéliens Markava qui ont déployé d'immenses drapeaux blanc et bleu, marqués de l'étoile de David. Difficile de les ignorer ! Vont-ils continuer ? Entrer dans Beyrouth ? Allons-nous assister à une nouvelle intervention de Tsahal ? Les chars se préparent-ils à occuper l'aéroport ? Abrités derrière un défilement, ils montent la garde, comme pour interdire à la guerre civile libanaise de se propager plus loin. (Ils permettront l'évacuation de milliers de chrétiens chassés de la Montagne, chassés de la côte quand tout le dispositif de l'armée libanaise et des phalangistes s'effondrera.)

Barrage de l'armée libanaise. On refuse de nous laisser poursuivre alors que les Israéliens semblent ignorer notre existence. Comme nous insistons, le ton monte très vite, les armes nous menacent. Les camions d'agrumes n'insistent pas et font demi-tour. Ils balanceront dans le premier fossé venu leurs belles oranges, leurs citrons d'or, leurs pamplemousses rebondis. Ils y pourriront alors qu'ils manquent à Beyrouth.

En contrebas de la route, un grand rassemblement de soldats gras, bien nourris mais sans armes. De la terrasse d'un bâtiment neuf, caserne ou gendarmerie, un colonel leur parle devant un micro et appelle des noms. Ce sont des gendarmes, et bien qu'on les ait coiffés d'un beau béret rouge à la parachutiste, depuis longtemps ils ne représentent plus de menace pour personne. Ils ont même cessé de régler la circulation. Déjà en temps de paix ils ne s'y entendaient guère. J'interroge le colonel devant l'inévitable café qu'il m'offre tandis que son adjoint s'escrime sur un téléphone auquel personne ne répond plus. Tous ces gendarmes, m'apprend-t-il, sont des permissionnaires, qui ont été rendre visite à leurs familles et qui voudraient retourner à Beyrouth. Je m'efforce de les en empêcher pour les réexpédier dans le sud. Au moins ils pourront servir à quelque chose. Que feraient-ils à Beyrouth ? Les chiites rejoindraient leur camp et ne feraient qu'ajouter au désordre ; les chrétiens risqueraient d'être massacrés.

Le colonel est mince, élégant, il parle un excellent français ; il a suivi en France les cours d'une école militaire ou d'une école de gendarmerie. Maronite, il s'efforce de faire bonne figure. La situation militaire ? Il me montre son téléphone inutile. Passer ? Il nous le déconseille ; on s'entre-tue à moins d'un kilomètre. Après un second café, il accepte de nous accompagner jusqu'au barrage de l'armée libanaise où nous avons été si mal accueillis. Un lieutenant harassé de fatigue accepte enfin d'en référer à l'échelon supérieur qui, semble-t-il, l'envoie promener, ayant d'autres problèmes à régler que le nôtre.

— Impossible de continuer, nous affirme-t-il en revenant du camion radio. Devant vous se dressent encore deux autres barrages, puis c'est la ligne de feu. Ce matin j'ai laissé passer deux de vos collègues qui prétendaient gagner Beyrouth à pied. On leur a tiré dessus.

— Qui ?

— L'armée libanaise mais au-dessus de la tête et seulement pour qu'ils fassent demi-tour. Les copains d'en face ne les auraient pas loupés. Ils tirent sur tout ce qui bouge.

— Qui ? Les chiites ?

— Et toutes sortes de gens. Vous croyez les chiites capables, de mener seuls une guerre comme celle-ci ?

— Quand pourrons-nous continuer notre route ?

— Revenez demain ; revenez dans huit jours.

Et il nous tourne le dos.

Le colonel de gendarmerie jette un coup d'œil rassuré sur les chars israéliens, ils sont toujours là. L'armée libanaise ? Ses lèvres dessinent une petite moue. Notre chauffeur nous propose de nous raccompagner à Saïda où nous trouverons à nous loger. Nous pourrions aussi regagner Tel Aviv, puis prendre un avion pour Chypre et attendre à Larnaca que la mer ou les bombardements sur Jounieh se calment. Alors que nous sommes à quelques kilomètres de Beyrouth ! Le colonel nous murmure doucement :

— Je sais que les Forces libanaises, enfin les Phalanges attendent cette nuit l'arrivée d'un bateau venant de Beyrouth où il doit retourner. Ils occupent des positions juste au-dessus des nôtres, à Mechref où est installé le collège américain. Leur chef est un certain Antoun. Ils pourraient vous prendre avec eux.

Encore faut-il persuader le chauffeur qui est chiite de nous amener au PC des Phalanges. Il n'est guère rassuré ; comme s'il craignait qu'on lui coupe le cou. Nous empruntons une route de montagne sinueuse à souhait, bien sûr nous nous égarons et nous nous retrouvons au PC de la 4e Brigade de l'armée libanaise. Un colonel encore plus reluisant, encore plus astiqué, qui parle un français encore plus impeccable que notre gendarme, nous accueille goguenard, le stick sous le bras.

— Nous ne pouvons rien pour vous, nous dit-il d'emblée. La route de Beyrouth sera-t-elle ouverte bientôt ? Je ne pense pas. Vous ne passerez pas avant longtemps. Je vous conseille plutôt d'essayer par Chypre.

Sans succès j'insiste puis je glisse :

— Les phalangistes disposeraient d'un bateau cette nuit pour regagner Beyrouth.

Le colonel n'est pas au courant ou feint de l'ignorer.

— C'est possible, dit-il enfin. Ils ont des liaisons par mer toutes les nuits mais la tempête les avait interdites. La mer semble s'être calmée. Les phalangistes peuvent accorder aux journalistes des facilités qui nous sont interdites. Nous appartenons à une armée régulière soumise à un règlement très strict, particulièrement vis-à-vis de la presse. Êtes-vous accrédités auprès de notre état-major ? Avez-vous une autorisation ?

– Où l'obtient-on ?

– A Yarzé, au-dessus de Beyrouth. Mais vous ne pouvez pas aller à Beyrouth. Je ne puis rien d'autre que vous souhaiter bonne chance.

Et il s'en va suivi de son état-major. La forêt qui nous entoure embaume la résine et le thym. Dans le lointain, sur la mer enfin calmée, se profile la silhouette grise aux formes tourmentées d'un bateau de guerre. Ce colonel libanais si calme, si sûr de lui, que les combats qui se déroulent vers Khaldé ne paraissent pas inquiéter outre mesure ; ce bateau de guerre, probablement américain, qui veille sur nous avec ses canons, ces gendarmes en permission qui, sagement, réclament leur feuille de route ou la prolongation de leur permission ; les chars de Tsahal dont les équipages pique-niquent tranquillement, comme tout est rassurant. Nous n'assisterons pas cette fois encore à l'effondrement du Liban, seulement à un de ces coups de folie, un de ces coups de sang provoqués par un incident minime dont le pays est coutumier. Comme je me trompe !

Enfin nous arrivons à Mechref et en suivant les flèches peintes à la main sur de petits panneaux de bois, nous trouvons le PC phalangiste installé dans les magnifiques bâtiments de l'International College américain. Son vaste campus s'ouvre sur l'un des plus beaux paysages du monde. Avoir seize ans, un blazer bleu, un pantalon blanc, ou une robe plissée et une queue de cheval, lire les sonnets de Shakespeare, les vers de Byron, tomber amoureux, comme l'on est à cet âge, amoureux de soi-même, de son image en Narcisse !

Azoulay me secoue par le bras :

– A quoi rêves-tu, pépé ? T'écris un livre ?

De jeunes soldats entrent, sortent, portant tous la tenue vert olive de l'armée israélienne. Ils affectent le même laisser-aller apparent, la même fantaisie dans leur accoutrement : chapeau de cow-boy, bottes de saut ou baskets, blouson de combat, par-dessus un jean, cheveux longs, barbe, moustache. Mais ils sont souples, vifs, bien entraînés, leur armement, israélien lui aussi, est parfaitement entretenu. Comme dans Tsahal, aucun salut, aucun claquement de talon. Tous ces rites sont abolis au profit de l'efficacité. On appelle l'officier par son prénom ; on le tutoie.

Les cadres qui ne portent aucun insigne de grade mais le pull-over renforcé à l'épaule droite comme les officiers israéliens, ont été formés, entraînés en Israël. Un étrange phénomène d'osmose a joué. Les Phalanges ne sont plus une milice parmi d'autres mais une véritable armée. On pense par moments à une sorte de Tsahal bis qui arborerait la croix au lieu de l'étoile de David. Mais les phalangistes sont plus chaleureux, plus ouverts que les Israéliens qui dès qu'ils sont en service arborent des visages glacés. Comme dans l'armée israélienne, des filles en uniforme. Deux ou trois d'entre elles sont jolies. Efficaces, ignorant la coquetterie et le maquillage, elles s'occupent des transmissions, de la cuisine, de l'infirmerie.

Au cours de notre longue traversée, nous avons mis une nuit pour parcourir quinze kilomètres, j'aurai tout loisir d'interroger ces jeunes gens. Ils appartiennent à toutes les classes de la société libanaise : étudiants, gosses de riches, fils d'ouvriers, de commerçants, de boutiquiers, chauffeurs de taxis ou de camions. Toujours à l'image de Tsahal, ils effectuent des périodes ; ils ne sont jamais vraiment démobilisés. Ils ont le sentiment de défendre la seule cause qui mérite de mourir pour elle, celle de la chrétienté en terre d'Islam. Ils s'affirment les derniers défenseurs d'un Occident qui les lâche et ne croit plus en rien. Ils m'ont affirmé ne pouvoir compter que sur les Israéliens soumis à la même menace qu'eux. Comme eux, ils serrent les dents, ils se défient de tous, ils ne cherchent plus à convaincre ; ici, ils se battent contre les druzes qui tiennent des positions au-dessus d'eux et dont ils n'ont à attendre aucune pitié. Kamal Joumblatt, entre deux crises de mysticisme, n'avait-il pas proclamé : « Nous massacrerons un tiers des chrétiens ; nous obligerons l'autre tiers à fuir et le dernier à se soumettre. » Son fils Walid ne pense-t-il pas comme lui ? Les phalangistes des Forçes libanaises reçoivent une solde dérisoire, quelques centaines de livres ; ils sont mal nourris, un morceau de pain, une louchée de lentilles, quelques légumes crus, un verre d'eau. Je le sais pour avoir partagé leur repas dans ce qui fut jadis un magnifique restaurant universitaire où aujourd'hui trois filles s'affairaient autour de marmites, à moitié remplies. Qui sait si certains de ces garçons, de ces filles n'avaient pas été élèves dans ce collège qu'aujourd'hui ils défendaient ?

Des éclatement de mortiers nous rappellent que nous nous

trouvons en première ligne, que la Montagne n'appartient plus aux chrétiens même s'ils s'accrochent à des lambeaux. Antoun ou Freddy, je ne me rappelle plus lequel, efficace et bref comme un colonel de Tsahal, nous assure qu'il nous trouvera deux places sur la *Jeanne d'Arc*. Il nous confirme qu'on l'attend cette nuit. Il nous prévient. Le bâtiment n'est pas confortable, la navigation risque d'être longue et dangereuse car il faudra voguer tous feux éteints pour échapper au tir des joumblattistes et contourner la flotte américaine.

Est-ce à Antoun ou Freddy que j'ai posé la question ?

— Comment pouvez-vous faire confiance aux Israéliens après le tour qu'ils vous ont joué ici même dans la Montagne.

J'obtiendrai cette réponse :

— Des erreurs ont été commises de part et d'autre. Amin Gemayel a eu tort de laisser traîner en longueur la signature du pacte libano-israélien, ce que jamais n'aurait fait Bechir, en pratiquant une politique de louvoiement, d'hésitation, en voulant être bien avec tout le monde. Après avoir pris ses distances avec Israël, il nous a envoyé reconquérir la Montagne, comme s'il voulait se débarrasser de nous. Car nous avions l'impression de le gêner. Impitoyables, les Israéliens ont réagi en nous laissant face à face avec les druzes et leurs alliés. Mais ils ne pouvaient croire au massacre des chrétiens qui a suivi. Et quand ils s'en sont rendu compte ils nous ont sortis du piège de Deir el Khammar. Qui peut nous aider aujourd'hui ? Israël. Celui qui se noie ne réclame pas au sauveteur que le Ciel lui envoie sa carte d'identité et ne lui demande pas sa religion. Et ce n'est pas sur l'armée libanaise en pleine déconfiture que nous pouvons compter.

Une semaine plus tard, quand tout sera consommé, qu'Amin Gemayel, lâché par les Américains en qui il croyait tant, moralement pieds nus, en chemise et la corde au cou, aura pris le chemin de Damas pour rencontrer Hafez el Assad et lui demander sa grâce, je rencontrerai Fadi Hayek, l'un des principaux responsables des Forces libanaises et le chef du 5ᵉ Bureau. C'est un garçon solide, décidé, au parler franc, direct, qui s'efforce de ressembler à Bechir. Il lui est difficile de cacher son désarroi. Je lui demande :

— Qu'allez-vous devenir ? Quelle chance vous reste-t-il en dehors de la partition ?

Il me répond :

— Elle vient trop tard. Il nous reste trois solutions ! Ne rien faire et attendre, laissant les Syriens mener le jeu et disposer à leur guise du Liban. Accepter toutes les conditions syriennes dont l'abrogation de l'accord israélo-libanais du 17 mai. Dans ce cas, nous aurons peut-être un président chrétien mais assisté d'un gouverneur syrien comme au temps des Ottomans. Ce serait, pour nous chrétiens, accepter de ne plus avoir aucun poids politique, devenir comme les coptes d'Égypte des citoyens de seconde zone. Troisième solution que nous préférons : nous allier avec Israël et nous battre au coude à coude, sans souci des pertes, du sang versé, des destructions. Et si nous sommes envahis en résistant maison par maison.

— Pourquoi l'armée libanaise a-t-elle perdu la partie ?

— Parce qu'elle n'était que l'armée d'un État inexistant, qu'elle n'était pas une armée nationale, motivée, qu'elle n'avait pas la foi et ne savait pas pourquoi elle combattait.

Prenant le soleil sur le campus du collège, bardés d'appareils-photo, nous retrouvons les deux journalistes qui ont tenté ce matin de forcer le passage. Ils appartiennent à une agence de photo, Sygma ou Gamma. L'un d'eux, Patrick, est le fils de François Chauvel avec qui, il y a vingt-cinq ans, je courais tous les mauvais lieux du monde, où l'on s'étripait. Et il était mon cadet. Réflexion de l'un des photographes qui me ramène à une vision plus juste de la réalité et de mon âge...

— Tiens, voilà le Vieux qui rapplique !

Ils sont ici depuis deux jours, sans cesse refoulés, attendant le bateau qui ne venait pas, car c'est un petit rafiot incapable de braver la tempête. Ils rongent leur frein. En passant par Israël, ils pensaient arriver les premiers.

— Nous avons quand même eu droit, cette nuit, à un beau spectacle, me dit Patrick. Le *New Jersey* est venu s'embosser à peine à deux milles d'ici et il a ouvert le feu. Fabuleux ! Des flammes orange et rouge qui semblaient nous lécher. Tout tremblait, les vitres éclataient. Quel fabuleux bateau !

On ne peut le nier, le *New Jersey* est un fabuleux navire, le plus grand cuirassé du monde : 56 000 tonnes, 1 500 hommes d'équipage qui estiment être très honorés de servir à son bord. L'un des survivants des grands affrontements navals de la guerre du Pacifique, entièrement refondu et modernisé en 1982, il est le seul au monde à posséder trois tourelles, chacune de trois tubes de 420 mm, capables d'expédier à 40 kilomètres et à deux fois la vitesse du son des obus de 1 200 kilos. Ils creusent d'énormes cratères, pulvérisent les casemates de béton les mieux renforcées. Pratiquement invulnérable aux attaques aériennes, il dispose d'une cinquantaine de missiles mais fort prudemment il se tient toujours à plusieurs milles au large. Pourquoi s'est-il tant approché la nuit dernière ? Je ne le saurai jamais.

Que vient-il faire dans cette guerre civile ? A quoi sert-il ? Il a expédié récemment 400 obus sur les positions syriennes, écrasant un poste de commandement syrien de la Bekaa. Le général qui en avait la charge aurait été tué avec, avec selon Damas, 50 de ses hommes. 500, affirmait *la Voix du Liban*, dont un certain nombre d'officiers soviétiques. Qu'est-ce que cela avait changé ? Reagan avait montré qu'il disposait d'un magnifique bâtiment de parade mais démodé. Les chrétiens de Beyrouth ouest avaient follement applaudi. Ils s'étaient crus sauvés ; ils étaient perdus. Les salves du *New Jersey* étaient les salves d'honneur de celles que l'on tire au bord d'une tombe pour un pays qu'on enterre. Quand les canons du *New Jersey* s'étaient tus, pour se rassurer, les Beyrouthins s'étaient persuadé que le cuirassé, ayant épuisé ses projectiles, était parti se réapprovisionner. Une idée à la libanaise ! Hier, le *New Jersey* était de retour afin de tirer ses derniers obus devant Mechref pour vider ses soutes ou pour faire plaisir à un amiral en inspection, avant de s'éloigner définitivement. C'était bien lui cette silhouette que j'avais distinguée dans le lointain.

Les Phalanges ! On en a dit à loisir tout le mal rarement le bien qu'elles méritaient, parce qu'elles furent affublées dès leur fondation de l'étiquette fasciste. Elles ne l'étaient plus quand je les ai connues. Elles sont avant tout coupables de s'être obstinées à défendre le Liban chrétien contre les Palestiniens et la subversion gauchiste qui méritaient toutes les indulgences. La mode ! Elles ont parfois utilisé des procédés peu recommandables qu'on leur a violemment reprochés au contraire de leurs adversaires qui pouvaient tout se permettre sans que l'opinion internationale s'en émeuve.

Les Phalanges furent fondées en 1936 par Pierre Gemayel, pharmacien de son état, grand adepte du sport et de l'ordre moral. De retour des Jeux Olympiques de Berlin où il fut fasciné par les rites militaires et gymnastiques du parti nazi, il en copia l'organisation sans pour autant adhérer à la doctrine. Difficile de parler de la race élue au Liban, véritable patchwork d'ethnies en général sémites. De 1944 à 1951 les Phalanges, les Kataeb, deviendront une véritable force politique, le seul parti vraiment populaire du Liban où ni la naissance ni l'argent n'entrent en ligne de compte. L'establishment les boude, les grands féodaux, les propriétaires terriens les combattent.

Leur clientèle est constituée de citadins, petits boutiquiers, artisans, commerçants, hommes du peuple, étudiants un peu exaltés qui se veulent les défenseurs du Liban maronite, dernier rempart de l'Occident chrétien contre la marée islamique. Ce genre de discours agaçait car il manquait de discrétion mais il était sincère et il fallut bien l'admettre quand deux mille jeunes chrétiens le payèrent de leur vie même si tous n'étaient pas phalangistes. « Quand en 1975 éclatera la guerre civile coupant le Liban en deux camps, d'un côté les " chrétiens conservateurs ", de l'autre les " palestino-progressistes " ; les chrétiens se retrouveront autour des Phalanges. Les Kataeb dont les " soldats du Dimanche " ont été les seuls à pouvoir opposer des combattants armés et entraînés aux Palestiniens suréquipés et aux Libanais qu'ils avaient entraînés dans leur aventure [1]. »

Ce furent les Phalanges qui en 1975 et 1976 subirent le premier choc et résistèrent avec un armement de fortune jusqu'à ce que les rejoignent les autres chrétiens et des éléments de l'armée libanaise, avec leurs équipements. Le plus gros resta cependant entre les mains des « palestino-progressistes » qui, grâce à certaines trahisons, s'étaient emparés des casernes, des arsenaux et de leur contenu. Se jugeant perdus, Pierre Gemayel et les « parrains » chrétiens : Chamoun, Frangié, firent alors appel à la Syrie qui ne demandait qu'à intervenir. Le fils aîné de Pierre Gemayel, Amin, qui selon la loi des clans était appelé à lui

1. Jean Lartéguy, *Dieu, l'Or et le Sang.*

succéder, fut de cet avis. Aussi est-il assez bien toléré de Damas. Au contraire Bechir, le cadet, condamna l'intervention. Avocat comme son frère, moins doué, d'un physique plus ingrat, il venait de se révéler sur le terrain un remarquable chef de guerre. Proche de ses hommes au combat, dans la rue, proche du peuple, s'imposant rapidement comme le véritable « patron » aux dépens de son aîné et même de son père le sentencieux « cheikh Pierre ».

Quand je le rencontrai, Bechir Gemayel m'avait donné l'impression d'être une solide petite brute mais qui avait le sens du commandement, un mélange de chouan à qui il manquait le chapelet au poing et de condottiere que ses bandes suivaient pour son audace, son esprit de décision et la clarté de ses propos. Du genre de ceux-ci : « Le règlement de la crise libanaise pourra emprunter trois voies complémentaires : à travers le pouvoir légal qu'appuiera la résistance, indépendamment du pouvoir légal ou au besoin contre lui [1]. » Il n'hésitera jamais, contre les partisans de Chamoun et de Frangié, à user de tous les moyens, l'assassinat compris, pour créer cette union des forces chrétiennes sans laquelle, selon lui, le Liban était perdu. Il agissait comme un César Borgia, préférant seulement le pistolet au poison, et Machiavel l'aurait certainement approuvé. Il ignore la mesure, mais au moins il aura le courage de m'avouer que s'il n'a pas fait tuer Tony Frangié, il ne peut réprouver cet assassinat commis par les siens. Il fallait, m'avait-il expliqué, en finir avec la féodalité des seigneurs zgorthiotes vivant en plein Moyen Age, ne voyant que leur intérêt qui les poussait trop souvent à traiter avec l'ennemi, la Syrie. J'ignorais à l'époque qu'il avait un certain sens de la grandeur, une indéniable puissance de rêve sans laquelle un homme politique reste cette chose misérable, un politicien.

Soucieux de retrouver les sources historiques d'un Liban né de la rencontre des druzes et des maronites, il se rapproche de Walid Joumblatt qui se laissera séduire par sa personnalité, son charisme, autant qu'il détestera Amin, l'aîné. Sur bien des points, Bechir prend le contrepied des options de son père. Il lui reproche de ne pas s'être élevé contre les accords du Caire qui

1. Karim Pakradouni, *La paix manquée*, Éd. L'Orient Le Jour, Beyrouth, décembre 1983.

donnaient droit de cité aux Palestiniens. Il l'accuse de s'être fait des illusions sur les Syriens qui ne voulaient qu'annexer le Liban et au mieux en faire une base de repli pour les Alaouites en cas de révolution en Syrie, d'avoir accordé sa confiance à Hafez el Assad qui, comme tous les fidèles des sectes secrètes du Moyen-Orient, aura toujours un double visage, chrétien avec les chrétiens, musulman avec les musulmans. Il était persuadé que seule la peur maintenait les sunnites aux côtés des Palestiniens, que rassurés ils les lâcheraient. Son grand projet était de les guérir de cette peur. Quant aux chiites, les plus misérables, ils méritaient qu'on les aide à sortir de leur misère ; il se faisait fort de les rallier en leur accordant les aides et les droits dont ils étaient injustement frustrés.

Il avait eu ce cri du cœur : « On raconte que nous sommes des fascistes... peut-être parce que nous sommes le premier parti libanais qui ait fait voter des lois sociales en faveur des travailleurs. Le Liban est dans cette partie du monde le dernier bastion de la démocratie laïque, à l'occidentale, nous refusons de devenir une république populaire ou un dépotoir pour tous les damnés de la terre et les terroristes du Tiers Monde [1]... »

Il souhaitait libérer le Liban des Palestiniens, des Syriens, mais aussi des « parrains », ces vieux politiciens traditionnels, des profiteurs et de leur clientèle de fonctionnaires indélicats « qui par négligence, complicité ou incurie ont participé à l'effondrement de la nation. Pour eux il va jusqu'à préconiser une sorte de tribunal politique, un Nuremberg libanais ». (Karim Pakradouni.)

Voici ce que déclarera le vendredi 27 avril 1984 au journal *Le Monde* le « socialiste » Walid Joumblatt :

« Je désespère à parvenir à une entente avec des fossiles politiques qui ne comprennent pas qu'il faut en finir une fois pour toutes avec un Liban confessionnel, archaïque et inopérant. »

L'ombre de Bechir Gemayel hanterait-elle à ce point Walid Joumblatt ? Se serait-il allié à Bechir comme on me l'a laissé entendre. Délaissé par sa mère, rejeté par son père, Walid, intellectuel hésitant, avait compris que les « parrains » avec toute leur subtilité, ne pouvaient qu'achever de saigner le Liban à mort. Était-il en quête d'un compagnon de son âge, un homme

1. J. Lartéguy, *Dieu, l'Or et le Sang.*

de violence et de caractère comme Bechir qu'il aurait pu suivre et seconder. Cette entente était-elle sur le point de se réaliser quand Bechir fut assassiné ? Dès l'élection à la présidence d'Amin, Walid s'élèvera avec violence contre celui qui est à ses yeux l'usurpateur et qu'il tient pour responsable de tous les crimes commis envers le peuple libanais. A travers Amin qui la représentait si bien, ne s'en prenait-il pas à toute la classe politique libanaise et à ses traditions, une classe que Bechir lui aussi souhaitait éliminer ?

Karim Pakradouni, qui fut le collaborateur et l'ami de Bechir Gemayel, dit de lui :

« Ce contestataire si contesté suscite l'adhésion passionnée ou l'hostilité sans nuances... Au-delà du cadre libanais, son destin est typique d'une époque où les systèmes s'essoufflent et les certitudes s'effondrent, où les États sont ébranlés, où les armées se débandent. Quand les épreuves s'abattent sur un pays, il se trouve toujours un homme qui surgit et s'impose, avec des idées simples et des vertus premières. Bechir était de cette race. Il a rendu une âme à son peuple dans le désarroi... En fait le « voyou » est devenu héros... Tacticien méthodique et stratège inspiré, il sait éliminer ses rivaux, diriger les régions chrétiennes d'une main de fer et, au besoin, se montrer sans merci... Homme d'action jusqu'au paroxysme il ne se reposera que mort. Ne pouvant s'installer ni dans la routine ni dans l'ordinaire, il est pleinement lui-même dans l'affrontement, le drame, le spectaculaire. Son goût de l'aventure, son naturel perturbateur, son franc-parler et son entêtement l'ont souvent gêné dans un milieu bourgeois et traditionnel où il dérange tout le monde, amis et alliés inclus. Il a pourtant fini par imposer son rythme infernal aux Forces libanaises, au parti phalangiste et, enfin, à l'État... Il transforme de confuses batailles en une guerre et contribue à hausser au niveau mondial le problème de son pays... Il démystifie par sa seule présence une classe politique dont il critique avec véhémence la sclérose et les compromissions... »

Je demandais à un jeune phalangiste adossé au camion qui allait le conduire jusqu'aux positions que tenait son unité :

— Que pensez-vous d'Amin Gemayel, votre chef ?

— Vous voulez parler du président de la république ? m'a-t-il demandé, faussement naïf. Amin n'est pas notre chef. Notre chef c'était Bechir. Nous continuons à suivre la ligne Bechir qui a toujours été différente de celle de son frère. Bechir était un chef, Amin n'a jamais été qu'un politicien habile et physiquement courageux... Il répète, insistant sur le terme : — Physiquement courageux ! Bechir aurait signé, dans le mois qui aurait suivi son élection, la paix avec Israël, et la Syrie alors sur les genoux l'aurait accepté ; il n'y aurait pas eu le drame de la Montagne. Il aurait créé une véritable armée en fondant dans le même moule phalangistes et militaires réguliers. Cette armée n'aurait pas foutu le camp comme maintenant car il lui aurait donné une structure politique et pas seulement confessionnelle. Nous n'accepterons la loi ni des Syriens, ni des musulmans, ni des druzes, ni des communistes. Nous marcherons avec les Israéliens qui sont proches de nous et qui doivent affronter les mêmes dangers : l'Islam et le communisme. »

Est-ce Antoun ou Freddy, mais l'un d'eux nous apprend que la *Jeanne-d'Arc* a enfin appareillé, de Beyrouth qu'il faudra nous tenir prêts à filer à la nuit tombée. Et ne pas perdre de temps car la route par laquelle nous passerons pour gagner la mer se trouve déjà sous le feu de l'ennemi. Confirmation de ses propos : quelques obus de mortiers sont tombés devant le porche de l'American College. Les rafales d'armes automatiques se font plus distinctes comme si les combats se rapprochaient. Le *New Jersey* a complètement disparu de l'horizon. La radio phalangiste, *La Voix du Liban* annonce des troubles en Syrie et que des unités de l'armée syrienne en sont venues aux mains dans la Bekaa. *La Voix du Liban* prend souvent ses désirs pour la réalité. Aucune déclaration d'Amin Gemayel qui semble s'être enfermé dans le mutisme le plus complet. Il ne sera pas facile de lui arracher une interview. On nous offre un maigre repas dans le grand réfectoire aux trois quarts vide, où chacun se sert, mange et lave son assiette. L'atmosphère reste chaleureuse, jeune ; aucun sentiment de défaite, aucune nervosité au contraire de l'armée libanaise, autant que j'ai pu en juger au barrage.

— Que va faire la France ? me demande-t-on.

Comme si je le savais ! Moi-même j'ignore à quelle France j'appartiens, celle de Clemenceau, de Charles de Gaulle ? Ou une autre, confuse, bavarde, cocardière, défaitiste, qui triche avec l'histoire, promène ses derniers soldats du Tchad au Liban, tout en cherchant un moyen de les ramener au plus vite dans leurs casernes où ils pourront se constituer en syndicats et exiger les 35 heures et le petit déjeuner au lit. Mais je préfère la boucler, comme lorsqu'on me pose cette autre question :

— Comment voyez-vous la situation au Liban ?

Pouvais-je répondre à ce gamin de vingt ans, aux yeux cernés par la fatigue dont une barbe de trois jours mange le visage que le Liban n'est plus qu'un bateau ivre qui, en pleine tempête, dérive vers des récifs où le guettent les naufrageurs. Plus de capitaine pour tenir la barre. Il s'est enfermé dans sa cabine tandis qu'une partie de l'équipage s'est mutinée et que l'autre a abandonné le bord. L'équipage, c'était l'armée libanaise autour de laquelle devait se reconstituer l'unité du pays. N'était-elle pas composée de chrétiens, de musulmans et de druzes ? Dix brigades équipées à grands frais d'armes modernes (un milliard et demi de dollars que le Liban a dû payer cash) et entraînées par les Américains et les Français. Le capitaine, c'était Amin Gemayel, jeune président d'une république qui n'existait plus que sur le papier et qui traqué dans son palais de Baabdad, ne pouvait compter sur personne même pas sur les Forces libanaises, les Kataeb qui assurèrent l'ascension du clan Gemayel. Les naufrageurs ? Les chiites du mouvement Amal, vaste manteau de mollah qui recouvrait un bien étrange amalgame, les druzes « socialistes » de Joumblatt, secte ésotérique et secrète qui croyait à la métempsycose et suivait aveuglément son chef héréditaire, les communistes aussi discrets qu'influents et déterminés, les Syriens d'Hafez el Assad, les Palestiniens à sa botte. Auxquels il fallait ajouter quelques chefs de bandes ou de gangs qui ne pensaient qu'à piller et se remplir les poches, qui érigeaient des barrages, et qui au moment du partage des dépouilles, accouraient à la curée quitte à s'entre-tuer.

La nuit tombe. Des petits groupes de soldats se rassemblent avec leurs sacs, leur armement individuel. Ils grillent des cigarettes assis sur une murette tandis que le ciel vire au mauve. Aucun éclat de voix, des rires, des plaisanteries de gosses. Elles ne détonnent pas dans ce collège. A cause de la tempête, la *Jeanne d'Arc* n'a pu effectuer la liaison habituelle entre Mechref et Beyrouth, et depuis cinq jours ils attendaient la relève. Comme les réservistes de l'armée israélienne, ils servent une semaine puis reprennent leur travail ou leurs études. Ils sont heureux de retrouver leurs familles, encore qu'elles doivent être terrées dans des caves, et soulagés d'échapper à un piège. Ça ne doit pas aller très fort dans la Montagne, au-dessus de nous. Quand l'obscurité est complète, nous embarquons dans un command-car bâché. Deux camions nous suivent. Une consigne passe : « Plus de cigarettes et le silence. » Antoun ou Freddy, je ne sais toujours pas lequel, alors que nous dévalons une piste caillouteuse au milieu des pins, tous phares éteints, nous explique :

— Nous devons emprunter, pour rejoindre notre point d'embarquement, un tronçon de route qui se trouve sous le feu ennemi.

J'avais cru alors comprendre que nous remontions vers le nord et Beyrouth.

— Au contraire, me dit-on, nous descendons vers le sud en direction de Saïda. Les druzes tiennent derrière nous un éperon montagneux qui surplombe la route et la côte. D'où l'obligation de franchir très vite ce passage dangereux avant qu'ils aient le temps d'ajuster leur tir. Ce sont d'excellents tireurs et il vaut mieux ne pas se trouver dans leur ligne de mire.

J'en déduis que les positions qu'occupent les phalangistes risquent de devenir rapidement intenables et que Mechref est menacé puisqu'ils sont tournés. Mais il est toujours imprudent au Liban de mêler la logique à la guerre car rien ne s'y fait comme ailleurs. Surtout la guerre.

Mais où est donc passée l'armée libanaise, et la 4e Brigade ? A-t-elle été coupée, elle aussi, de ses arrières sans livrer de combats. A part quelques éclatements de mortier, quelques tirs de canons, quelques rafales qui constituent même en période de trêve le fond sonore de la vie libanaise, je n'ai rien entendu d'inquiétant. Les phalangistes ne manifestaient aucun trouble, aucun embarras en quittant leurs camarades comme s'ils ne risquaient rien, comme s'ils jouissaient d'une sorte de protection divine. Et je me suis souvenu alors des chars israéliens.

— Les Markava rentrent le soir à Saïda, m'apprend un garçon qui me paraît très au courant des mouvements des blindés de Tsahal. Mais ils seront de retour demain matin et les joumblattistes ne se risqueront pas au-delà de la limite qu'ils leur auront fixée.

Sur la grande route, nous fonçons, accrochés de nos mains gelées à une bâche qui tient absolument à s'envoler. Pas question de s'arrêter. Quelques rafales encadrent le dernier véhicule mais sans l'atteindre. Des balles miaulent au-dessus de nous. Nous ne risquons plus rien dès le moment où nous nous engouffrons dans un immense bâtiment hérissé de pylônes, de transformateurs où grondent des turbines : une centrale électrique accolée à la côte. Elle s'ouvre sur la mer par de petits bassins bien protégés, sortes de minuscules cales de radoub où dansent des petites embarcations très basses qui doivent nous conduire jusqu'à la *Jeanne d'Arc*. Par précaution, celle-ci est ancrée à deux milles au large, machines stoppées, tous feux éteints. Impossible de la distinguer tant elle se fond dans l'obscurité.

Des phalangistes, de plus en plus nombreux, nous rejoignent courbés sous le poids de leurs sacs et de leur armement. D'où sortent-ils ? Sont-ils venus à pied ou en camion comme nous ? Étaient-ils installés dans la Montagne ou sur la bande côtière ? Au collège américain, à Mechref, on m'avait affirmé attendre une centaine d'hommes venant de Beyrouth et qu'on en renverrait à peu près autant. Les partants sont déjà plus de 400. Ce n'est plus une relève mais une évacuation, et l'état de la mer les jours précédents ne peut expliquer cet afflux. Au-dessus de l'usine, sur une butte, se trouvait, ce matin encore, un petit poste d'observation et de transmission de la marine libanaise. Il semble qu'il n'y ait plus personne. Des balles traçantes frappent la mer devant nous. Encore un mauvais passage à franchir quand nous serons embarqués sur nos coquilles de noix. Les soldats qui débarquent sont accueillis par les plaisanteries, les exclamations de leurs camarades. Tous se connaissent ; ils s'étreignent, s'embrassent. Les nouveaux arrivés vont aussitôt prendre position sur les superstructures de l'usine comme pour parer à une attaque. Bien que venant de Beyrouth ou de Jounieh qui se trouvent sous le feu des canons syriens et rejoignant des positions menacées, ils ne manifestent aucune émotion particulière. La guerre ferait-elle à ce point partie de leur univers quotidien ? On a beaucoup mésestimé les Forces libanaises qui constitueront peut-être un jour la véritable armée du Liban chrétien s'il existe, ce sera une armée de style israélien qui s'encombrera moins de rites, de traditions, de lever aux couleurs, de sonneries de clairon que d'efficacité. Que deviendra le magnifique collège américain livré aux socialistes druzes ou aux chiites. Une université coranique ?

— On se bat à Beyrouth, nous dit l'un des nouveaux arrivants, comme en 1975 ou 1976, sur la ligne verte qui marque la séparation entre les secteurs chrétien et musulman. Les snipers ont refait leur apparition et tirent sur les passants qui se risquent dans les rues mal abritées d'Achrafieh. Ils ont retrouvé les mêmes emplacements et nous occupons les mêmes positions comme si rien ne s'était passé, comme si tous ces morts n'avaient servi à rien.

Il fait froid, humide.

Qu'attend-on pour embarquer ? Et toujours de nouveaux soldats qui arrivent et déposent leurs sacs avec un soupir de soulagement comme après une longue marche. Ce regroupement s'accomplit dans le calme, sans précipitation, chaque groupe de combat, chaque section s'alignant au commandement pour prendre place dans les canots. Je m'inquiète de savoir combien la *Jeanne d'Arc* peut transporter d'hommes. Une centaine, me répond-on, peut-être un peu plus.

Il est 10 heures du soir quand nous embarquons. Sur notre droite des fusées éclairantes montent dans le ciel et se balancent longuement au bout de leurs parachutes. La *Jeanne d'Arc* est bien le plus invraisemblable, le plus infâme rafiot sur lequel il m'ait été donné de naviguer. Même des trafiquants grecs de haschich travaillant à l'économie, même des négriers de la Côte des pirates n'en voudraient pas. Seuls des boat-people pourraient à la rigueur s'en accommoder. Une coque ? Même pas. Des morceaux de tôle reliés ensemble par de la rouille et de la peinture qui s'écaille ; une vague dunette où dans l'obscurité se profilent des ombres ; des machines dont les bielles usées cognent et qui, à plein régime, ne peuvent donner plus de trois ou quatre nœuds. On m'explique que la marine phalangiste dispose d'une autre unité du même genre mais plus rapide. Est-elle en panne ou occupée ailleurs ? Le Front libanais me paraît fonctionner à l'économie.

Heureusement la mer est étale car avec la forte odeur de mazout qui monte de la cale, un marin breton aurait l'estomac retourné. Avec Azoulay, nous nous installons sur un coin de tôle à l'abri d'une rambarde. Partout des bras, des jambes, des armes qui traînent. Serré contre moi, un gamin qui n'a pas vingt ans et qui baragouine quelques mots de français. Peut-être parce que je lui rappelle son père ou un vieil oncle un peu cinglé, il me prend sous sa protection. Il me refilera de la kesra, du pain arabe en feuille, fourré d'oignons et d'herbes, des gâteaux secs, du chocolat. Il me prêtera sa parka israélienne qui peut s'ouvrir pour se transformer en couverture. Je ne connaîtrai jamais son nom ; j'ignore ce qu'il est devenu, il ne savait même pas ce que j'étais venu chercher sur ce bateau de misère, seulement que j'étais français. Avec cette grâce, cette gentillesse que les Libanais, quelle que soit leur origine, mettent dans leur accueil, leur hospitalité, il partagera avec nous tout ce qu'il possède. Pour un peu il me refilerait son blouson quitte à grelotter en chemise.

Il est minuit ; la *Jeanne d'Arc*, bourrée à craquer, danse doucement sous la lune jaune au gré d'une faible houle. Après un faux départ, de nouveaux canots accostent amenant cette fois des civils. Ne serait-ce pas le personnel chrétien de la centrale électrique ? Puis de nouveau des soldats. J'en suis à me demander si nous n'avons pas récupéré les renforts qui venaient de débarquer. Personne ne sait rien, ne veut rien dire. Les phalangistes auraient-ils pris de leurs instructeurs israéliens, la manie du secret. Tout va bien, répète-t-on, l'opération d'embarquement se déroule normalement comme prévu. J'ai l'impression au contraire qu'il y a pas mal d'imprévu.

Lentement, la *Jeanne d'Arc* met le cap vers le large afin de contourner la flotte américaine qui tire sans sommations sur toutes les embarcations s'approchant de trop près. Surtout si, comme notre glorieuse *Jeanne d'Arc*, elles n'arborent aucun feu de position, aucun pavillon et qu'elles ne figurent sur aucun manuel d'identification. Un bateau fantôme affrété par une armée fantôme !

Après des heures interminables de navigation, nous arrivons enfin en face de Beyrouth qu'illumine un véritable feu d'artifice : fusées éclairantes qui se succèdent dans le ciel où commencent à pâlir les étoiles ; explosions de roquettes, d'obus ; incendies. La ville est en flammes, pilonnée par l'artillerie lourde syrienne. Les canons de la VIe flotte américaine présente au grand complet pourraient au moins leur répondre. Avec leurs radars, leurs computers, bourrés d'engins électroniques, en quelques salves ils obligeraient les Syriens à se taire. Ils n'en font rien. L'Amérique aurait-elle abandonné le Liban à son sort ?

— Que vont faire les Français ? dit une voix. S'aligner comme d'habitude sur les Américains ; nous lâcher comme eux ?

Je la rassure. Nous sommes un vieux peuple, nous savons partir en mettant les formes. Nous avons l'habitude. J'ai vu mes compatriotes quitter Hanoi ; ils n'ont pas manqué une parade ; il n'est pas un cimetière où nous n'ayons fait retentir la sonnerie aux morts et présenté les armes. Alors que les Américains ont filé de Saigon en catastrophe, abandonnant leurs amis. Il n'y a qu'en Algérie où ça s'est mal passé. Mais nous nous étions embarrassés d'un million de pieds-noirs qui s'obstinaient à penser que c'était leur patrie. Nous gardons en réserve deux ou trois ministres qui ne servent plus à grand-chose et qu'on se fera, je les rassure, un plaisir d'envoyer à Beyrouth pour assister à des descentes de drapeaux et prononcer des discours où ils réaffirmeront le soutien de la France, en regardant leur montre car on les attend à Paris.

La côte approche et nous pénétrons dans la portion du port que tiennent encore les chrétiens ; l'autre est occupée par les commandos français de la marine, coupés pour l'instant des positions françaises du Musée et de la Résidence des Pins. A peine la *Jeanne d'Arc* a-t-elle accosté que les phalangistes sautent prestement à terre. Les uns ont des voitures qui les attendent, d'autres embarquent dans des camions ; les uns sont riches, les autres pauvres. Les Forces libanaises ont eu au moins ce mérite. Elles ont rendu solidaires dans ce pays de caste et d'argent des êtres que tout éloignait, qu'ils aient des pattes carrées d'ouvriers, de paysans comme mon compagnon de cette nuit, des tenues retaillées et des mains soignées d'intellectuels comme Antoun et Freddy. En cela réside la victoire posthume de ce « voyou fasciste » de Bechir Gemayel.

Mais cette victoire ne vient-elle pas trop tard ?

IV

Samedi 11 février 1984
Le réduit chrétien

Quand les destins furent distribués
personne n'était content du sien.
Quand on dispensa l'intelligence
chaque homme se sentit comblé.

Proverbe libanais

Les canons se sont tus à l'aube, ce qui nous a permis de débarquer dans le port de Beyrouth au lieu de continuer sur Jounieh. Mais l'endroit restait malsain, ce qui expliquait la rapidité avec laquelle les phalangistes de la *Jeanne-d'Arc* avaient filé. « Les accrochages sur la ligne verte (cette frontière qui pendant des années sépara le Beyrouth chrétien du Beyrouth musulman) atteignent maintenant leur vitesse de croisière », titre optimiste, *L'Orient Le Jour.*

Qu'appelle-t-on au Liban « la vitesse de croisière » ? A partir de combien de morts abattus par des tireurs isolés qui se livrent, après un an de répit, à cette variante libanaise du tir aux pigeons, combien de passants écrasés par un obus, une roquette tirés au hasard par un camp ou l'autre, ne serait-ce que pour démontrer qu'on ne manque pas de munitions, si toutes les autres denrées se font rares. Les nouvelles que nous recueillons ne sont guère rassurantes. Pendant que nous voguions sur notre rafiot, la nuit a été marquée dans Beyrouth par des combats meurtriers autant que désordonnés. La totalité de la ligne de front qui passe, comme aux débuts des « événements », par le port, le cœur de la capitale et le Musée, s'était embrasée. Affrontements au canon, à la mitrailleuse, engagements de blindés qui opposaient l'armée libanaise, restée fidèle, aux milices d'Amal et à ses alliés. Après s'être emparés de Beyrouth, les chiites avaient tenté de forcer le passage du réduit chrétien. Ils auraient réussi, tant l'armée était démoralisée, si les phalangistes qui tenaient la seconde ligne de défense n'étaient intervenus. Par quel miracle les milices d'Amal, qui une semaine auparavant n'étaient équipées que d'armes légères, avaient-elles trouvé des canons, des blindés ? Avaient-elles utilisé le matériel de la 6e Brigade qui, commandée par un colonel chiite, s'était ralliée à elles ? Ou reçu des renforts, des armes de la Syrie ? Des unités de Palestiniens s'étaient-elles jointes à elles ? Je ne crois guère aux Palestiniens car personne n'en veut plus, que ce soit les chiites et encore moins les druzes, qui ont pris de ce côté des engagements formels avec Israël.

Nous gagnons l'hôtel Alexandre, le seul « palace » d'Achrafieh. Cette horrible bâtisse, qui dans la journée, fera son plein de journalistes et de gens de télévision débarqués de Chypre, présente ce triple inconvénient d'être situé sur une butte et dans le champ de tir des snipers, de servir une nourriture infâme à des prix prohibitifs et d'être dotée d'un réseau téléphonique qui a des humeurs.

Nous engageons un chauffeur de taxi de bonne réputation, homme pondéré et courageux, dont le seul inconvénient est de ne pouvoir sous aucun prétexte se rendre dans l'autre secteur où sa tête serait mise à prix. Et nous partons en chasse. Les ambassades américaines et britanniques ont évacué leurs ressortissants. Ça s'est plutôt mal passé, et au pas de course, car des obus de mortiers et des rafales de Kalachnikov ont blessé deux femmes. Les marines ont dû intervenir. Preuve qu'ils sont encore utiles. On devrait en aviser le Congrès. Les Italiens s'en sont mieux tirés. Habitués à l'improvisation, ils ont rassemblé les candidats au départ devant l'hôtel Summerland, sur la corniche et de là, ils les ont transportés, en convoi, au port de Jounieh, dans seize grands camions bâchés, peints en blanc qui ont franchi sans encombres la ligne de démarcation du Musée que tiennent les marsouins français. Les Italiens ont accepté tout le monde, sans se soucier de la couleur des passeports, Libanais et même Français qui n'avaient qu'une confiance modérée dans les initiatives des agents consulaires de leur pays. Par tradition, les consuls et les diplomates français (il existe heureusement des exceptions) ont horreur de s'occuper de ces galeux qui pourtant les payent. J'en ai fait plusieurs fois l'expérience. A Saigon entre autres. Il faudra qu'une dépêche d'agence les sorte de leur torpeur pour qu'ils cessent de publier des communiqués rassurants et qu'ils organisent enfin un convoi tout hérissé de gendarmes et de drapeaux tricolores alors qu'il n'y a plus personne pour l'emprunter et qu'on passe à peu près normalement d'un secteur à l'autre.

Nabih Berri donne une conférence de presse où il déclare que la solution ne peut venir que du dialogue. Mais dans le même temps, il récuse Amin Gemayel et les phalangistes. Avec qui compte-t-il dialoguer ? Il ajoute que les événements en cours sont une affaire strictement libanaise et il demande instamment aux frères palestiniens de l'appuyer moralement, politiquement, mais surtout de ne pas mettre les pieds à Beyrouth. Il leur conseille de s'occuper, en bons croyants qu'ils sont, à libérer Jérusalem. Nabih Berri envisage de déployer dans les quartiers conquis « son » armée, cette fameuse 6e Brigade qui, colonel en tête, s'est ralliée à son mouvement. Mais il doit auparavant prendre... des contacts. Avec Damas ? Il écourte la conférence pour recevoir l'ambassadeur d'Italie et négocier avec lui le retrait du contingent italien. Jadis c'était Arafat qui tenait, dans cette partie de la ville, le rôle de chef de gouvernement. Aujourd'hui c'est Nabih Berri. Souriant, satisfait, portant cravate et costume bien coupé, sans uniforme ni pistolet au côté, sans garde du corps aux allures de matamore, il présente nettement mieux que son prédécesseur. Mais il n'est guère plus libre de ses mouvements. Qui tire les ficelles de Nabih Berri ? Il n'a pu, avec ses seules troupes, s'emparer de Beyrouth ouest et retourner en quelques heures la situation. Seule certitude : il ne veut à aucun prix des Palestiniens. S'il osait l'avouer il dirait qu'il leur préfère encore les Israéliens. N'est-ce pas l'OLP qui a demandé à Kadhafi de faire disparaître le fondateur d'Amal, l'imam Moussa Sadr, qui gênait Arafat dans ses projets de créer au Sud-Liban un État palestinien ? Une confidence qui me fut murmurée à l'oreille en juillet 1979 du côté de Khaldé, dans la villa où se tenait toute la famille de l'imam. Je me souviens d'un avocat d'assez belle allure qui prenait cette manifestation en main et elle en avait grand besoin. Exaspéré, il coupait la parole à la sœur de l'imam qui n'arrivait pas à ânonner convenablement son texte. Ce jour-là commença l'irrésistible ascension de Nabih Berri, une ascension qui manqua me coûter la vie car Palestiniens et chiites s'étripèrent sous mes yeux alors que je sortais de la villa. Les nouvelles commencent à filtrer du secteur musulman. A Hamra, des portraits, des affiches, des posters ont fait leur apparition représentant l'imam Moussa Sadr et son maître à penser Khomeiny. Ils auraient été placardés jusque sur le portail des églises. L'alcool est interdit. Au bar du Commodore, des miliciens d'Amal conduits par un mollah ont brisé des bouteilles d'apéritif et de whisky. Les femmes, comme en Iran, arborent des fichus blancs noués sous le menton, des bas et des robes longues. On signale des meurtres, des disparitions de chrétiens ; quatre religieuses auraient été massacrées. Le renseignement, une fois vérifié, se révélera faux. Mais il n'est pas recommandé aux chrétiens de rester à l'ouest. Beaucoup font leurs valises, entassent tout ce qu'ils peuvent emporter dans leurs voitures, en attendant de pouvoir emprunter le passage du Musée quand il sera ouvert. Déjà les mourabitouns s'installent où ils le peuvent, menaçants, dépenaillés, trimbalant un arsenal hétéroclite, la poitrine bardée de bandes de mitrailleuses. Ils se réclament de Nasser bien oublié et des sunnites qui ne veulent pas d'eux. Profitant du désordre, ils espèrent reprendre leur fructueux racket et installer un péage d'un excellent rapport au passage du Musée, passage obligé pour tous ceux qui fuient à l'est avec ce qu'ils possèdent et pour les camions chargés d'essence et de ravitaillement qui viennent en sens inverse. Les mourabitouns que leur présence gêne regardent de travers les marsouins qui ne cachent pas le peu d'estime qu'ils leur portent. Un incident est possible à tout instant. Koleilat, le patron du gang, a été prié par les leaders de l'opposition de modérer ses appétits. Il ne tiendra pas compte de l'avertissement, et quelques jours plus tard les druzes du PSP et les milices d'Amal nettoieront le quartier de ses partisans. A l'ambassade de France, repliée à Baabdad, on n'est guère rassuré, avec raison. Des GRAD, des fusées soviétiques de gros calibre sont tombées à côté. La voiture de l'attaché militaire a été aplatie comme une crêpe et l'ambassadeur Fernand Wibaux n'est guère rassuré de savoir en ville certains Palestiniens, opposés à Arafat. L'idée pourrait leur venir de faire payer au représentant de la France l'erreur commise à Paris, en sauvant la mise du leader de l'OLP. Les Syriens ont déjà exécuté Louis Delamare, l'un des prédécesseurs de Fernand Wibaux, pour rappeler à notre ministre des Affaires étrangères qu'il ne devait pas se mêler des affaires libanaises, qui ne regardaient que Damas. Heureusement Nabih Berri est au mieux avec la France depuis qu'on lui a promis qu'il verrait Mitterrand, à l'Élysée. Amal veille sur nos représentants après avoir fait sauter nos soldats. Pour ce qui est de tenir à l'écart les Palestiniens on peut au moins compter sur sa vigilante sollicitude.

On me promet, sans me laisser beaucoup d'espoir, d'intervenir auprès d'Amin Gemayel pour qu'il me reçoive. Le président libanais ne veut donner aucune interview. Comment le joindre ? De l'ambassade ? La ligne coupée par les bombardements de la nuit n'a pas encore été rétablie. Avant de redescendre vers Beyrouth, nous faisons un détour par Yarzé où se sont installés l'état-major, les bureaux de l'armée libanaise et le ministère de la Défense. Très belle vue sur la capitale libanaise où s'écrasent roquettes et obus et d'où montent des champignons de fumée noire. Nous remplissons les demandes réglementaires pour l'obtention de notre carte d'accréditation qui devrait nous permettre de suivre les opérations en cours.

Elles se poursuivent, nous affirme impavide un porte-parole. L'armée n'aurait-elle pas complètement lâché pied ? La preuve, elle canonne consciencieusement ses copains de la 6e Brigade passés de l'autre bord. A-t-on des nouvelles de la 4e Brigade qui, près de Mechref, tenait la bande côtière et un pan de montagne et dont nous avions rencontré le colonel ? Elle se regroupe nous dit-on. Où ? Geste vague. La 4e Brigade a bel et bien décampé dans la nuit, les chrétiens passant dans le secteur israélien où ils ont été désarmés, les musulmans et les druzes rentrant chez eux ou se joignant à la rébellion. Les phalangistes auraient récupéré une partie de son armement lourd. Qui a aidé les phalangistes sinon les Israéliens ?

Jamais, autant que ce samedi 11 février, au cours des derniers soubresauts qui agitaient le Liban, nous n'avons frôlé la grande empoignade nucléaire. La moindre erreur pouvait déclencher la Troisième Guerre mondiale. Personne ne manquait à l'appel. Qu'on en juge.

Les Américains alignaient 20 bâtiments, en face de Beyrouth, dont 2 porte-avions à propulsion nucléaire, le *Kennedy* avec 85 avions de combat, l'*Independence* avec 70 avions. Sans compter le *New Jersey* qui, en plus de ses 9 canons de 420 mm, était équipé de missiles à capacité nucléaire. Avec toute leur cour de frégates, de destroyers, de torpilleurs et de porte-hélicoptères. Et tout ce qui grouille sous l'eau de sous-marins, squales noirs dont chacun avec ses ogives nucléaires peut détruire un pays tout entier. Venaient ensuite les Français qui avaient sorti toute leur flotte, 10 bâtiments et 3 000 marins embarqués, groupés autour du porte-avions *Clemenceau.* Puis les Italiens avec 4 bâtiments de guerre dont 2 frégates équipées de missiles.

Les Anglais n'avaient qu'un seul bâtiment, un porte-containers aménagé en transport de troupe et d'hélicoptères suffisant pour recueillir les 115 « Queen's Royal Lancers » du contingent britannique de la Force multinationale. Par contre ils disposaient à Chypre, tout à côté, de bases où étaient stationnés 3 000 hommes.

Tout le long de la côte libanaise Israël promenait des vedettes lance-torpilles rapides, équipées de missiles comme celles qui furent construites à Cherbourg et disparurent un beau matin malgré l'embargo décrété par le gouvernement français. Plus 30 000 ou 40 000 hommes occupant le Sud-Liban appuyés par une formidable aviation de chasse et de bombardement qui, à partir de ses bases secrètes du Neguev, pouvait intervenir en quelques minutes au-dessus du Liban ou de la Syrie. Sans compter ses brigades de chars qu'aucune défense sérieuse ne pouvait empêcher de prendre Damas.

En face de cette formidable armada, la flotte soviétique, présente tout le long des côtes syriennes, alignait 14 navires de guerre de surface, une vingtaine d'unités auxiliaires ainsi qu'un certain nombre de sous-marins de tous types. Elle disposait de bases à Lattaquié, un port de commerce et de guerre aménagé à grands frais. Beyrouth, c'est certain, aurait mieux fait son affaire. On y pensait. La Syrie disposait au Liban d'un corps expéditionnaire de 40 000 hommes, équipé des derniers missiles soviétiques SA 5 d'une portée de 300 kilomètres à une altitude de 30 000 mètres et de missiles SS 21 du même type que ceux installés dans les pays satellites de l'Est et qui menaçaient l'Europe mais sans ogives nucléaires. On l'avait promis.. Ils étaient installés sur le mont Sanine qui, d'une altitude approchant les 3 000 mètres, domine tout le Liban et ne se trouve à vol d'oiseau qu'à 40 kilomètres de la Méditerranée. De cette position perdue par les chrétiens, ils pouvaient envoyer par le fond la flotte occidentale. 5 000 à 7 000 experts soviétiques assistaient l'armée syrienne et servaient les 24 batteries de SA 5 et les SS 21 du mont Sanine.

70 bâtiments de guerre dont un certain nombre dotés d'arme-

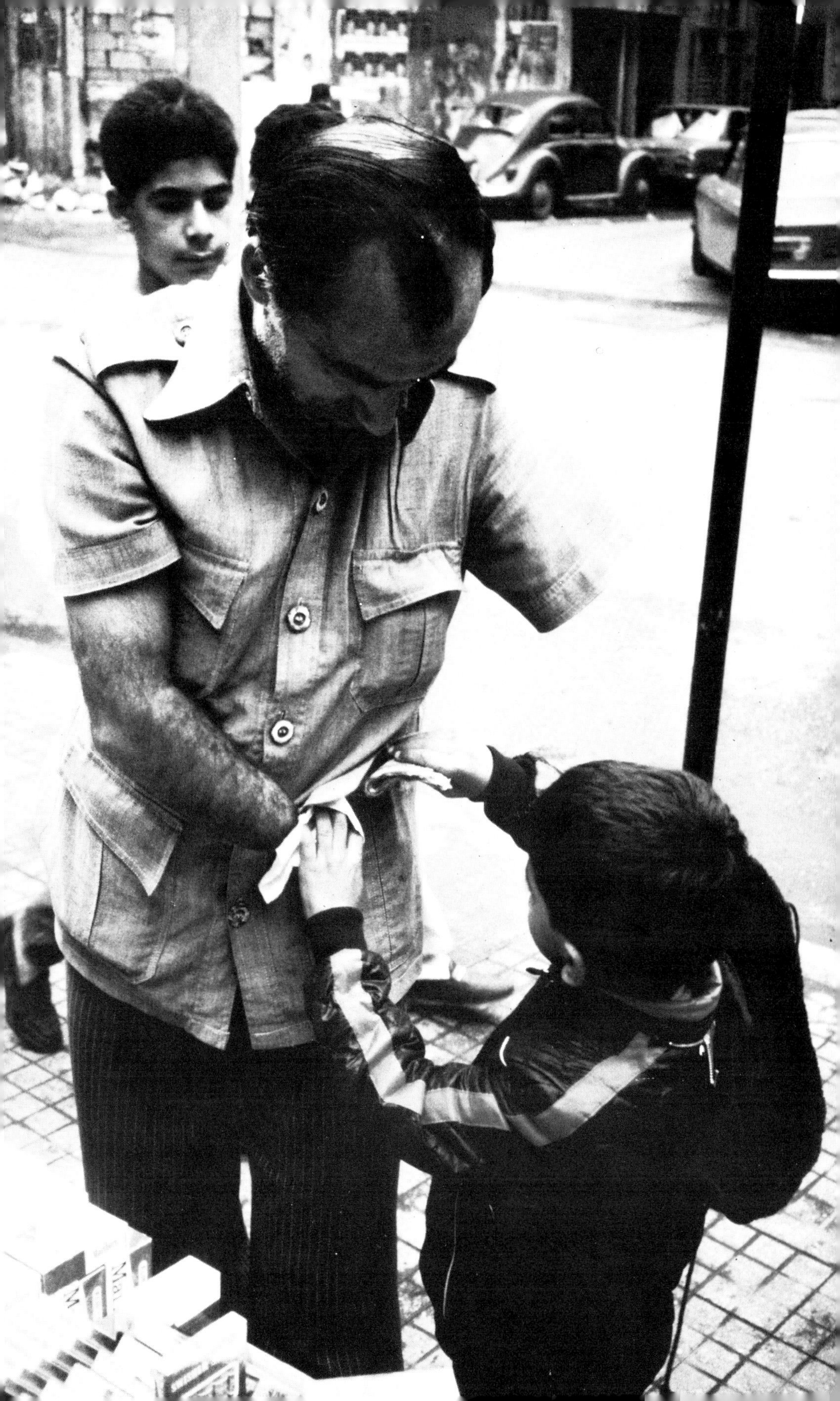

Comment vendre des cigarettes à Hamra qui furent les Champs-Elysées de Beyrouth, qui n'est plus qu'un souk en plein air quand on a perdu ses deux bras dans un attentat, sinon unir sa détresse à celle de cet orphelin en quête d'un père (page précédente).

La guerre du Liban a fait cent mille morts, trois fois plus de blessés et de mutilés, surtout parmi les civils. L'horreur est devenue le lot de chaque jour avec ses attentats, plus de 34 000, ses incendies et ses cadavres que l'on sort d'une voiture piégée. Sur la photo, attentat dans le quartier chiite de Beyrouth Sud.

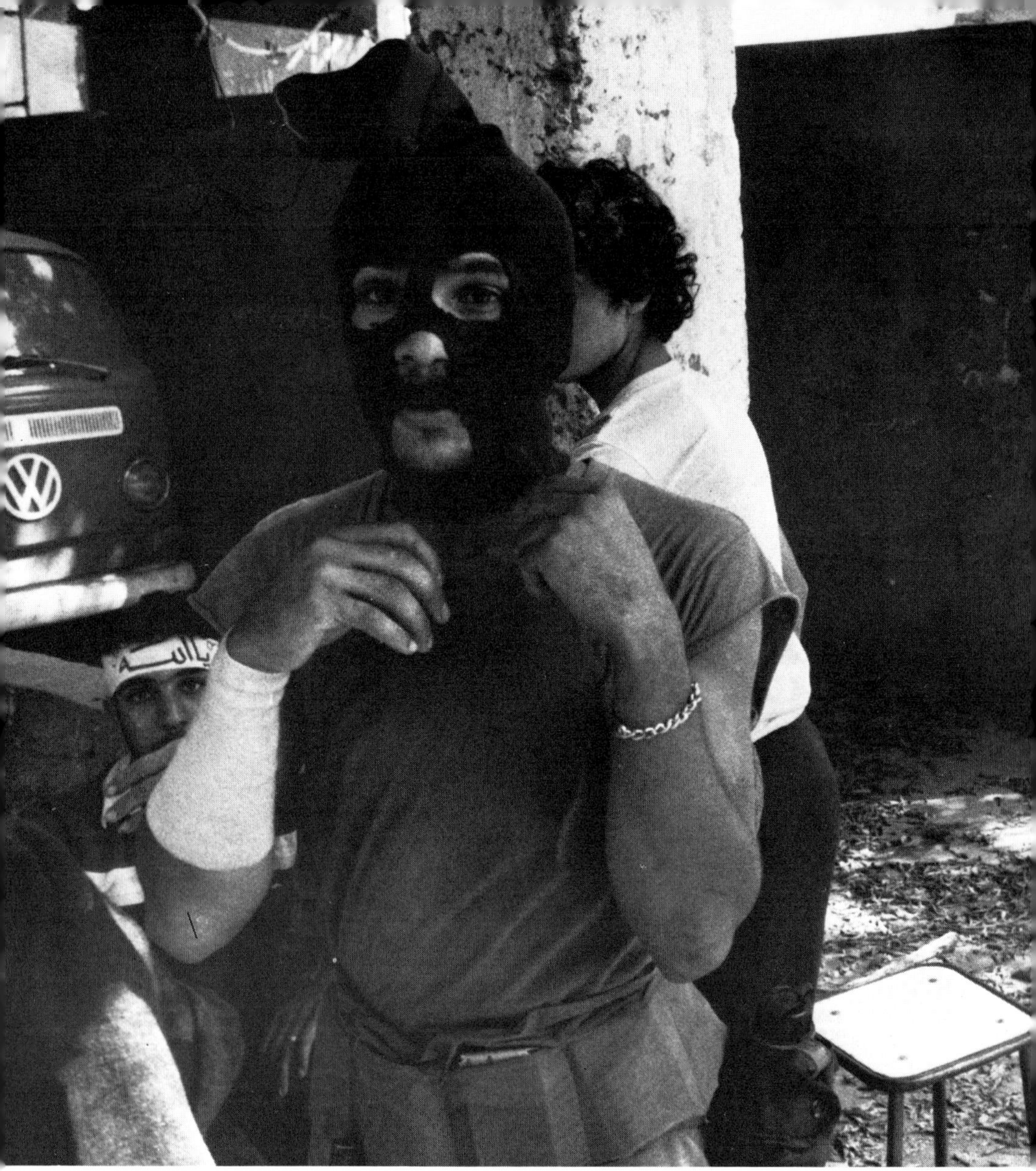

Miliciens chiites d'Amal revêtus de la cagoule pour ne pas être reconnus des soldats de l'armée qu'ils vont combattre, une armée où servent loyalement une majorité de chiites...

... jusqu'au jour où elle bascule, faisant de Nabib Berri, chef du mouvement Amal, un petit avocat jusqu'alors inconnu, une sorte de chef d'Etat qui reçoit à son domicile l'ambassadeur des Etats-Unis pour négocier le retrait des marines.

Au début de la guerre du Chouf, l'assemblée des cheikhs druzes, caftans noirs et barbes blanches, les chefs spirituels de la communauté rassemblée autour de Walid Joumblatt (à droite) qu'ils viennent de reconnaître pour « émir », pour chef temporel, de leur communauté, et qui devra se soumettre à ses lois secrètes.

Après l'attentat de l'immeuble Drakkar qui fit cinquante-huit victimes dans le contingent français, le président de la République est venu se rendre compte personnellement de l'intensité du drame libanais, dans un voyage éclair à Beyrouth.

Le légionnaire français de la Force Multinationale et la « petite mariée » libanaise qui espère avoir enfin retrouvé un protecteur dans ce « soldat de la paix ».

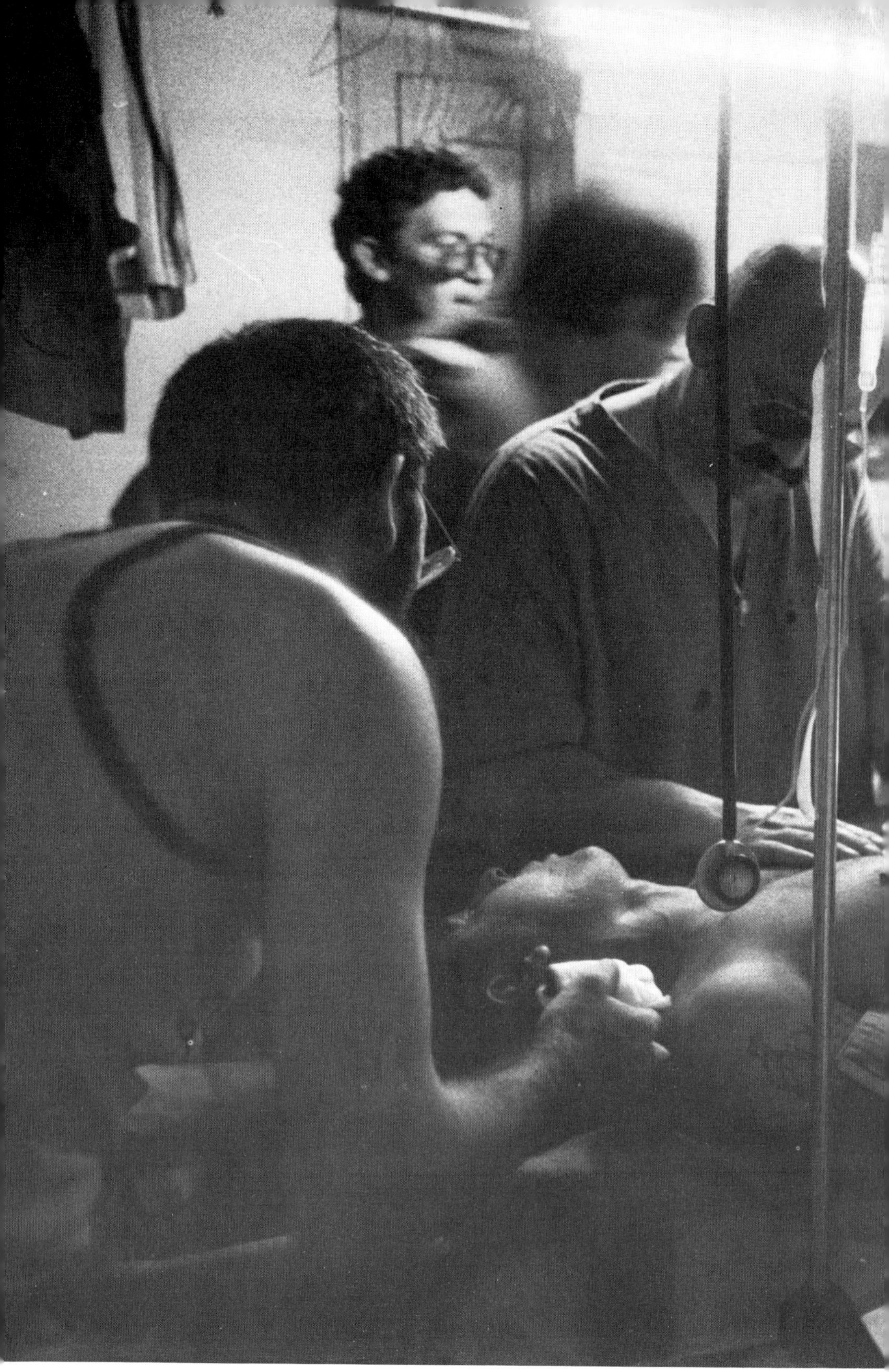

Les « soldats de la paix » sont très vulnérables dans un pays que désole une guerre désordonnée. Tel ce jeune Français qui vient de se faire « moucher » par une grenade lancée par un inconnu à vélomoteur. Il a de la chance de n'être pas un de ces soldats oubliés des causes perdues que l'on abandonne dans la montagne.

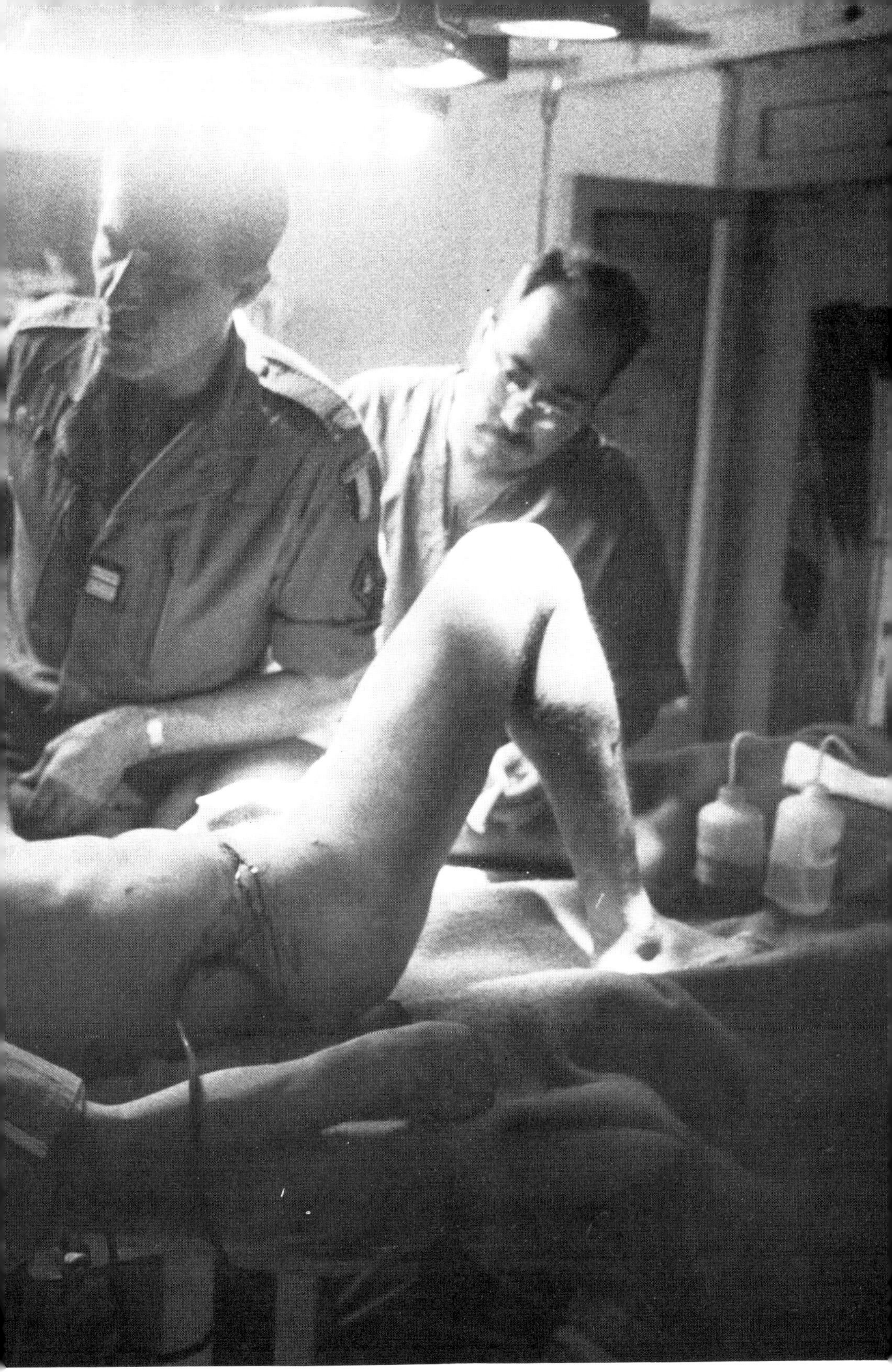

Le défilé de la victoire d'Arafat? Non, celui de sa défaite que ses partisans s'efforcent de déguiser en triomphe après le siège de Beyrouth.

Les partisans d'Arafat sont acculés, à Tripoli, au nord du Liban, par les dissidents palestiniens qui utilisent un armement soviétique, ici des orgues de Staline.

Arafat, assiégé à Tripoli, dans son bunker. Son arme la plus efficace, le téléphone, afin de réveiller la mauvaise conscience arabe. Mais émirs et chefs d'Etat ne répondent plus. Alors, il appelle le pape, Brejnev, Mitterrand ou Reagan (en bas).

Palestiniens faits prisonniers à Saïda (juillet 1982) par les Israéliens lors de leur foudroyante avance sur Beyrouth. Un bandeau sur les yeux, attachés les uns aux autres, ils sont conduits vers les camps de triage... où déjà six mille feddayins attendent d'être fichés, répertoriés. Malheur à celui qui a participé à un attentat en Israël contre des civils. Les Palestiniens ne sont pas considérés comme des soldats, seulement comme des terroristes (ci-contre).

ORIENT

La place des Canons devenue la place des Martyrs, car les Ottomans y pendaient leurs victimes, la place la plus chaude, la plus vivante, la plus colorée du centre de Beyrouth et de tout l'Orient. Et ce qu'il en reste après neuf ans de guerre impitoyable où boutiquiers chrétiens et musulmans, jadis amis, associés, s'exterminent.

26

Combats à Souk el Gharb, le dernier verrou en montagne défendant l'accès au secteur chrétien. La 8e Brigade, composée en grande partie de maronites, résiste à tous les assauts au nom d'une certaine idée qu'elle se faisait de l'honneur militaire et de l'indépendance du Liban.

1656

Les marines à Beyrouth : à « Charlie Battery », au sud de la ville, un marine astique son canon de 155, qui tirera le soir sur la Montagne (ci-dessus) ! Dans un bunker près de l'aéroport, un autre attend la fin de l'alerte (ci-contre).

A « Green Beach », face à Beyrouth, un rembarquement discret pour rejoindre la VIe flotte.

Le président Amin Gemayel avec sa fille Nicole qui se jette dans ses bras après un bombardement du palais de Baabdad. Le chef de la rébellion armée, Walid Joumblatt, a déclaré qu'il fallait le liquider physiquement.

Est-ce un obus soviétique, une roquette syrienne, une mine américaine, un mortier français, qui vient d'exploser à ce carrefour, écrasant un véhicule ? Rencontre stupide avec la mort qui s'affuble de toutes les étiquettes.

Arik Sharon, le général de toutes les audaces, ministre de la Défense, qui voulut profiter de l'opération « Paix en Galilée » pour extirper jusque dans Beyrouth la résistance palestinienne. Il en fut empêché par les politiques.

L'armée israélienne, une armée pas comme les autres, une armée de loups maigres, déterminés, où les officiers marchent en tête, ne disent jamais « en avant » mais « suivez-moi ». Un tiers des pertes fut cette fois encore au Liban constitué d'officiers.

A Souk el Gharb (en français marché de l'Occident), un détachement de la 8e Brigade de l'armée libanaise est pris sous le feu des canons progressistes.

A Tripoli, une rafale de missiles vient d'être lancée par des orgues de Staline de l'O.L.P., depuis le toit d'un parking.

Deux marines américains, l'un qui revient de la douche, l'autre qui s'y rend. Ils ne doivent pas quitter leur arme, mais en bons soldats de la paix, il leur est interdit d'engager un chargeur. Et quand un camion fou, bourré d'explosifs, foncera sur le bâtiment qu'ils habitent, la sentinelle n'aura même pas le temps de tirer.

Adossés à la mer Méditerranée, sur la terrasse d'un souk ruiné, dans le matin qui se lève, les parachutistes d'une compagnie, selon le rite des bérets rouges rien qu'entre eux, rendent un dernier hommage à leurs cinquante-huit camarades assassinés par un fou de Dieu.

Et le faste officiel des grandes funérailles. Ils étaient cinquante-huit dont deux capitaines. Morts pour qui ? Pour la paix, alors que la bataille fait rage. En souvenir d'une liaison amoureuse que le Liban eut avec la France ?

Après l'explosion du camion piégé, bourré de plus de deux cents kilos d'explosifs, ce qui reste d'un magnifique immeuble de cinq étages, le Drakkar. Sous les décombres, cinquante-huit morts par un clair dimanche matin aux couleurs bleues et roses d'Evangile.

Le général Cann, commandant le détachement français, fait ses adieux au général Tannouz, commandant en chef de l'armée libanaise. Tannouz était la dernière carte d'Amin Gemayel et du Liban chrétien.

ments nucléaires et plus de 110 000 hommes équipés du matériel le plus moderne, se faisaient face au Liban et au large du Liban. Il suffirait qu'un SS 21 partant du mont Sanine, même par erreur, vienne couler un bâtiment de la flotte adverse pour que débute un conflit qui s'étendrait rapidement au monde entier et pourrait se terminer en beauté par l'éclatement de notre planète.

On m'apprend que les marines vont se redéployer sur la VIe flotte et abandonner leurs positions près de l'aéroport. Je ne peux y croire après les déclarations de Reagan. Il y a deux jours, n'affirmait-il pas solennellement : « Pas de retrait des marines ; nous ne nous retirerons pas du Liban car un tel départ serait désastreux pour les intérêts américains partout dans le monde. Tant qu'il existe une chance de paix, aucun des pays possédant un contingent au sein de la Force multinationale n'est disposé, que je sache, à rappeler ses effectifs. »

Pourtant les Anglais venaient de partir, les Italiens s'y préparaient. Le général Datin, commandant le contingent français, ce matin était resté près de deux heures avec l'ambassadeur de France. Il ne pouvait être question que du « redéploiement » de nos marsouins sur les casernes du sud-ouest de la France. Que s'est-il passé ? Reagan n'est pas Carter. Il n'a été élu que parce qu'il prônait une politique de fermeté à l'opposé d'une politique d'abandon. Les Américains viennent de prendre la décision d'interrompre toutes fournitures d'armes lourdes, blindés et artillerie, à l'armée libanaise car cet armement se retrouverait inévitablement entre les mains de l'adversaire.

La débâcle !

Il faut absolument que je rencontre le président de la république Amin Gemayel. A-t-il la clef de cet étonnant renversement politique ?

Azoulay décide de passer à l'ouest en empruntant le passage du Musée. Une ville change d'aspect, une ville un peu folle qui se met en tchador, quel sujet pour un photographe ! Veut-il échapper à l'ambiance déprimante de l'hôtel Alexandre. Je dois demeurer à l'est, où se trouvent les derniers fidèles d'Amin Gemayel, et intriguer de mon mieux auprès d'eux afin d'obtenir son interview.

J'accompagne Azoulay jusqu'au point de passage. Entre les

positions françaises et le barrage des mourabitouns, s'étend une sorte de no man's land de quatre à cinq cents mètres, un véritable glacis. Azoulay, familier de ce genre de parcours, juge préférable de marcher lentement, à pas comptés, bien en vue de tous les tireurs possibles. Il aura la chance d'être récupéré par la Jeep du général italien. Elle précède la rame de camions qui a conduit à Jounieh les civils évacués.

Le soir je dîne chez Roger Chikhani, ancien bâtonnier de l'ordre des avocats de Beyrouth, ministre de la Justice et de l'Information. Il représente ma dernière chance d'obtenir l'interview. Un honnête homme dans le sens qu'on lui donnait à la grande époque, étranger à la politique et à ses fructueuses combinaisons. On se souvient de lui au Sérail quand tout va mal. Il habite, dans une rue mal abritée des tireurs isolés, un appartement confortable, sans plus. On s'y éclaire le plus souvent à la bougie.

Il obtient Amin Gemayel au bout du fil. Le président ne veut rien entendre ; il me trouve « peu rassurant » pour avoir lu certains de mes livres. Chikhani bataille ferme, explique au président qu'il est temps de rappeler au monde qu'il existe toujours. Il faut qu'il parle avant qu'on ne l'oublie. Il représente la légalité, l'État, il est le Liban, même si on le conteste, même si Walid Joumblatt lui conseille de se suicider. Amin Gemayel, assez désemparé, se laisse convaincre par son ministre. Il me recevra demain à 11 heures. L'entretien sera enregistré pour qu'il n'y ait pas de contestations. Je pourrai amener un photographe.

Encore faudrait-il récupérer Azoulay. Je le préviens, par téléphone, en lui conseillant de trouver un autre général pour passer dans le sens inverse.

L'hôtel Alexandre bourdonne comme une ruche ; on y échange tuyaux vrais ou crevés ; on y pratique l'intoxe ; on s'y bat autour des téléphones. Le passage du Musée sera ouvert demain matin ; on l'affirme, on le dément. Un accord a été passé entre les marsouins et les mourabitouns ; non, c'est entre le commandement français et les dirigeants des milices chiites... Walid Joumblatt arrive, Walid Joumblatt reste à Damas. Assad, le président syrien, est à l'agonie ; il se porte à merveille. Son frère Rifaat est dépossédé de tout pouvoir. Au contraire, nommé vice-président, ses attributions sont renforcées. Les marines foutent le camp. Faux, ils vont au contraire s'engager plus à fond et appuyer l'armée libanaise à Souk el Gharb. Ils ne rembarquent que pour revenir en force.

On cite une déclaration d'un officiel américain : « Le retrait par étapes des marines de Beyrouth ne constitue pas un abandon du Liban... » mais celle aussi d'un sénateur proche de Reagan : « La situation a complètement changé au Liban, il faut rapatrier les marines aussi vite que possible. »

A Jérusalem, on donne de la voix, dès qu'il est question de dénoncer le pacte libano-israélien, préalable à toute négociation qu'exigent les Syriens, animateurs de toutes les tendances de l'opposition, druzes, chiites, progressistes et communistes. Le premier ministre Ytzhak Shamir déclare : « Ce pacte a été signé pour être respecté et honoré ; il a été conclu après plusieurs mois de négociations épuisantes avec la participation active des États-Unis, et Israël a fini par se contenter du minimum indispensable pour sa sécurité. S'il est abrogé unilatéralement du côté libanais, Israël se considérera également libre de prendre des mesures assurant ses intérêts par les moyens qu'il jugera nécessaires. » Baroud d'honneur pour un pacte dont personne ne se soucie.

Je regagne ma chambre. Quelques explosions. Je n'y fais plus attention. J'ai pu me procurer le texte de l'accord israélo-libanais et je m'efforce de m'y retrouver dans ce patois diplomatique où chaque mot semble contredire le suivant. J'abandonne au moment où la lumière me lâche. Trop éreinté pour dormir, ne m'étant pas muni, comme tout bon Libanais, d'un arsenal de somnifères, il ne me reste plus qu'à évoquer des souvenirs.

Au cours de mon précédent séjour, en novembre dernier, j'avais rendez-vous avec un ami dans le vieux quartier d'Achrafieh et en vain j'avais cogné à sa porte. Craignant qu'il n'ait été victime de quelques ennuis, un attentat, une balle perdue, je sonnai à l'appartement voisin. La jeune femme qui m'ouvrit me conseilla de l'attendre, car il pouvait avoir pris du retard s'il s'était rendu, comme elle le pensait, à Bikfaya. Elle m'invita à entrer et à prendre un verre en sa compagnie et celle de son mari. Ils habitaient un vaste appartement confortable, aéré, bien décoré. Le mari s'était lancé dans les assurances et il était rempli d'optimisme. On reconstruirait Beyrouth et tout le Liban, m'avait-il affirmé. Le cauchemar ne pouvait que prendre fin. Bien sûr, il faudrait se montrer patient, savoir attendre avant que ne se produise la grande réconciliation des différentes communautés, mais tant d'intérêts et un si long passé les unissaient qu'elle était inévitable. La paix revenue, les affaires reprenant, les liens anciens se renoueraient. Il m'avait laissé son numéro de téléphone. A la lueur de la bougie, je le composai.

— Vous souhaitez savoir ce que nous devenons ? me demanda mon jeune assureur. Mes parents se sont réfugiés à la Montagne avec nos enfants ; la bonne est partie, elle était musulmane et elle a eu peur. Mon bureau est installé à Beyrouth ouest où étant maronite je ne peux me rendre sans risquer de me faire égorger. Plus aucune compagnie d'assurances au monde n'accepte d'assurer qui que ce soit au Liban. Nous sommes seuls, ma femme et moi, à regarder, comme la plupart des Libanais à cette heure, un film vidéo sur notre téléviseur. C'est un western. On y galope beaucoup ; on tire des tas de coups de pistolets. Les revolvers semblent n'avoir aucun besoin d'être rechargés. Nous sommes trop familiarisés avec tous les types d'armes, nous autres Libanais, pour ne pas être choqués de cette négligence.

Il se tut un instant :

— Nous allons émigrer, ajouta-t-il, à contrecœur. Que pouvons-nous aujourd'hui attendre de l'avenir ? Bientôt il n'y aura plus de place pour les chrétiens de ma génération.

« Lors de notre dernière rencontre, si vous vous souvenez, j'étais optimiste. Nous pouvions encore espérer qu'un arrangement interviendrait à la faveur d'une partition, d'une solution cantonale ou fédérale. Plus maintenant. Bientôt nous prendrons le bateau pour Chypre ; nous sommes inscrits sur une liste de départ car les places se font rares. De Larnaca, nous gagnerons Athènes, puis le Brésil où heureusement la famille de ma femme est prête à nous accueillir. Jusqu'au bout nous avons espéré, jusqu'à la limite du crédible, jusqu'à cette nuit de lundi à mardi où tout sombra dans un orage de feu et d'acier. Même la tempête balayait nos côtes, interdisant toute fuite. Pouvons-nous combattre seuls, le dos au mur, alors que l'Occident et l'Amérique nous lâchent.

« Je ne suis pas un héros ; je veux préserver la vie de ma femme, de mes enfants et conserver la mienne. Nombreux sont les Libanais de notre âge qui pensent comme nous à l'exil. Non, nous ne sommes pas des rats qui quittent le navire avant qu'il ne sombre. On nous chasse en nous interdisant de vivre, de travailler normalement. Excusez-moi de devoir raccrocher. Le réservoir à essence de notre groupe électrogène est à sec et nous n'avons plus de lumière. Adieu Monsieur. Mon épouse vous salue bien.

Plus de cent mille morts étaient tombés au Liban dans une des guerres les plus confuses de l'Histoire. Impossible même de lui donner un nom. Guerre civile ? Guerre de religion ? Guerre révolutionnaire ? Affrontement entre l'Est et l'Ouest ? Prémisses du prochain conflit planétaire ?

Sous toutes les étiquettes — et elles changent sans cesse —, sous tous les prétextes vrais ou faux, depuis neuf ans, on venait au Liban régler ses comptes, tester ses armes, ses méthodes de guerre subversive ou de terrorisme, transformant en un véritable champ clos cette « Suisse d'Orient » où les banques étaient plus nombreuses qu'à Genève et le secret mieux gardé.

Aujourd'hui, ce serait plutôt une fosse commune où chacun vient balancer ses cadavres.

Pourquoi tous ces morts ? Pour qui ? Pour quel Liban ? Et ce Liban existe-t-il encore ?

Cette question, je me la posais en ce mois de novembre 1983 à 1 heure du matin alors que j'errais parmi les ruines de la place des Canons, baptisée place des Martyrs avant qu'elle ne méritât vraiment ce nom.

Des immeubles écroulés, des façades éventrées, des murs criblés d'éclats, un grand espace désert où poussaient des herbes, une fenêtre en ogive ouverte sur un coin de ciel, des empilements de sacs de sable qui dégorgeaient leur terre rouge, des tranchées-abris, des lampadaires tordus — et d'énormes rats qui couraient. Place des Canons, ou des Martyrs, comme l'on veut, plus personne n'habitait, plus personne ne venait. Même pas un tireur isolé qui, en lâchant une rafale, m'aurait au moins rappelé que la vie existait encore avec ses dangers. Rien que le silence d'un cimetière. Au-dessus, un ciel piqué d'étoiles : la lune en son dernier quartier. Et voilà qu'on s'y battait à nouveau, que les combattants des deux camps avaient retrouvé les mêmes positions qu'ils occupaient quelques années plus tôt, comme des acteurs qui s'obstineraient à rejouer la même pièce sans se soucier que les décors soient moisis et la scène écroulée. Et que le public ne voulût plus d'eux.

En 1946, sur cette même place, j'avais découvert l'Orient avec ses couleurs, ses odeurs, son charme, avec ses marchands d'épices et de tissus, de cuivres martelés, de tapis et de fausses antiquités. On offrait le café dans de minuscules tasses et les marchandages y prenaient des allures de conversation entre vieux amis.

Dans tous mes souvenirs, Beyrouth s'identifiait à la place des Canons, à ses arcades, ses bazars, ses souks : souk de l'or, souk Al Nourieh, souk des poissons, souk des légumes, souk Antabli, et à cette foule heureuse, rieuse, aimable, curieuse, amicale qui s'y pressait. Jamais, au cours de mes nombreux passages ou de mes séjours prolongés, je ne manquais à ce pèlerinage, quitte à revenir encombré d'un plateau de cuivre ou d'une gargoulette dont je n'avais que faire.

Jusqu'au jour où la place des Canons me fut interdite. Ce fut là, au cœur du vieux Beyrouth, que commença la guerre fratricide entre deux communautés qui, depuis près d'un siècle, s'accommodaient de leur différence, qui avaient la même langue, la même histoire, mais que des étrangers au Liban, à son génie de tolérance, avaient dressées l'une contre l'autre et souvent contre leur gré. S'il est un pays où j'ai appris à haïr les fanatismes religieux et les idéologies politiques, c'est bien au Liban.

Quel est le coupable ? Qui a tué le Liban ? Tous y compris les Français qui imaginèrent ce pays au statut invivable et les Libanais qui s'en accommodèrent, n'en voyant que les avantages et refusant de l'aménager.

A Beyrouth, interrogeant les uns et les autres, je m'efforçais de comprendre quelle utilité, devant cette volonté d'auto-destruction de tout un peuple, pouvait avoir la Force multinationale d'intervention. Elle venait de perdre trois cents marines et parachutistes dans un double attentat. On les avait implantés dans le grand Beyrouth avec mission, sans intervenir directement, de séparer des combattants qui, souvent, étaient des complices, de préserver l'unité d'un Liban qui, depuis longtemps, avait volé en éclats. Tous savaient que les Iraniens, installés à Baalbek, avaient fourni les pilotes-suicide des deux camions-pièges, que les services secrets syriens et les terroristes palestiniens à leur botte avaient organisé l'attentat et que les Soviétiques leur avaient apporté leur appui technique et vraisemblablement fourni l'explosif.

Pourtant, marines et parachutistes étaient restés l'arme au pied alors qu'en appuyant l'armée libanaise qui ne demandait que cela, ils pouvaient nettoyer Beyrouth et les bases d'Amal, de la milice chiite mal armée encore inorganisée d'où étaient partis, avec leurs véhicules, les sacrifiés de Dieu. Alors que les canons lourds et les avions embarqués de la VIe flotte américaine et nos quelques Super-Étendard pouvaient réduire au silence les batteries syriennes intallées au-dessus de la ville et obliger les conseillers soviétiques qui dirigeaient le tir et installaient des rampes de fusées à rentrer chez eux.

Non seulement les canons s'étaient tus mais, à Paris, sous la présidence d'un ministre de la Culture de Damas, on organisait une exposition des trésors de l'archéologie syrienne. Seul le dîner où devait figurer notre ministre des Affaires étrangères fut annulé. Ultime pudeur ! Nos cinquante-huit morts étaient trop récents !

En ce mois de février 1984, ils étaient bien oubliés ; le représentant de la France à Beyrouth ne faisait pas mystère de ses excellents contacts avec Nabih Berri qui avait couvert ces assassinats comme Arafat, avant lui, en avait couvert d'autres. Quand, à Tyr et dans les mêmes conditions qu'à Beyrouth, sauta le bâtiment où se tenait un état-major israélien, Jérusalem réagit deux heures plus tard en bombardant des batteries servies par des Syriens où se trouvaient peut-être des Palestiniens et rasa une caserne et une école qu'occupaient les hezbollahis — les disciples fanatiques de Khomeiny. Bilan : deux cents morts. Damas n'accusa même pas le coup. Les Français ont bombardé un camp chiite à Baalbek provoquant les violentes protestations de la presse syrienne. C'était vraiment pour nous faire plaisir ! Bilan : un berger tué. Les terroristes avaient été prévenus de prendre le large par les soins de notre gouvernement. Au temps de la Ire République, le coupable d'une telle trahison, fût-il ministre, aurait été exécuté. Et sous la IIIe ou la IVe à jamais déconsidéré. On le félicita de son doigté. Les camarades des soldats assassinés, eux n'avaient pas eu le droit à la parole.

Mais vient un jour où ils se révoltent, alors meurent les républiques. J'avais assisté, aux premières loges à Alger, à la mise à mort de l'une d'elles.

A Genève où l'on devait décider de la paix au Liban, nous avions eu droit à une sinistre rencontre d'où rien ne pouvait sortir, à une assemblée de vieillards : Chamoun, Frangié, Amin Gemayel, Saeb Salam, Karamé, où chacun traînait derrière lui les fantômes de ses crimes, de ses forfaitures, de ses concussions. On jouait *Macbeth* à l'Hôtel Intercontinental. Même les plus jeunes ne pouvaient échapper à la malédiction. Derrière Walid Joumblatt se tenait le spectre de Kamal, son père, assassiné par les Syriens ; derrière Amin Gemayel, celui de son frère Béchir, victime de ces mêmes Syriens. Et c'était le représentant de la Syrie, son ministre des Affaires étrangères Kaddam, qui menait la danse, qui décidait et qui tranchait, l'homme de toutes les besognes d'Hafez el Assad, le boute-feu du Liban.

Il ne manquait à cette farce de réconciliation nationale que l'Israélien, véritable partenaire du Syrien. Mais, s'il habitait un autre hôtel, il était présent par clients interposés. De Genève, il ne sortit qu'un vœu pieux d'« arabisation » du Liban qui, je sache, avait toujours été arabe.

Et quelle panacée comme remède à tous ces meurtres, ces incendies, à ce pays déchiré, émietté, proposait-on aujourd'hui ? Une nouvelle rencontre, un Genève II [1], les mêmes acteurs tenant les mêmes rôles, avec seulement un nouveau venu, Nabih Berri, qui venait d'être admis dans le club des « parrains ».

A Genève, on s'était séparé après avoir rangé au placard tout ce qui pouvait déranger les Syriens, les Israéliens et leurs protecteurs russes et américains. Autrement dit sans avoir rien décidé. Étrange, ce comportement des Syriens et des Israéliens. Sur le devant de la scène, ils semblaient prêts à s'empoigner ; ils mobilisaient leurs réserves, du moins ils le proclamaient, et, dans les coulisses, ils paraissaient s'entendre. Par exemple, ils établissaient, sur le mini-État druze de Joumblatt, une sorte de condominium de fait, un État tampon entre leurs deux zones d'occupation. Et Walid Joumblatt, entre deux clowneries pathétiques, le confirmait. Israéliens et Syriens jouaient des druzes

1. La rencontre se déroula à Lausanne, sans donner plus de résultats.

contre les chrétiens et de tout le monde contre les Palestiniens qu'ils se renvoyaient l'un à l'autre pour en finir plus vite.

« Les deux larrons se partagent le Liban, m'avait dit cet ancien ministre libanais sans illusions et qui tenait dans ce drame le rôle de Cassandre, ces deux larrons qui sont de mèche finiront peut-être un jour par se mettre d'accord de manière durable, car l'Histoire les y oblige.

« Il existe deux Syrie, l'une qui n'a plus le droit à la parole, elle est musulmane et sunnite à 90 %, travaillée par les mouvements intégristes, l'autre officielle, celle des Alaouites au pouvoir avec les quatre frères Assad, qui non seulement ne sont pas musulmans mais se réclament encore d'un parti laïque, le Baas, et qui redoutent d'être submergés par l'intégrisme musulman.

« Leurs seuls appuis, leurs seuls recours : ceux qui redoutent la même menace qu'eux : les chrétiens du Liban et les Juifs d'Israël.

« Pourquoi croyez-vous qu'Assad, quitte à se mettre à dos les Soviétiques et les pays arabes, veut à tout prix en finir avec Yasser Arafat ? Pour avoir le monopole des Palestiniens, les utiliser comme une carte, contrôler le terrorisme ? Au péril, quand il y aura le moindre attentat, d'être désigné comme le coupable et de se retrouver avec l'armée israélienne sur le dos ? Assad est bien trop prudent, intelligent et retors pour assumer de tels risques.

« La révolution palestinienne, vous avez pu en juger sur place, avait à Beyrouth toutes sortes de visages. Fortement teintée de marxisme-léninisme sur sa gauche, elle devenait sur sa droite intégriste musulmane, Arafat se tenant au centre, et jouant les chefs d'État honorables, sa main droite ignorant à quoi s'occupait sa main gauche : le terrorisme qui le servait et remplissait ses caisses.

« Petit à petit, lâché par les extrémistes de gauche, Arafat se rattrapa sur sa droite, l'Islam. Il devait commettre aux yeux d'Hafez el Assad, qui n'avait jamais pu le supporter, une faute impardonnable en s'alliant aux ennemis du régime laïque, baassiste et alaouite, les intégristes de Tripoli. Ces mêmes intégristes menaçaient Assad et les siens au sein de leur propre pays. Il avait dû en faire exécuter vingt-cinq mille au moment de la révolte des prétendus Frères musulmans, qui furent suivis de toute la population. C'est ainsi qu'Hama cessa d'exister.

L'ancien ministre baissa la tête :

« Je sais qu'il ne sortira rien de Genève, que le destin du Liban est scellé, au moins d'un certain Liban, le nôtre, qui était aussi le vôtre. Qu'est-ce qui a le mieux résisté au Liban ? La livre libanaise. Quel espoir nous restera-t-il le jour où la livre s'effondrera, ce qui ne tardera plus ?

Dîner aux chandelles à Achrafieh, le secteur chrétien. A Beyrouth ouest, à partir de 8 heures du soir, le couvre-feu est strictement respecté. On ne circule plus sans laissez-passer depuis un soulèvement que l'armée libanaise a maté. Pas un seul magasin, pas un seul restaurant, pas un seul bar n'est ouvert. A Beyrouth est, la vie continuait même quand l'électricité était coupée. Les filles étaient élégantes. L'aéroport, cette large fenêtre ouverte sur le monde fonctionnait normalement. On revenait de Paris, on revenait de Londres ou de New York. On s'appelait par son prénom. Rien n'avait changé en apparence, mais il me fallut peu de temps pour saisir la différence. Pour la première fois, les Libanais, ces incurables optimistes désespéraient de l'avenir de leur pays. Ils avaient compris, c'était récent, que leur intelligence, leur subtilité, leur individualisme forcené, qui les avaient aidés à survivre dans les pires épreuves, se retournaient soudain contre eux. Pour plus de commodité, ils avaient refusé d'être un État avec ses règlements, ses percepteurs et ses douaniers et l'égalité des droits pour tous les citoyens. Ils s'étaient contentés d'une façade et la façade s'écroulait. Trois mois plus tard, il n'y avait même plus de façade, rien que le vide.

Il n'y aurait plus ce Liban chrétien ouvert à la culture occidentale, Beyrouth, cette ville cosmopolite et provinciale, îlot perdu au milieu de la vaste marée islamo-marxiste. Les Libanais refusaient pourtant d'être les coptes du Liban, de devenir des citoyens de seconde zone, des « dhimmis », ce terme abhorré dans ce pays dont ils étaient les plus anciens habitants. Après avoir été, ils devaient cependant le reconnaître, des citoyens d'une caste privilégiée. Mais n'étaient-ils pas plus ouverts, plus entreprenants, plus ambitieux que leurs frères musulmans qu'handicapaient l'Islam et sa prétention à tout régenter, le sacré et le profane, le politique et le quotidien ?

Les Libanais n'avaient plus guère de choix : se résigner à

s'effacer ou rejoindre la diaspora. Ils me rappelaient douloureusement les derniers moments des pieds-noirs à Alger.

— Nous sommes perdus, me dit l'un d'eux, à moins d'un miracle. Et si je reste au Liban avec tous les miens, c'est que je crois au miracle, désespérément.

Il avait cessé d'y croire puisqu'il s'était résigné, lui aussi, à quitter son pays, quand la clinique qu'il gérait, à cheval sur les deux secteurs, avait été pillée et incendiée, sciemment pour qu'il n'y ait plus d'ambiguïté, chrétiens d'un côté, musulmans de l'autre. Et peu importe que des malades et des blessés meurent faute de soins. Que diable, on était revenu à la fin des croisades et au début de la reconquête musulmane. Pas de quartiers pour les infidèles qui avaient pactisé avec l'Occident jusqu'à lui prendre ce qu'il avait de meilleur : le respect de la femme et l'amour de la vie sur une terre qui n'était pas seulement une vallée de larmes ou l'antichambre du paradis d'Allah.

Les Libanais ont ceci d'étonnant, qu'ils vous posent, comme les Israéliens, la question dont ils détiennent seuls la réponse.

— Comment voyez-vous notre avenir ? me demandaient-ils.

Que leur répondre, sinon que la VIe flotte américaine n'était pas au large uniquement pour entraîner ses équipages et brûler son mazout ; que les chars lourds israéliens que j'avais déjà rencontrés en une longue colonne à douze kilomètres au nord de Saïda ne promenaient pas pour rien le drapeau à l'étoile de David, si près de Beyrouth, interdisant par leur seule présence aux druzes et aux phalangistes de se taper dessus, que les Palestiniens ne mouraient pas gratuitement à Tripoli.

Jadis, les Libanais, et non sans raison, accusaient ces « maudits » d'être la cause de tous leurs malheurs. Ils avaient été chassés, mais on continuait à s'entre-tuer autour de leurs camps qu'occupaient aujourd'hui les chiites d'Amal, d'authentiques Libanais.

— Ce sont les Iraniens qui les arment, me dirent-ils.

Les Iraniens avaient remplacé les Palestiniens comme boucs émissaires. Encore un travers libanais de chercher hors de son pays la cause de ses malheurs pour éviter de s'interroger lui-même, de découvrir qu'il était le principal coupable.

La lumière revint. Notre hôte se mit à l'orgue et joua, mêlant des rythmes modernes à la musique classique, Mozart et les Beatles. Son visage s'était éclairé.

— Je joue de l'orgue, me dit-il, pour oublier. Je célèbre à ma façon les obsèques d'un Liban qui va cesser d'exister, le nôtre, celui des chrétiens trop occidentalisés pour en accepter un autre. Partir ? Beaucoup le font. Moi je reste et je joue de l'orgue.

En face de nous se dressait la façade d'une très belle et très ancienne maison byzantine avec son grand escalier de marbre, ses colonnades, ses hautes fenêtres de style mauresque. Elle semblait avoir été épargnée par les bombardements.

— Elle nous appartient, me dit une jeune femme. Mon mari et moi nous nous efforçons de la remettre en état. Sous ses coupoles et ses hauts plafonds, nous nous sommes mariés. Dans le grand salon de réception, plus de deux cents invités se pressaient, servis par des domestiques nubiens.

Le bal des belles sudistes de *Autant en emporte le vent,* avant que n'arrivent les carpetbaggers ! Mais je n'osais le lui dire. Elle poursuivit :

— Pour la conserver et la restaurer, nous avons vendu les terrains qui l'entouraient où se sont construits des immeubles. Voulez-vous la visiter ?

D'immenses salles vides, quelques meubles sous les housses blanches, le reste étant dans les caves, à l'abri des bombes. Un étonnant jardin où poussait un filao gigantesque, un palais de Mille et Une Nuits déserté par ses fées et ses génies qui n'aimaient pas l'éclatement des bombes. Dans le lointain, le grondement ininterrompu de l'artillerie syrienne auquel répondait celui de l'armée libanaise.

— J'espère, me dit-elle, qu'on nous permettra au moins de donner une dernière fête. Je ne peux croire qu'on nous en chassera. Qu'avons-nous donc fait ?

— Vous avez commis le crime inexpiable d'être riches, heureux et inconscients.

Ce fut cette nuit-là qu'on me raconta l'étonnante fête qui fut donnée aux Caves du Roy, la boîte de nuit à la mode de la belle époque, en 1974, et fermée depuis le début de la guerre civile.

Après l'élection d'Amin Gemayel et après que l'armée régulière se fut déployée dans Beyrouth ouest, un riche Libanais et quelques-uns de ses amis décidèrent, pour une seule nuit, afin de célébrer le souvenir du Liban de la vie heureuse, de rouvrir la boîte. Ils exigèrent une reconstitution absolument exacte du cadre, de l'ambiance. On rechercha les éléments dispersés de l'orchestre, les maîtres d'hôtels. On fit même revenir par avion le barman réfugié à l'étranger. On retapa les tables, les sièges, les tentures ; on dépensa une fortune rien que pour une nuit. Et pendant toute cette nuit jusqu'à l'aube, échappés de leur ghetto d'Achrafieh, qu'on avait baptisé le marounistan, les belles en robe longue, portant tous leurs bijoux, les hommes en smoking, dansèrent sur des musiques de l'époque et burent le champagne. A quelques mètres de là, ce n'était que ruines, dalles de ciment éclatées ; le Saint-Georges dressait sa carcasse dévastée et les boutiques du front de mer, leurs vitrines brisées, leurs rideaux de fer rouillés et arrachés.

Une fête scandaleuse, une provocation, à côté de tant de misère, tant de souffrances, protestèrent de belles âmes. Je ne le pense pas. Plutôt un exorcisme des démons de la guerre, une cérémonie offerte aux divinités bénéfiques du Liban qui pendant des siècles lui avaient accordé richesse et insouciance dans un cadre admirable. Une fête sans lendemain ; le couvre-feu fut rétabli à l'ouest et une automitrailleuse prit place en haut de la ruelle qui conduisait à la boîte de nuit. Parachutistes et soldats français y établirent des barrages. La peur reprit possession de la ville. Les invités des Caves du Roy partirent en exil, ou retournèrent dans leur réduit qu'arrosaient les bombes.

Je me suis rappelé la place des Canons, de ces quelques arcades restaurées, éclatantes de blancheur, au milieu des gravats qu'éclairaient des lampadaires neufs. J'appris qu'un certain Rafic Hariri, avec les fonds de l'Arabie Séoudite, s'employait à restaurer, comme il existait auparavant, tout le vieux quartier de Beyrouth. Il en coûterait des centaines de millions de dollars. Encore un exorcisme ?

Un autre homme d'affaires, druze cette fois, Raja Saab, qui avait fait fortune lui aussi en Arabie Séoudite, avait englouti cinquante millions de dollars pour édifier, restaurer, améliorer, agrandir le plus luxueux hôtel de tout l'Orient, le Summerland, plusieurs fois détruit et saccagé.

– Demain, m'avait-il dit, s'y retrouveront les hommes

d'affaires du monde entier, les émirs arabes, les banquiers maronites. Et j'ouvre dans un mois.

Il prévoyait un vaste programme de construction d'immeubles à loyer modéré. Il était associé à des maronites, des catholiques et un sunnite. Il ne doutait pas de l'avenir de Beyrouth. Jamais les terrains n'avaient valu aussi cher même si les obus de mortier les arrosaient encore. Certains Libanais avaient affirmé : « Le Liban restera la Suisse de l'Orient. La Suisse n'a t-elle pas ses cantons. Pourquoi le Liban n'aurait-il pas les siens ?

Le *Washington Post* publiait une carte du Liban divisée en quatre cantons ; au nord, en violet, les sunnites ; au centre, en bleu, les maronites ; en jaune, les druzes ; en vert, les chiites ; et une excroissance rouge: Beyrouth, capitale fédérale. C'était oublier que l'État libanais légal n'avait juridiction que sur Beyrouth et même pas sur les banlieues sud d'où viendrait le danger, que Syriens et Israéliens contrôlaient à eux seuls 70 % du territoire et qu'ils n'envisageaient pas de s'en retirer. Que les Syriens commencent, disait Israël. Et Damas faisait la même réponse. Avec, je suppose, un clin d'œil. J'ai cru un moment, malgré l'attentat qui avait coûté tant d'hommes à l'Amérique et à la France, que la détermination de l'Occident n'était pas entamée, qu'il allait réagir, punir les coupables et s'engager plus avant dans ce conflit pour en terminer et ramener la paix comme on l'avait toujours fait : par la guerre. Il en allait de notre crédibilité et de notre honneur. Je ne fus pas seul à l'espérer.

Les Séoudiens alliés des Américains n'avaient jamais autant investi de millions de dollars dans Beyrouth et ses décombres. Avec quelle garantie ?

L'armée libanaise dont au moins trois brigades étaient excellentes, se vantait de pouvoir, en une matinée, nettoyer les banlieues de Beyrouth de ses bandes dépenaillées. A Tripoli, on en finissait avec l'OLP et ses derniers fidèles ; les vedettes israéliennes montaient la garde devant le port de Tripoli afin qu'Arafat et les siens n'aient plus les moyens d'échapper à la souricière syrienne dans laquelle ils s'étaient laissé enfermer. Les Soviétiques s'efforçaient en vain de sortir l'homme au keffieh de ce guêpier, mais Hafez el Assad ne voulait rien entendre. On utilisa les Français pour ce sauvetage inutile et dangereux. A ce propos, on se posa toutes sortes de questions.

Pourquoi Moscou redécouvrait-il soudain les vertus de la

carte palestinienne ? Pour la jouer contre qui ? Mais contre Assad ! Pourquoi aucun des avions américains qui survolaient les positions syriennes n'était-il pris à partie par la DCA ? Parce que Washington et Damas étaient de mèche ! Pour accréditer cette thèse, voilà que les experts soviétiques reprochaient soudain aux Syriens d'être de pitoyables soldats, de n'avoir pas pris la peine d'utiliser contre Israël les armes ultra-perfectionnées dont ils les avaient dotés, mais de s'en être servis pour massacrer les Palestiniens. Comme j'avouais ne plus rien comprendre à cet imbroglio, les subtils Libanais navrés de ma balourdise, me disaient, les yeux brillants d'espoir :

— Mais voyons, tout s'explique. Les Américains jouent au Moyen-Orient une partie décisive : ils espèrent, en payant le prix, faire basculer la Syrie dans leur camp, tout en ne mécontentant pas Israël et en profitant de l'interrègne soviétique. Israël aura le Sud-Liban comme zone d'influence avec un État tampon dans la Montagne druze ; la Syrie, les territoires qu'elle occupe, la riche plaine de la Bekaa, Tripoli, le Liban nord. Il nous restera, à nous autres chrétiens, 20 % du territoire, mais aussi Beyrouth devenue la capitale « fédérale » d'un État très théorique, ce qui ne sera pas nouveau. Avec un avenir étonnant, mirifique ! Beyrouth deviendra une sorte de Hong Kong ouvert sur le monde où tous trouveront leur profit, Syriens comme Israéliens, sunnites comme chiites et druzes, et surtout nous autres chrétiens. Par la simple loi du profit dont nous savons si bien jouer, nous nous retrouverons à nouveau maîtres des destins du Liban. Ce ne sera plus ni la Croix ni le Croissant qui régneront sur Beyrouth, mais Baal, le dieu de l'or, du profit, engraissé du sang de ses victimes. En échange des sacrifices, il a toujours répandu l'or sur ses fidèles.

Que de rêves fracassés, de vastes projets condamnés ! Même Baal avait fui sous les bombes et les rafales des Kalachnikov. En cette nuit du 11 février, on continuait à bombarder Achrafieh ; l'armée libanaise, restée fidèle, répondait avec les canons qui lui restaient et arrosait de ses obus Beyrouth ouest. Adossé à la fenêtre de ma chambre, privé d'électricité, je regardais le ciel où les balles des mitrailleuses traçaient leurs sillons lumineux et semblaient vouloir s'en prendre aux étoiles. Que restait-il du Liban ? Une fiction qu'incarnait un homme, le président que je rencontrerais dans quelques heures.

V

Dimanche 12 février 1984
L'État libanais

Une tradition séculaire du pouvoir personnel et le culte oriental de la puissance incarnée dans la personne du chef concourent pour donner (au président de la république libanaise) une autorité d'autant plus grande que le confessionnalisme émascule ceux-là mêmes qui, constitutionnellement devraient la partager... Et surtout, quel que soit l'héritage qu'il incarne, et la faiblesse qui l'entoure, le président est, comme tout citoyen libanais, membre d'une communauté. Il est lui aussi minoritaire. Comme le gouvernement, il n'existe que parce qu'une coalition, peut-être passagère, s'est un jour faite autour de son nom. Cette coalition n'est pas l'expression d'un courant populaire. Elle n'est pas ce frémissement politique des masses qui porte un leader au pouvoir : il n'y a pas de masses au Liban, il n'y a que des communautés.

Charles Rizk,
Le Régime politique libanais

Amin Gemayel nous a accueillis, parmi les débris de verre et les gravats, dans ce palais de Baabdad où j'avais rencontré son prédécesseur Elias Sarkis, qui comme lui n'avait plus aucun pouvoir et ne pouvait que se résigner à regarder les bombes et les obus écraser Beyrouth. En percevant son lot.

Amin Gemayel sera-t-il le dernier président chrétien d'un Liban qui n'en finit pas d'agoniser et qui, à moins d'un miracle, finira quand même par mourir ? Agé de 42 ans, il paraît bien plus jeune. Au contraire de son frère Bechir, il a d'excellentes manières ; il est parfaitement habillé, un costume qui vient d'un bon faiseur italien, une cravate assortie, un visage aux traits fins. Petit, racé, il veut se comporter dans le drame qu'il subit en parfait « honnête homme » et en bon chrétien comme le lui ont appris les pères jésuites qui l'ont élevé. Jusqu'au moment où, malgré ses efforts, le vernis craque et où il laisse apparaître sa vraie nature : une obstination farouche, le sentiment d'avoir raison, même contre les faits, un amour certain de son pays, même s'il l'appréhende mal, un refus viscéral de le voir disparaître et d'être précipité lui-même de la scène politique où il estime devoir remplir sa fonction, tenir son rôle jusqu'à la fin de son mandat. Alors, son débit tranquille, ses mots pesés, sa prudence, disparaissent et la voix vibre de passion. Il redevient, de son clan, le fils du vieux cheikh Pierre, de Bikfaya, fondateur des Phalanges, qui sauvèrent le Liban chrétien ; parfois, on l'oublie, le frère de Bechir qui, par les moyens les plus violents, les plus contestables, grâce à son ascendant sur les jeunes chrétiens, parce qu'il était bien à l'image de son pays, violent, tourmenté, grâce à son charisme qui à la fin de sa courte existence commençait à gagner toutes les confessions, manqua peut-être changer le destin de son pays.

Amin, l'aîné, l'héritier de Pierre Gemayel ne deviendra président de la république qu'après l'assassinat de son cadet, ce fut sa chance car il n'était pas homme, comme son frère, à forcer le destin mais à le courtiser. Tout les séparait : le tempérament, le caractère, l'approche des êtres. Amin s'est coulé dans les institutions libanaises, les mœurs politiques, les accommodements, les clientèles, les subtiles combinaisons ; Bechir les rejetait. De ce rejet violent, instinctif, pouvait venir le salut du Liban.

Avant cet entretien, et à travers certains propos de ses proches, je m'étais fait une image d'Amin Gemayel étudiant doué, séduisant, jouant au tennis avec de belles jeunes filles, plus tard avocat brillant, homme d'affaires heureux. Mais je ne l'imaginais pas dans cet emploi d'Hamlet solitaire errant dans les couloirs vides d'un palais bombardé, s'efforçant d'exorciser les fantômes qui le guettaient à chaque recoin de ce bâtiment trop moderne pour un drame aussi antique : les assassins et les victimes de Bechir. L'histoire se plaît parfois à faire endosser un déguisement tragique à un personnage que l'on imagine mal dans ce rôle.

Amin Gemayel n'était pas pour autant cet être falot, ballotté par les événements qu'on laissait entendre et qu'il laissait croire. Mais il appartenait, et il n'y pouvait rien, au Liban du pacte confessionnel de 1943, des savants arrangements et des combinaisons politiciennes, un Liban qui avait cessé d'exister mais auquel il croyait toujours.

— Amin Gemayel, m'avait dit un phalangiste alors que nous quittions la *Jeanne d'Arc,* manque de caractère et de personnalité. Il n'a pas su prendre son destin à bras-le-corps. Nous n'avons plus qu'un président fantôme régnant sur un État fantôme, les quelques kilomètres carrés du parc de Baabdad, alors qu'on s'égorge dans Beyrouth. Pourtant nous le soutiendrons car il est quand même des nôtres. Qui pourrions-nous soutenir d'autre ?

D'une terrasse, Amin Gemayel me montre le paysage admirable, le ciel ardoise, Beyrouth qui s'étale à nos pieds, et la mer qui rit de toutes ses courtes vagues blanches. Il me dit :

— Il n'y a pas un jour au Liban, même en plein hiver, même quand il pleut, où le soleil n'apparaisse. Ce soleil éclaire l'âme du Libanais, le Libanais le porte en lui. On peut l'appeler l'espoir ; il ne nous a jamais quittés malgré nos drames et nous en avons connu d'épouvantables. Nous en connaissons encore et nous en connaîtrons d'autres. Grâce à ce soleil, nous avons toujours pu nous en sortir et ne jamais désespérer.

A sa place, Bechir m'aurait déjà défié, accusé, entrant immédiatement dans le vif du sujet.

— Alors vous nous lâchez ? Vous autres Français, vous avez fabriqué le Liban, vous devez nous aider à le défendre. Qu'est-ce que vous nous reprochez tant à nous autres chrétiens ? De vous ressembler ? Ou de vouloir nous défendre au lieu de baisser les bras et de nous réfugier comme vous dans des parlotes.

Je chasse ce fantôme et je demande au président Amin :

— Espérez-vous toujours alors que tous vous lâchent ? Il y a dix-sept mois, en septembre de l'année dernière, le soleil brillait très clair au-dessus de votre tête. Vous avez été élu président par toutes les voix des députés, qu'ils soient chrétiens, musulmans, chiites ou sunnites, à trois exceptions près. Vous représentiez l'espoir, la chance. Et en dix-sept mois, par je ne sais quelle alchimie diabolique, vous êtes devenu...

— L'homme à abattre ?

— Pire. Celui que l'on veut ignorer, que l'on a mis à l'écart. Vous gênez, vous rappelez certaines promesses, certains engagements qui ne furent pas tenus. Combien de baisers de Judas avez-vous reçus ? La radio israélienne cite déjà le nom de celui qui vous succédera : Raymond Eddé, Dany Chamoun,... que sais-je encore. Pourtant vous demeurez légalement l'incarnation du Liban.

— Pas pour mes ennemis. Je ne suis pas, pour Jérusalem, l'incarnation du Liban israélien ; pour Damas, l'incarnation d'un Liban syrien. Mais j'incarne le véritable Liban.

— Les chiites vous contestent. Ils prennent Beyrouth en quelques heures, ce Beyrouth que l'armée avait reconquis au prix de durs combats, où elle s'était maintenue par d'autres combats difficiles. Elle ne lutte plus mais baisse les bras alors qu'elle devait être votre plus fidèle soutien. Les soldats ne désertent même pas, ils retournent dans leurs casernes. Pour jouer aux cartes ? Et comme au jeu de l'oie, le Liban retourne à la case

« départ », comme neuf ans plus tôt. Beyrouth se scinde à nouveau en deux, d'un côté le réduit chrétien et de l'autre la ville musulmane.

— C'est vrai, nous sommes retournés à la case « départ » mais là n'est pas l'essentiel. L'essentiel, ce sont les institutions, qu'elles durent, et non les personnes. Je suis là pour quatre ans et demi encore. Après moi, un autre prendra le relais. Voilà ce que sont les institutions. Les Libanais ont un sens très développé de la démocratie et des libertés dont les institutions sont les garants. Parlons clair : où finissent les différends nationaux, où commencent les interférences étrangères ? Il faut savoir, au moins au Liban, établir cette distinction, déceler la ligne de démarcation entre ce qui est national et ce qui ne l'est pas. Dans toutes les déclarations que vous entendez, vous pouvez découvrir cette ligne de partage.

Tirs d'armes automatiques. Le président n'y prête aucune attention, mais ces tirs me rappellent durement aux réalités. On tire à côté d'ici, et nous débattons des institutions !

— Certains Libanais, poursuit-il, se sont créé des obligations à l'extérieur du pays. Dans leurs déclarations se reflètent ces influences, ces thèses, ces thèmes qui ne sont pas libanais. Voilà le prix auquel ils paient une certaine assistance. Il arrive même qu'ils y croient... Tout ce tumulte, les attentats, les bombes, les canonnades, les invasions étrangères, créent une telle confusion qu'on devient obsédé par la situation créée sur le terrain, qu'on oublie qu'il nous reste des institutions qui constituent, malgré tout, l'État libanais.

Il répète :

— Malgré tout, malgré tout ! Qu'est-ce que l'État libanais ? Oubliez pour l'instant la situation militaire...

Hélas ! Un char qui tire tout proche, l'éclatement d'un obus qui s'écrase et les vitres qui vibrent m'obligent à ne pas oublier cette situation militaire.

Le président continue impavide :

— Voyons les prises de position de tous ceux qui demandent ma démission. Qui la réclame aujourd'hui ?

— Les Syriens, les druzes.

— Un nom ?

— Joumblatt.

— Un autre nom ?

— Nabih Berri, du mouvement Amal.

— Il ne l'a jamais dit.

— Les communistes ?

— Évidemment. En dehors d'eux, personne d'autre que Joumblatt n'a réclamé ma démission. Pourquoi ? Parce que le Libanais reste avant tout attaché à ses institutions, plus que vous ne le pensez. Vous êtes trop aveuglés par ce qui se passe sur le terrain. Qu'ils soient musulmans ou chrétiens, les Libanais tiennent à leurs institutions. Certains chefs politiques musulmans réunis à Damas ont déclaré récemment qu'ils refusaient ma démission, que tout devait se dérouler dans le cadre des institutions légales.

— Vous avez déclaré, le 5 février, que tout était négociable. Même votre départ de la présidence ?

— J'ai déclaré que tout était négociable : la réforme des institutions, par exemple. Quant à moi ! Personne n'est éternel. Le Liban ne tient pas à l'existence d'un homme. Disons-le crûment, la mort d'Andropov ne change rien à l'existence de la Russie.

— Et dans votre cas ?

— Évoquer seulement cette possibilité d'un changement de personne, ce serait pousser le pays vers l'aventure et provoquer le chaos.

— Votre démission n'est donc pas négociable ? Vous restez le président de la république élu légalement, mais contesté aujourd'hui par une frange importante de la population...

Il m'interrompt.

— La fonction présidentielle n'est pas contestée, ni ma personne... sauf par Walid Joumblatt.

Un mortier de gros calibre vient d'exploser en contrebas, dans la forêt de pins.

— Pourquoi vous tire-t-on dessus, monsieur le président ?

— On ne me tire pas dessus.

— Alors, c'est sur votre palais ?

— Non, on tire seulement pour punir, à travers moi, le Liban d'avoir refusé d'être syrien ou israélien. Jérusalem et Damas veulent un Liban qui reflète leur politique. Moi, je ne veux qu'un Liban libanais, solidaire avec le monde arabe mais qui refuse d'être un satellite de tout autre pays.

— Est-ce pour cette raison que vous avez refusé de contresigner l'accord libano-israélien, le 17 mai 1983 ?

— Mon représentant l'a signé, le Parlement l'a ratifié.

— Pourtant, Israël vous reproche de ne pas l'avoir appliqué.

— L'accord n'a pu être appliqué à cause d'une clause suspensive. Les Syriens devaient accepter d'évacuer leurs troupes en même temps que les Israéliens. Et ils ont refusé. Les Israéliens avaient sciemment accordé aux Syriens ce droit de veto en sachant qu'ils en useraient, ce qui les autoriserait, de leur côté, à ne pas exécuter les clauses de l'accord. En termes diplomatiques, il n'y a pas eu échange d'instruments, un échange qui ne pouvait se faire qu'au moment où l'accord entrerait en vigueur.

— Un piège alors, un accord secret entre Syriens et Israéliens qui seraient de mèche ?

— Allez le leur demander.

— Les Américains retirent une partie de leurs troupes ou se préparent à le faire. Les Anglais ont déjà replié les leurs. Je ne sais pas ce que feront les Français. Avez-vous l'impression d'être abandonné par l'Occident et qu'un jour nous payerons cet abandon quand nous nous retrouverons en première ligne ?

— Dites-le donc à l'Occident ! Répétez-le que nous sommes un avant-poste !

— Cet avant-poste, pour se maintenir face à la marée communiste, face à l'intégrisme musulman, devait être aidé, ravitaillé. Comment pourrez-vous tenir sans l'aide occidentale et américaine qu'on semble vouloir vous retirer ?

— Toute aide étrangère devrait concourir à l'unité de notre pays et non à sa destruction. Et nous ne pouvons miser éternellement sur cette assistance et la présence de la Force multinationale. Cette présence devrait nous aider à obtenir ce consensus national qui nous permettrait de déboucher sur un compromis, ce qui nous autoriserait à installer une société saine, solide qui puisse se protéger elle-même.

— Ce sont là de pieuses intentions, mais en face de vous se dressent des adversaires déterminés. Contre vous joue aussi le caractère individualiste et anarchiste du Libanais.

— Ce caractère a aussi du bon. Il a permis au Liban de survivre. Il existe, disons, des antagonismes graves entre l'armée libanaise et certaines factions, mais ces mêmes factions n'ont jamais demandé la démission du président. Vous avez lié cet affrontement sur le terrain avec les déclarations de Walid

Joumblatt exigeant mon départ. Et vous avez lié ce problème à tout ce qui se passe au Liban, alors qu'en dehors de lui, personne, je le répète, n'a réclamé ma démission. Même ceux qui ont violemment critiqué ma gestion, qui ont réclamé l'annulation de certains décrets-lois, de certaines nominations. On ne demande pas à un chef d'État de rectifier ses erreurs si l'on n'admet pas, du même coup, son existence. L'opposition continue à vouloir traiter avec le président.

— Mais elle agit au mieux pour saper son autorité. On accepte un principe mais en mettant tout en œuvre pour le détruire. Joumblatt n'est pas le seul à agir ainsi.

— N'avez-vous pas, en France, des problèmes entre l'opposition et la majorité ? Et quand la précédente majorité était au pouvoir, entre Giscard et Chirac qui ne s'entendaient guère ?

— Pas au point de se tirer dessus au 155 ! On voit mal Matignon envoyant des chars lourds contre l'Élysée. Dans le cas présent, l'opposition française ne reçoit pas d'armes des États-Unis et n'a pas besoin de l'appui de la VIe flotte.

— Nous avons des courants de pensées disons plus vindicatifs...

— Pensées ou intérêts ?

— Nous avons toujours pu traiter ces contradictions dans le cadre d'un système démocratique. Mais les interférences étrangères ont troublé la partie. La lutte des grandes puissances, la politique des axes dans le monde arabe et ailleurs sont venues se greffer sur une crise purement libanaise. Ce qui a tout fait exploser. Et nous en sommes venus aux armes. Dans le contexte libanais, il est très facile de dépasser le conflit politique pour le transformer en conflit militaire. Oubliez un peu le crépitement des mitrailleuses, prenez du recul avec l'événement.

— Il y a seize mois, vous aviez toutes les chances. Que s'est-il donc passé ?

— C'est exact, tous m'ont accordé ces chances, tous étaient avec moi. Je n'avais de problèmes qu'avec mes proches bien plus qu'avec l'opposition d'aujourd'hui. J'étais admis par tous jusqu'au moment où le Liban a dû prendre position sur l'accord israélo-libanais. Aussitôt cet accord signé, les problèmes ont commencé, dès juillet.

— Pourquoi le signer, alors ?

— Je n'avais le choix qu'entre la perte du Sud-Liban, sa transformation en Golan, ou accepter un compromis avec Israël. Nous avons mis huit mois pour mettre au point cet accord. Une négociation très dure ! Avec l'aide des États-Unis, nous y sommes arrivés et au moindre mal pour nous.

— Avec l'aide ou sous la pression des États-Unis ?

— La seule pression a été celle qui existait dans le Sud-Liban avec les forces israéliennes qui travaillaient les populations. Vous avez connu vous aussi, pendant l'Occupation, l'usage qui fut fait de certains collaborateurs français par les Allemands dans une société pourtant monolithique et solidaire comme la France. Alors qu'au Liban, nous vivons dans une société confessionnelle et ethnique très divisée où il est bien plus facile d'utiliser, à son profit, cette mosaïque d'intérêts contradictoires. Et il en allait de même avec les Syriens. A partir de la signature de cet accord du 17 mai, les conflits internes ont été exploités, donnant une nouvelle dimension, une dimension armée, aux exigences de certains groupements libanais.

— Ces interférences étrangères existaient avant votre arrivée au pouvoir ? L'interférence palestinienne, quand Arafat avait pour capitale Beyrouth ouest, ayant été éliminée, vous deviez vous attendre à d'autres interférences.

— Aussi, ai-je choisi un allié de taille qui n'avait pas d'ambitions territoriales sur mon pays, comme les États-Unis, afin de me prémunir contre certaines ambitions israéliennes et syriennes, afin de m'aider à affirmer l'entité libanaise en dehors de toute autre influence étrangère directe.

— Aujourd'hui où en êtes-vous ?

— Nous sommes à la recherche d'un compromis historique entre les différentes composantes de cet État libanais. Les armes n'ont jamais résolu aucun problème.

Trois explosions sourdes — des gros calibres. Les chars libanais répliquent. Le président continue :

— C'est pourquoi nous avons fait Genève. C'est la raison pour laquelle je m'efforce de hâter une nouvelle rencontre, un Genève II afin de rechercher ce compromis et de dépasser le langage des armes.

— A condition d'avoir des partenaires qui acceptent de prendre place en face de vous, à la table de conférence. Vous n'en avez plus.

— Je vais vous étonner. J'ai toujours le peuple libanais derrière moi : le musulman, le chrétien, le libanais de gauche, de droite, ce peuple libanais qui a peur de l'aventure et du chaos. Il vit dans ce chaos depuis neuf ans. Et croyez-vous qu'il l'accepte ? Il a envie de s'en sortir. Je reste, à ses yeux, la dernière chance, son rayon de soleil et d'espoir.

— Mais ce n'est pas le peuple libanais qui viendra à la table de conférence, il faudrait beaucoup trop de chaises ; seulement ses représentants soumis à toutes sortes de pressions et qui, eux, refuseront.

— Ils viendront comme ils sont déjà venus, alors que se déroulait la bataille de la Montagne libanaise et qu'on croyait déjà le pays à l'agonie. Genève a tout de même suscité un nouvel espoir. Le Liban, c'est l'espoir infiniment recommencé.

— Et souvent déçu, monsieur le président.

— Les Libanais croyaient entrevoir la fin du tunnel, mais le tunnel se prolonge encore. Ils continueront cependant à progresser vers la lumière. Au bout, tout au bout, elle existe, elle est bien là. Dites-moi quel peuple pourrait continuer à lutter neuf ans sous les bombardements, terré dans les abris, sans renoncer à l'espoir ?

— J'ai l'impression que, pour la première fois, le peuple libanais est fatigué et qu'il est prêt à renoncer.

— Non, ce n'est pas vrai. Pendant le bombardement d'Achrafieh, des gens, écrasés sous les bombes et que je ne connaissais pas, ne cessaient de me téléphoner, de m'encourager, de me dire qu'ils étaient avec moi, près de moi.

— N'allez-vous pas être amené à devenir le président des seuls chrétiens ?

— Aujourd'hui, les musulmans sont plus attachés à ma personne que les chrétiens, qu'ils soient sunnites ou chiites. Il ne s'est pas trouvé un seul d'entre eux pour réclamer ma démission.

— Et les chrétiens ?

— Parmi eux se trouvent des nostalgiques, des romantiques...

— Vous parlez des Forces libanaises ?

— Je ne mentionne personne. Certains de ces chrétiens, n'ont pas été fâchés de la chute de Beyrouth ouest. Ils considèrent cet événement tragique comme préludant à une autre ère qui permettrait de tirer de nouveaux plans. Aujourd'hui, les rôles sont inversés ; les musulmans sont traumatisés par l'idée de mon départ.

Il répète :

— Oui, traumatisés par cette éventualité.

— Et l'homme libanais que vous êtes, comment subit-il cette tourmente ?

— Croyez-moi, je n'en dors plus la nuit. Je ne souhaiterais pas au pire de mes ennemis de se trouver à ma place. Quelle angoisse de tous les instants que d'avoir à affronter les grandes nations de ce monde sur un petit lopin de terre. Tous les conflits internationaux se concentrent sur ce carré de terre. Nous sommes devenus la caisse de résonance de tous les conflits, de tous les affrontements mondiaux. Rester lucide dans une telle situation est très difficile, comme de résister aux sollicitations des uns et des autres, comme éviter les pièges que vous tendent les uns et les autres. Et je sais ce que je dis. Je dois résister, disons, au romantisme de ceux qui devraient normalement me soutenir, en me défiant de leurs illusions.

— Vous pensez toujours que votre fonction n'est pas négociable ? Vous refusez toute démission ? Votre désir est de rester ?

— L'intérêt national dépasse ma personne. Si j'étais sûr que ma démission pouvait sauver le Liban, j'aurais pu répondre à votre question. Là n'est pas le problème. Le Libanais ne se la pose pas. Quant aux étrangers, quant aux journalistes venus de l'extérieur, ils ne connaissent pas le Liban et ils ignorent le personnage que je suis vraiment.

Un peu plus tard, alors que nous visitions la chambre de ses enfants, dévastée par une roquette, où tout n'était que débris, éclats de verre, matelas éventrés, meubles brisés, alors que sa fille Nicole lui tenait la main, le président Gemayel me fera cette confidence :

— Le peuple libanais ne soutient pas seulement le président de la république, mais encore et surtout Amin Gemayel.

Les hommes politiques se font parfois d'étranges illusions qu'entretient leur entourage pour les flatter. Alors qu'il subissait avec une fausse résignation le mitraillage cette fois pacifique d'Azoulay, la femme du président, aux grands yeux de biche, m'avait dit sa passion pour la France, sa confiance en elle et sa conviction, désarmante, que jamais elle n'abandonnerait le Liban. Puis, me fixant les lèvres serrées, le regard dur :

— Les Russes eux, au moins, ne lâchent jamais leurs alliés.

Elle avait pris le bras de son mari qui nous avait rejoints et dans le grand hall de marbre, aux verrières éclatées, ils s'étaient éloignés, se tenant bien droits, bien raides.

Dans un salon, j'ai croisé le mystérieux Rafic Hariri, un petit homme rond, aux yeux vifs, portant la barbe courte et bien taillée, qui s'était donné comme but de reconstruire la place des Canons, symbole du Beyrouth de la prospérité, de la paix. Il était aussi le « Monsieur bons offices » de l'Arabie Séoudite, ayant toujours en poche quelque plan, projet ou résolution.

Son dernier plan avait trois volets : réforme constitutionnelle, organisation de la sécurité dans Beyrouth et la Montagne, retrait de toutes les forces étrangères du Liban, un plan parfaitement irréalisable. Un hélicoptère l'attendait pour le conduire à Chypre.

Je n'eus pas le temps de lui dire combien j'étais de cœur avec lui dans son projet... de rebâtir la place des Canons.

Il ne me restait plus qu'à décrypter l'interview. J'en retins la confirmation des ennuis du président avec « les romantiques » des Phalanges, qui refusaient l'abrogation du traité de paix avec Israël mais qui constituaient aujourd'hui les seules forces chrétiennes, avec ce qui restait de l'armée. Ce traité apparaissait à Amin Gemayel comme la source de tous ses maux et il croyait, assez naïvement, que s'il en obtenait l'abrogation, s'il faisait cette concession à la Syrie qui l'exigeait comme préalable à toute « réconciliation », ses difficultés cesseraient du même coup. Oubliant qu'il en viendrait d'autres. Israël lui ferait payer son reniement tout comme les États-Unis garants du traité, cet « allié de taille » qu'il s'était choisi pour se prémunir « contre les ambitions israéliennes et syriennes ».

Mais toute alliance exige la réciprocité. Abroger le traité de paix avec Israël, c'était remettre en question l'accord avec Washington. Et c'est bien ce qu'avaient cru comprendre les dirigeants des Forces libanaises, éclairés sur ce point par Jérusalem. Reagan, malgré toutes ses belles proclamations, se préparait à abandonner le Liban à son sort et les autres pays de la Force multinationale dont les contingents, sans la présence américaine, ne représentaient plus rien, le suivraient immanquablement. D'où la colère de la présidente devant le lâchage qui pouvait coûter l'existence du Liban. Peu lui importaient les causes, les raisons ; elle réagissait avec son cœur et sa passion.

Ces raisons pourtant étaient multiples, se combinaient, s'ajoutaient pour rendre le « lâchage » inévitable. La première, la plus évidente : Reagan réembarquait ses marines pour des raisons électorales, parce qu'il ne pouvait se présenter devant des électeurs qui n'étaient pas guéris du syndrome vietnamien, en maintenant les « boys » à Beyrouth. Après en avoir perdu 230. Sans résultats appréciables.

Mais il importait de présenter ce lâchage sous l'aspect le moins déshonorant possible, afin qu'il ne paraisse pas seulement dicté par de bas calculs électoraux. La décision d'Amin Gemayel d'abroger le traité israélo-libanais serait ce prétexte. Le traité avait été signé sous l'égide américaine et la présence des marines étant liée à la défense de cet accord, il n'existait plus aucune raison de maintenir une présence au Liban.

Le grand allié de l'Amérique, le seul et qui compte, si incommode soit-il, reste Israël. Or Israël, par cette abrogation était bafoué et à travers lui le gouvernement américain qui perdait, par la faute de la décision libanaise, la possibilité d'étendre à tout le Moyen-Orient les accords de Camp David. On consolidera donc ses positions acquises, on abandonnera les autres, c'est-à-dire le Liban.

Autre raison invoquée : le Liban ne peut plus être sauvé. Les experts américains de retour de Beyrouth en ont averti le président. Le but poursuivi était de reconstruire une armée, autour de cette armée, de refaire un État, de répéter l'opération de 1958 qui avait amené au pouvoir le général Chehab, mis fin à la guerre civile et qui avait donné quinze ans de paix et de prospérité aux Libanais. L'armée avait éclaté ; les chrétiens qui la composaient avaient rejoint leur camp, les musulmans le leur, chacun avec les armes qu'ils avaient pu conserver. Il n'existait plus d'autres solutions que de laisser agir la Syrie et de fournir à Israël les moyens de renforcer son armée et de garantir sa sécurité.

A l'accord israélo-libanais du 17 mai, on substituera un arrangement discret entre la Syrie et Israël. Reagan vient d'obtenir, c'est important pour les futures élections, une sorte de satisfecit de Jérusalem puisque Shimoun Peres, certes leader de l'opposition mais qui souvent sert de relais au gouvernement en place, a déclaré : « Le rembarquement des marines de la Force multinationale à bord des bâtiments de la VIe flotte ne peut gêner l'État hébreu dans la mesure où ces marines ne contribuaient plus à la sécurité d'Israël alors que l'opinion américaine était persuadée du contraire. »

Une déclaration qu'aurait pu faire le Premier ministre, Ytzhak Shamir.

Et le vice-président américain en visite en Grande-Bretagne de répondre en écho :

« Je pense que la Syrie est dans la position de jouer un rôle constructif au Liban, si elle le veut. »

Selon mes habituels augures libanais, il ne faisait plus de doute qu'Israël et la Syrie s'étaient mis d'accord sous la pression de leurs protecteurs et fournisseurs d'armes, l'URSS et les États-Unis. Les deux grands, à force de se provoquer, d'étaler face à face leurs flottes et leurs missiles, avaient craint d'être emportés par le souffle brûlant de la guerre. Alors, ils s'étaient entendus sur le dos de ce pauvre Liban qui serait soumis à un abominable charcutage, s'il n'était pas rayé de la carte. Mais quelle importance !

Quelle désillusion en revanche pour les Libanais qui s'étaient crus le centre du monde !

Amin Gemayel s'est rendu à la messe à Hadeth, une petite ville proche de la Bekaa qui a subi la veille de violents bombardements « syroprogressistes ». Est-ce en priant dans la petite église de Mar Gergès qu'il trouva l'inspiration ? A son retour, il annonça qu'il comptait constituer un gouvernement représentatif de toutes les fractions libanaises impliquées dans la crise et qu'il serait formé lors de la conférence de Genève qui devrait se tenir en principe le 27 février courant.

Voilà maintenant que c'est en Suisse qu'on forme les gouvernements libanais et qu'on distribue les maroquins !

Une seule bonne nouvelle enfin confirmée : la voie de passage du Musée entre les secteurs chrétien et islamo-progressiste sera ouverte à la circulation lundi, sous le contrôle des marsouins français, de 7 heures du matin à 17 heures.

VI

Lundi 13 février 1984
Les chiites

Vous avez préféré la honte à la guerre, vous avez la honte et vous aurez la guerre.

Déclaration de Winston Churchill aux Communes, en octobre 1938, après Munich.

Dressés sur leurs ergots tels des coqs de combat, serrant sur la poitrine leur « clairon », le nouveau fusil d'assaut, le gilet pare-balles entrouvert (de qualité médiocre, il n'est en réalité qu'un pare-éclats), marchant de long en large devant les boudins de barbelés en chicane et entre les buttes de terre rouge que la pluie transforme en boue, casqués, nets, rasés de près, les marsouins français faisaient face aux bandes de mourabitouns qui les narguaient. Les mourabitouns cherchaient à s'assurer le contrôle complet du Musée, en repoussant les Français derrière les murailles de la Résidence des Pins. Ils auraient ainsi tout loisir de s'y fortifier avant que les miliciens d'Amal, appuyés par les joumblattistes ne viennent les en chasser. Plus de 400 civils au cours de la guerre avaient laissé leur vie en se rendant d'une zone à l'autre par ce passage, toujours dangereux et à nouveau battu par le tir des « snipers ». Une position stratégique de la plus haute importance que les Français s'étaient engagés à tenir afin que les deux villes puissent communiquer par ce cordon ombilical.

Mais que de convoitises suscitait ce passage ! Les mourabitouns devenaient de plus en plus nerveux. Vêtus d'uniformes dépareillés, jeans sous des vestes de parachutistes trop neuves, brandissant des armes de toutes provenances, ils cherchaient à s'imposer comme les maîtres du quartier de Barbir. Ils avaient collé, à la manière chiite, sur la tourelle d'un char incendié, des photos de leurs « martyrs », qui ressemblaient à tous les autres avec leurs yeux vides, leur barbe, à côté d'une effigie de Nasser dont ils étaient les seuls à se réclamer. Un vieux drapeau qui recouvrait une bien inquiétante marchandise : rackets, enlèvements, assassinats à la commande et extorsions de fonds. Fichées sur des pancartes, maintenues sur les buttes de terre rouge par des douilles de balles en guise de punaises, de grandes affiches de l'imam Moussa Sadr et de Khomeiny les encerclaient, les menaçaient déjà. Officiellement les mourabitouns se disaient sunnites ; mais les sunnites les récusaient. Ils n'étaient que cette écume que l'on voit apparaître dans les villes en état de crise, et que l'on chasse quand s'impose l'ordre, de quelque bord qu'il vienne.

— Ces abrutis, me dit un marsouin qui mettait dans le même sac miliciens chiites et nassériens, peuvent à tout moment se tirer dessus, sans se soucier des files de bagnoles chargées de femmes, d'enfants, débordantes de valises qui encombrent toute l'avenue. Un beau carnage ! Les chrétiens veulent tous se tailler à l'est, même sous les bombes plutôt que de rester livrés aux fantaisies de ces guignols.

« Mais regardez-les. En voilà qui rappliquent maintenant avec des bulldozers pour détruire les fortifications des copains ; ils finiront bien par se taper dessus au canon, s'ils n'amènent pas les chars, ceux qu'ils ont piqués à l'armée libanaise ou reçus des Syriens. Et qui prendra les coups venant des deux côtés ? Les civils, les femmes, les enfants et nous autres, les bons petits soldats de la paix.

« Nous sommes écœurés. La radio française qu'on écoutait tout à l'heure nous présente ces voyous, les assassins de quatre-vingts de nos copains qui ont essayé en décembre de nous faire sauter, comme nos nouveaux, nos gentils interlocuteurs. Et Mitterrand qui les félicite de leur bonne tenue ! Vous la voyez leur tenue ! Il les complimente de leur victoire ! Sur qui ? Sur l'armée régulière libanaise avec laquelle on nous avait dit que nous devions coopérer ? Ou sur nous ? Je vous dis, Monsieur, c'est à se flinguer. »

Son camarade avait renchéri en termes plus violents. Ils faisaient tous deux allusion à une déclaration du président de la république française, la veille devant la télévision et abondamment reproduite par les journaux, dans laquelle abandonnant à son sort l'État libanais et son président, François Mitterrand donnait la vedette à Nabih Berri, hier inconnu et dont on ne savait pas très bien qui tirait les ficelles. Il le félicitait du comportement « responsable de ses miliciens ». Comment ensuite s'étonner de la rogne et de la grogne d'officiers et de soldats ne comprenant plus rien à la politique fluctuante d'un gouvernement dont les uns tiraient à hue les autres à dia et qui d'heure en heure les inondait de recommandations et d'ordres contradictoires comme au Tchad où se manifestaient la même exaspération et la même colère.

Je me suis souvenu de cette réflexion d'un général connu pour son franc-parler :

— Les socialistes prêchent très bien la paix et font très mal la guerre. Mais on dirait qu'ils ne peuvent pas s'en passer. Hier, c'était l'Indochine, l'intervention à Suez, l'Algérie, aujourd'hui le Liban, le Tchad. Comme s'ils y prenaient plaisir et en même temps en avaient honte ! Alors ils trichent avec les mots. L'Indo devient une opération de pacification, l'Algérie, de maintien de l'ordre. Au Liban, on a trouvé les soldats de la paix. Pourquoi ne pas leur refiler un brassard blanc avec une croix rouge au lieu d'armes dont ils n'ont pas le droit de se servir ?

« De l'audace, toujours plus d'audace, disait Napoléon à ses grognards. »

« De la prudence, toujours plus de prudence, disaient les dirigeants français aux parachutistes du Liban. »

Pour en savoir un peu plus je demandai à rencontrer, sinon le général Datin, commandant le détachement français, au moins son porte-parole. J'attendis devant un portail obstinément fermé, étroitement surveillé par des soldats hargneux comme si je dissimulais une bombe sous mon manteau. J'étais habitué depuis l'Indochine, depuis l'Algérie, à ce genre de comportement. Les journalistes sont les boucs émissaires, sur lesquels les militaires passent leurs nerfs, parce qu'ils les ont sous la main, faute de pouvoir s'en prendre aux véritables responsables de leurs malheurs ou des situations impossibles auxquelles ils se trouvent confrontés. Ce n'est jamais très grave. On finit toujours par s'expliquer et parfois se comprendre. Enfin, un officier du SIRPA, des Services de l'information des armées, spécialement détaché à Beyrouth pour veiller au grain, se risqua jusqu'à nous. Il me déclara, qu'étant donné la situation (l'état d'esprit régnant parmi la troupe et les officiers ou le climat politique libanais ?), par un ordre exprès du ministre de la Défense lui-même, il était formellement interdit, du général au simple soldat, de s'entretenir avec des journalistes quels qu'ils soient.

J'aurais pourtant souhaité apprendre de la bouche des militaires français, sinon les causes du malaise qui régnait dans leur détachement, au moins les raisons qui, selon eux, avaient provoqué l'effondrement d'une armée libanaise dont trois mois plus tôt ils me vantaient l'allant, le dynamisme et le brillant avenir. Ils l'avaient vue à l'œuvre ces jours derniers et ne pouvaient ignorer les conditions dans lesquelles elle s'était débandée. Je fis quand même remarquer à mon interlocuteur combien les marsouins se gênaient peu pour exprimer leur opinion. Ils le faisaient si fort qu'on était obligé de les entendre. L'officier du SIRPA, malgré ses bonnes résolutions ne put s'empêcher de lâcher :

— Ils ne sont pas les seuls à penser ainsi.

Puis gêné d'en avoir trop dit, il rejoignit son bureau que j'imaginais entouré de sacs de sable. Par des précautions, des prudences poussées jusqu'au ridicule, par crainte des réactions de l'opinion publique, on avait transformé de jeunes soldats, appartenant à des troupes de choc, qui devaient être rapides, mobiles, acccrocheurs en mulots et en écrevisses de remparts. Ce qui les rendait non seulement inefficaces mais infiniment vulnérables, et de mauvaise humeur.

Perché sur son mirador, un soldat, de son arme, fait signe à Azoulay de circuler.

— Les photos sont interdites, dit-il.

Azoulay proteste :

— Des fois que l'ennemi apprendrait par nous les secrets de votre ligne de défense ? D'abord tu sais toi qui est l'ennemi ? Eh ! bien tu as plus de veine que nous.

Ils étaient encore 1500 soldats français parqués dans la résidence et le bois des Pins où ils avaient été regroupés, enterrés dans des tranchées de plus en plus profondes, coupés de tout. Ils n'étaient même plus reliés avec le port où nous tenions une petite enclave. Piégés ! Ils savaient qu'ils devraient bientôt partir, que le sacrifice de leurs camarades n'avait servi à rien, seulement de prétexte pour lâcher le Liban. L'Occident ne voulait plus se battre que pour assurer son bien-être, sa sécurité et de préférence en utilisant des robots, des computers, plus des hommes.

Bien avant que l'armée libanaise s'effondre, cet abandon était déjà inscrit dans les attentats qui quatre mois plus tôt avaient secoué l'Amérique et la France. Le 22 octobre 1983 au soir, les marines américains, rejoints par certains membres des équipages de la VIe flotte, avaient assisté à un concert de jazz donné par un groupe célèbre, le « Country Club » venu spécialement des États-Unis pour les distraire. Les marines occupaient un bâtiment de trois étages, en bordure de l'aéroport international, anciennement occupé par l'aviation civile et qu'ils avaient, par plaisanterie, baptisé le « Beirut Hilton ». La soirée s'était terminée assez tard et un certain nombre de marins embarqués, plutôt que de rejoindre leur bord, avaient préféré dormir sur place. Pour leur malheur.

Une compagnie de 96 parachutistes français, du 1er RCP et ses deux capitaines, occupaient, sur l'avenue de l'aéroport, près du carrefour de Bir Hassan, à quelques kilomètres au nord de la position américaine, un immeuble de neuf étages, le Drakkar, construit avec soin. On n'avait ménagé ni le béton ni l'acier. Les Français entretenaient de bonnes relations avec l'armée libanaise, et nos officiers de renseignement avec un 2e Bureau en général bien informé. Le 2e Bureau les avait prévenus qu'une action commune contre la Force multinationale, dans le but de l'obliger à quitter le Liban, avait été décidée en haut lieu au cours d'une réunion rassemblant à Damas les représentants des services secrets syriens, des conseillers du KGB, des dissidents palestiniens du groupe Habache et Hawatmeh, proches des communistes et certains mollahs chiites du nord du pays, d'obédience iranienne, chacun devant fournir son concours à l'opération. Un attentat était donc imminent. Par une autre source on avait appris qu'une certaine quantité d'explosifs était entrée à Beyrouth en provenance de la Bekaa, qu'occupaient les Syriens. Et qu'elle était entreposée dans la banlieue sud, aux mains des chiites. Les objectifs ? On les ignorait. Probablement une position facile à atteindre à partir de ces zones incontrôlées.

Les Américains n'avaient prêté qu'une attention distraite à ces renseignements, au contraire des Français qui avaient mis en état d'alerte leurs détachements. A l'immeuble Drakkar, les parachutistes avaient dormi tout équipés, l'arme à portée de la main. L'alerte avait été maintenue jusqu'à 6 heures du matin. Quand le jour s'était levé, on avait cru tout danger écarté. La majorité d'entre eux, à l'exception de l'encadrement, étaient des appelés qui avaient prolongé leur temps, de six mois, par crainte du chômage, parce que 6 000 francs par mois de solde en ces temps difficiles n'étaient pas à dédaigner parce qu'ils avaient vingt ans, que le voyage les tentait, un voyage qui leur permettait d'échapper à l'Hexagone, cette cage. Ils se trouvaient à l'aise dans ces unités où officiers, sous-officiers et soldats vivent, mangent, dorment ensemble, où l'on ignore la solitude, où l'on se croit meilleur parce qu'on porte un béret rouge que les anciens ont illustré et qu'on a sauté en parachute sans se casser la figure. Parce qu'il est quand même plus honorable d'être para à Beyrouth que de glander, en loubard, dans les banlieues sinistres des grandes villes. Ils étaient arrivés un mois plus tôt pour relever les bérets verts de la Légion étrangère qui les avaient mis au parfum à peu près en ces termes :

« Ici les gars, tout le monde tire sur tout le monde et sur nous par ricochet : les Syriens, les chiites d'Amal, les druzes de Joumblatt,... des gosses qui veulent se faire plaisir. Tout le monde ici possède une pétoire. Il n'y a qu'avec l'armée libanaise qu'on est à peu près tranquille. Mais des fois les réguliers visent si mal qu'on écope quand même. Alors faut se garer de tous les côtés ! C'est pas qu'ils nous en veulent tellement ces « rigolos », mais ça fait neuf ans qu'ils pratiquent ce genre de sport ; c'est devenu maladif, ils ne peuvent plus s'en passer. »

Les engagés du 1er RCP n'avaient ni l'entraînement ni le métier des légionnaires. Auraient-ils été mieux préparés à cette guerre, endurcis par plusieurs campagnes, que leur destin n'aurait pas été changé. Ils s'étaient habitués à cette existence de reclus, entrecoupée de gardes, de patrouilles — une vie de caserne mais où le danger rôdait. On ne savait jamais quelle forme il pouvait prendre : bombardement à partir de la Montagne, tir d'un sniper qui disparaît, grenade que l'on balance d'un toit, au pire voiture piégée que l'on abandonne devant la position. Ce genre d'existence pesait moins aux marines du « Beirut Hilton » habitués à vivre des mois entiers sur les bâtiments de la flotte. Prudents, ils avaient quand même dressé autour de leurs positions les défenses conventionnelles : chicanes, casemates, sacs de sable, et se croyaient suffisamment protégés.

L'attentat une fois décidé, l'objectif choisi en fonction de l'impact qu'il devait avoir sur l'opinion internationale, les spécialistes de Damas s'étaient attelés à la tâche. Du côté palestinien, des membres du groupe Abou Nidal, l'ennemi d'Arafat, dont on ne comptait plus les assassinats, à moins que ce ne soient les fidèles exécuteurs des missions spéciales des bureaux syriens, l'organisation de Bilal Hassou, maître terroriste de la Saïka. Ces techniciens, prenant leur temps, ne manquaient ni de moyens ni de complices. Ils vont étudier les objectifs qui leur ont été assignés : la base américaine des marines, une construction solide tout en longueur, et l'immeuble Drakkar, où sont installés les Français. Très habilement, ils vont habituer marines et paras à voir passer et repasser, les uns un « pick-up » qui se range habituellement dans le parking laissé libre devant le bâtiment, les autres une camionnette de fruits et légumes qui effectue des livraisons dans le voisinage.

La préparation de l'attentat durera plusieurs semaines. Pour venir à bout de ces deux bâtiments particulièrement résistants, on dut en appeler à de véritables ingénieurs, ou des officiers du génie militaire qui établiront leurs calculs en fonction de la résistance des matériaux de construction. Les enquêteurs pensent qu'ils eurent communication des plans des deux édifices, ce qui facilita leur tâche et leur permit en toute connaissance de cause de décider des charges et de la nature de l'explosif. Ces études préalables seraient le fruit d'une étroite collaboration entre des conseillers soviétiques et leurs homologues syriens ou palestiniens. Syriens et Palestiniens pouvaient, sans éveiller l'attention, se rendre sur place et examiner les deux immeubles. On imagine leur ahurissement en même temps que leur satisfaction quand ils eurent connaissance des surprenantes consignes des soldats de la « Force de paix ». Qu'on en juge : Interdiction de riposter, même menacé par une arme, tant que l'assaillant n'en a pas fait usage et seulement à la deuxième fois car il pourrait avoir tiré une première fois par inadvertance ; à condition encore qu'il ait manifesté l'intention bien précise de nuire personnellement à un membre de la Force multinationale ; défense de fouiller le coffre d'une voiture, même si elle s'arrête à côté d'une position menacée, même si on entretient des soupçons à son sujet. Il est interdit d'interrompre ou de gêner la circulation ; de stopper les véhicules, de fouiller dans un sac... Et pour les marines, afin d'éviter tout incident provoqué par la nervosité, défense aux sentinelles d'engager le chargeur de leur arme.

Les experts peaufinent leur plan. L'explosif utilisé sera l'hexolite, dont l'effet brisant est double ou triple du TNT, auquel aura été ajouté de l'exogène, un autre explosif à effet soufflant. Ce qui explique l'effondrement par pans entiers, comme un château de cartes des deux bâtiments, dont celui occupé par les marines, qui ne comportait que trois étages.

Le jour a été particulièrement bien choisi, un dimanche matin. Pour les Français, il est placé sous le signe de la détente. Selon une tradition héritée des légionnaires, le petit déjeuner prend des allures de fête et deux parachutistes, les premiers levés, vont en Jeep chercher des croissants à la villa des Dunes, le PC de leur unité. Ce qui leur sauvera la vie ainsi qu'au concierge de l'immeuble sorti prendre l'air et qui aurait été soupçonné si sa femme, ses quatre enfants et la belle-mère n'avaient été ensevelis sous les décombres. Au « Hilton » de l'aéroport, après la fête bruyante et prolongée de la veille, on dort et les sentinelles, qui attendent la relève, ont la paupière lourde. A quelques centaines de mètres d'eux, deux hezbollahis, deux sacrifiés d'Allah ont passé la nuit en prières. Appartenant au Mouvement de la Révolution islamique que dirige, sous le contrôle de mollahs iraniens, Hussein Moussaoui, ils viennent de Baalbek. Nabih Berri, le dirigeant d'Amal, prétendra qu'il n'a plus aucun contact avec Moussaoui, qu'il s'agit d'une organisation dissidente de la sienne. Beaucoup de Libanais qui connaissent et pour cause la carte du terrorisme affirment que ce mouvement qui se fait aussi appeler la Jihad islamique n'est que la face cachée, la face honteuse d'Amal comme Septembre noir et d'autres mouvements terroristes palestiniens l'étaient de l'OLP. Nabih Berri et Arafat utilisent les mêmes méthodes, pratiquent le même double jeu. Ce sera par le Mouvement de la Révolution islamique que l'on connaîtra les noms des deux martyrs, auteurs des attentats : Abou Mazen, 26 ans, Abou Dijan, 24 ans. Selon la tradition chiite, leurs photos seront placardées jusque sur les ruines romaines de l'antique Héliopolis.

Vêtus de blanc pour l'ultime sacrifice car le blanc est la couleur de la mort et du martyre, le front ceint d'un bandeau rouge où sont inscrits des versets du Coran, les deux « sacrifiés » ont été conduits par un mollah jusqu'à leurs véhicules respectifs bourrés d'explosifs, quelques minutes avant l'heure fixée. Leurs objectifs ne sont pas très éloignés du quartier où ils ont été hébergés et ils n'auront à parcourir avec le camion et la camionnette que quelques centaines de mètres. Les sentinelles américaines et françaises ont l'habitude de les voir passer et repasser à cette heure matinale, l'heure des livraisons. Pendant une semaine, ils ont soigneusement répété tous les gestes qu'ils devaient accomplir, ils ont reconnu le trajet qu'ils devaient effectuer. Ils ne peuvent pas échouer.

La base des marines saute à 6 h 20. Il semblerait que le marine de garde n'ait prêté qu'une attention distraite à ce truck qui régulièrement quitte le parking, longe les barbelés et les sacs de sable, dépasse la barrière qui permet d'accéder à la base. Il n'aura même pas le temps d'ouvrir le feu quand brusquement le truck, au lieu de poursuivre sa route, braque, enfonce la barrière et s'écrase sur le bâtiment.

A l'immeuble Drakkar, soldats et officiers se précipitent au balcon. Un des survivants, le caporal Ludovic Laloue, dira :

— On venait juste de se réveiller quand on a entendu une explosion sourde mais très forte : c'étaient les Américains qui sautaient. Je suis sorti avec des copains sur le balcon pour voir d'où ça venait. A partir de ce moment-là, c'est le trou noir le plus complet. Je me souviens seulement d'un grand bruit assourdissant, d'un grondement comme un tremblement de terre, ensuite plus rien.

Le parachutiste qui défendait l'entrée du garage souterrain a-t-il été distrait par l'explosion et pour se rendre compte, a-t-il abandonné un instant son poste ? Quand il aperçoit la camionnette qui fonce sur l'immeuble, il est trop tard. Selon un survivant, il aurait cependant eu le temps de vider son chargeur. La camionnette s'enfourne dans le sous-sol et explose. Il est 6 h 23. La confusion est telle, sur les deux bases, que les corps des deux capitaines français, projetés de leurs balcons comme des fusées, ramassés par des sauveteurs libanais, seront retrouvés dans une base américaine en Allemagne où, pris pour des marines, ils avaient été envoyés afin d'être identifiés.

58 morts, 20 blessés français. Le bilan est lourd. Plus encore chez les marines : 240 morts.

Commentaire de Claude Cheysson :

— La France n'a pas l'habitude de céder sous la pression mais nous devons nous poser la question de savoir si le rôle militaire de notre force est véritablement nécessaire.

Cette déclaration intempestive a au moins le mérite d'être claire. Elle implique le départ des Français de la Force multinationale. Pour Damas, elle sonne comme un bulletin de victoire. Les mises au point qui suivront, qu'elles émanent du président de la république ou du Premier ministre, affirmant que nous ne quitterons pas le Liban, que nous n'en avons pas le droit, n'en sonnent que plus faux.

En Israël on ne s'y trompe pas. Ben Porath, correspondant de *Paris Match,* câble :

« Nous estimons, ici, que les États-Unis et la France n'ont pas d'autre objectif que de quitter le Liban la tête haute. Une soi-disant réconciliation nationale fera l'affaire, même si les Syriens gouvernent le pays par personne interposée. Dans un tel cas, le double attentat de dimanche aura tragiquement atteint son but et l'Occident, une fois de plus, se sera comporté comme un tigre de papier. »

Quand j'arriverai à Beyrouth, trois jours plus tard, des Libanais m'affirmeront, tant ils le souhaitent, que désormais notre union était scellée dans le sang. Comme si le sang pouvait sceller quelque chose ! Les abandonner ce serait nous renier et renier nos morts. Comment les détromper, moi qui ai assisté à tant d'abandons ? Et les morts n'y ont rien changé !

Le cheikh Hussein Moussaoui, s'exprimant de Baalbek par crainte des représailles nie, contre toute évidence, être le responsable direct de l'attentat. Mais il ne pourra s'empêcher de se contredire dans une autre déclaration :

« Je proclame haut et clair que le double attentat de dimanche est un acte valable. Et je salue bien bas l'héroïsme des kamikazes, quels qu'ils soient ; ils sont maintenant sous la protection du Tout-Puissant et de ses anges et jamais les Américains et les Français ne pourront les identifier. »

Alors pourquoi avoir donné leurs noms dans un précédent communiqué. Les deux sacrifiés ont été, semble-t-il, hébergés à Hey Selloun, un quartier chiite de la banlieue sud de Beyrouth qui échappe à toute autorité. On y entre, on en sort comme dans un moulin. Aucun contrôle des véhicules ou des personnes venant du nord du pays, zone tenue par les Syriens. Hey Selloun présentait en outre l'avantage d'être proche des deux objectifs qui avaient été choisis.

1000 kilos du redoutable explosif ont été introduits à Beyrouth, 700 utilisés dans le double attentat. 300 kilos circuleraient encore à bord de deux camions ou de deux camionnettes. Fausses rumeurs comme il en circule en pareille occasion ? Pas seulement. L'un de ces camions-pièges explosera en décembre à côté de la Résidence des Pins, causant surtout des dégâts aux maisons voisines. Le second prendra la route du Sud-Liban et, malgré tous les contrôles israéliens, il franchira les ponts de la rivière Awali et poursuivra jusqu'à Tyr où il détruira un QG de l'armée israélienne.

Avec l'utilisation des camions-suicide conduits par des hezbollahis, des fous de Dieu, le terrorisme prenait soudain une nouvelle dimension. J'ai voulu connaître les réactions des officiers et des soldats français. Tous, à peu de choses près, m'ont répondu :

— Contre ce genre de terrorisme, on ne peut rien sauf se laisser entraîner dans la guerre des terroristes et on n'est pas là pour ça, pour recommencer à Beyrouth la bataille d'Alger. Mais ce n'est pas une raison pour foutre le camp. Nos 58 camarades sont peut-être les premiers morts de la Troisième Guerre mondiale qui ne sera pas forcément un affrontement nucléaire mais une série d'actions terroristes de ce genre. Autant nous y préparer.

Pourtant, on partira par peur d'être engagé plus avant dans une forme de conflit qui déplaît à tout le monde et où les armes les plus perfectionnées ne servent à rien. Pourquoi sont morts les parachutistes français et les marines américains ? Pour nous obliger à foutre le camp en jouant de nos faiblesses.

— On connaît aujourd'hui la tête qui a décidé de l'attentat, le bras qui l'a organisé, la main qui a frappé, m'a dit alors le général Cann, commandant le détachement français. Les noms, à vous de les trouver, mais le but a été atteint.

A côté de la carcasse de l'hôtel Saint-Georges, symbole de l'ancienne Beyrouth où, jusqu'en 1975, la vie était si douce, si insouciante, sur une large terrasse, au-dessus des magasins aux vitrines effondrées, aux rideaux de fer arrachés, avec la mer derrière, dans la claire lumière de l'aube, alors que la ville n'était pas encore réveillée, en silence, une compagnie de paras, une cinquantaine de bérets rouges français, s'était alignée. Au large se profilaient les masses grises des bâtiments de guerre américains, français, italiens avec leurs canons, leurs missiles, leurs chasseurs bombardiers et leurs Étendard.

Mais ils ne servaient plus que de morgues ou de navires-hôpitaux. Car on savait qu'ils n'interviendraient pas, même après le massacre des 300 marines et paras français, même si personne n'ignorait plus qui avait frappé, qui avait organisé, qui avait décidé l'attentat.

A moins de quatorze kilomètres du centre de Beyrouth, dans la région d'Aley et dans le village de Dhour-Choueir, une quarantaine de conseillers soviétiques venaient de s'installer. Ils procédaient à la mise en place de rampes de fusées, ils réglaient les tirs d'artillerie. Ils ne se cachaient pas, bien au contraire ; en tenue, à Dhour-Choueir, ils venaient de jouer au baby-foot dans un café, situé sur la place du village avant de rejoindre leur base, une villa dont les habitants chrétiens avaient été chassés. Des obus syriens, tirés par des canons soviétiques, continuaient à pleuvoir sur Beyrouth malgré les cessez-le-feu sans cesse proclamés et sans cesse violés. On continuait à se battre d'une rue, d'un immeuble à l'autre, le jour, la nuit. On s'affrontait durement dans la Montagne entre druzes, armée libanaise, phalangistes, chiites, entre Syriens, Palestiniens, communistes, Parti populaire syrien, bandes sorties de l'ombre qui changeaient sans cesse de noms, gamins aux yeux vides qui ayant acquis, volé ou reçu une Kalachnikov, tenaient à s'en servir.

Le drapeau français était lentement monté face à cette Méditerranée qui avait été si longtemps « notre mer », qui risquait de ne plus l'être ou de se transformer en champ de bataille. Un capitaine raidi avait fait présenter les armes. « A nos morts », avait-il dit. Puis ce fut le silence, un long silence à peine troublé par le doux ressac de la mer jusqu'à ce qu'éclate, chantée par cette cinquantaine de garçons, une étrange *Marseillaise* au rythme poignant, scandée comme un chant de marche de la Légion et qui n'avait rien des accents exaltants de l'hymne des soldats de l'an II.

Dans la ville encore endormie, sans témoins, loin de tous les fastes militaires de toutes les cérémonies officielles, loin des projecteurs, des éclairs, des flashes sur les cercueils alignés, des défilés de présidents, de ministres venus se dédouaner ou ramasser des voix, de généraux en quête d'étoiles, loin des déclarations embarrassées des hommes politiques, rien qu'entre eux, ils rendaient hommage à leurs 58 camarades à qui l'on avait confié une mission impossible, absurde en leur interdisant de se défendre.

De toutes les cérémonies, de tous les discours que j'ai entendus, où chacun refusait d'avouer la vérité, que les assassins étaient à Beyrouth, qu'on les connaissait et qu'on ne pouvait rien contre eux, celle-là fut la plus digne. D'instinct, cette poignée de bérets rouges, aussi désemparés que l'avaient été leurs camarades d'Indochine et d'Algérie, jetés dans des guerres qu'ils savaient perdues, que l'on souhaitait parfois perdre, renouaient avec les rites des bataillons perdus de Dien Bien Phu, des grandes compagnies d'Algérie. Alors, se sachant lâchés, souvent couverts d'opprobre, les parachutistes ne se battaient plus que pour une certaine idée qu'ils s'étaient faite d'eux-mêmes de leur honneur, par solidarité à cause du lien d'amitié, qui, du simple soldat au colonel, les unissait.

Pas la peine de leur expliquer comme à leurs aînés pourquoi leurs camarades étaient morts. Ils ne le savaient que trop. Ce n'était pas pour défendre la paix alors que les balles sifflaient au-dessus de leurs têtes, qu'ils vivaient au rythme des éclatements d'obus et de mortiers et qu'ils n'avaient que le droit de s'abriter derrière leurs sacs de sable sans intervenir, en attendant que ça finisse. Ils étaient pris dans le même dilemme absurde que leurs anciens des combats parfois gagnés et des guerres toujours perdues. Partir, ils en convenaient, c'était se déshonorer. Rester dans le cadre de la mission qu'on leur imposait, c'était servir d'otages. Le piège infernal s'était refermé sur eux.

Un régiment de hussards parachutistes, équipé d'automitrailleuses légères et disséminé dans les bois, en bordure du camp de Chatila, de sinistre mémoire, servait de tampon entre l'armée libanaise qui tenait, à quelques centaines de mètres d'eux, une série d'immeubles à moitié écroulés, et les milices chiites maîtresses des camps et d'immeubles hérissés du sinistre drapeau noir de Khomeiny. Des obus, des roquettes passaient au-dessus de leurs têtes et, quand ils s'égaraient vers leurs tentes ou leurs abris, ils ne pouvaient que demander aux deux adversaires de mieux ajuster leur tir.

Mais pas de s'arrêter ; surtout pas. Ça dépassait le cadre de leur mission. Ils venaient d'apprendre que tout à côté, à portée de mitraillettes, on avait préparé l'attentat contre leurs camarades, que la camionnette de marchand de fruits et légumes qu'on avait utilisée y avait été bourrée d'explosifs. Ils n'avaient pas le droit de bouger.

Au 3e RPIMA, l'ancien régiment de Bigeard, on creusait des trous, on remplissait des sacs de sable. On avait barré l'entrée par un vieux char soviétique récupéré et remis en état. Et on énumérait, avec une ironie grinçante, les consignes qui avaient été imposées et relevaient toutes du Père Ubu. Si elles n'avaient pas coûté la vie à 300 hommes, elles n'auraient probablement jamais été révisées.

Au moment où la Force multinationale boucle ses valises, on peut enfin établir le bilan de ses dix-huit mois de présence au Liban. Pas très brillant ! Elle avait été mise sur pied en août 1982 pour s'interposer entre l'armée israélienne et les Palestiniens qui évacuaient Beyrouth ! Puis, elle avait reçu pour consigne de protéger les camps de Sabra et Chatila qui ne risquaient plus grand-chose après le sanglant massacre qui avait suivi l'assassinat de Bechir Gemayel. D'autant que les chiites du sud avaient souvent remplacé les Palestiniens.

Le ministère français de la Défense nationale publia un communiqué où il rendait compte de l'intervention de nos sapeurs. 51 hectares avaient été déminés, 16 400 mines et obus non éclatés avaient été désamorcés, 56 kilomètres de routes, de rues avaient été rendus à la circulation, 14 bâtiments qui menaçaient de s'écrouler, abattus, 1 500 tonnes de munitions et 725 armes récupérées dont on avait fait don à l'armée libanaise.

Sur le reste, on se montrait plus discret, comme sur notre intervention, la seconde, pour sortir du pétrin Arafat et ses derniers fidèles avec qui, à Tripoli, les Syriens voulaient en finir.

On continue encore à s'interroger sur les véritables motifs de cette action qualifiée d'humanitaire qui déplut fortement à Jérusalem et à Damas mais qui avait été souhaitée par la Russie. Liée par un traité avec la Syrie, elle ne pouvait agir directement. Aurions-nous servi de relais ?

Nos officiers et sous-officiers s'employèrent de leur mieux à former une brigade héliportée libanaise qui n'eut jamais d'hélicoptères, à entraîner les conducteurs d'automitrailleuses et de chars légers sur des modèles dont ils ne disposaient pas. Le résultat, je l'avais sous les yeux : plus d'armée libanaise.

Cette armée avait éclaté parce que nous n'avions jamais cru en elle, ni pris le risque nécessaire, au lieu de jouer les Ponce Pilate entre les factions rivales, de l'appuyer de toutes nos forces comme le faisaient Russes et Syriens avec leurs partisans. Notre seule réaction à l'attentat contre nos soldats fut le bombardement d'une caserne vide à Baalbek, à la date choisie par François Mitterrand, en fonction d'une émission télévisée à laquelle il participait. A pleurer !

En fin de matinée, après nous être perdus dans les encombrements de Beyrouth, à croire que tout le monde voulait quitter la ville, nous avons pu déboucher sur la route de la côte qui file vers le Sud où, disait-on, miliciens d'Amal et druzes joumblattistes venaient d'effectuer leur liaison.

C'est ainsi que j'assistai au départ des marines, à Green Point, un wharf solidement tenu où les Américains débarquaient les équipements, les armes et les munitions de l'armée libanaise, et leur propre approvisionnement. Le contingent américain ayant amorcé son redéploiement sur les bâtiments au large, et l'armée libanaise se trouvant en pleine déconfiture, Green Point n'avait plus aucune raison d'exister. Les marines pliaient bagages avec cette compétence, ce souci de l'ordre et du travail bien fait des armées de métier quand les événements ne les pressent pas trop. Dans des barges qui effectuaient la navette avec les bâtiments de la VIe flotte croisant au large, ils entassaient tout leur matériel depuis le bulldozer, le camion-grue jusqu'aux caisses de rations, aux machines à écrire et aux cantines des officiers. Faute de n'avoir pu remplir leur mission ils s'efforçaient de partir proprement, comme des pique-niqueurs du dimanche soucieux de l'environnement et ne laissant pas traîner de papier gras.

Un jeune marine au visage vide, portant un casque orné de feuillage en plastique et gilet pare-balles, semblait n'avoir pour unique mission que d'interdire à une chaîne de télévision américaine de filmer ce rembarquement aux allures d'exercice. Un départ qui ressemblait fâcheusement à un autre que j'avais vécu à Saigon, le désordre et la précipitation en moins. Comme à

Saigon, ce départ avait été négocié. Mais, au Liban, ça s'était mieux passé ; à Saigon, les Viets n'avaient pas tenu parole.

Peu avant j'avais assisté à l'entrevue réglant ce délicat problème entre Nabih Berri, responsable officiel du mouvement Amal qui tenait boutique près du Musée, et Reginald Bartholomew, ambassadeur des États-Unis, qui lui avait rendu visite. L'ambassadeur était un homme gris, sec, aux lunettes d'acier, au visage impassible de joueur de poker bien élevé qui vient de prendre une culotte.

Nabih Berri, avocat volubile, s'étalait avec complaisance dans son fauteuil, le visage réjoui, n'en revenant pas encore de son étonnante ascension, de l'importance qu'il prenait soudain sur la scène internationale. Il était prêt à s'entendre avec tout le monde. Demain, on le lui avait laissé entendre, il serait reçu à l'Élysée ; après-demain peut-être à Washington. A moins que, dépassé par ses extrémistes, il ne représentât plus rien. Hier, on l'accusait de l'assassinat de 300 marines, de 88 parachutistes français. Par la grâce d'un destin goguenard et cynique, il était devenu aujourd'hui l'interlocuteur privilégié de l'Occident.

Les miliciens chiites, maîtres du terrain, assistaient, indifférents, à l'embarquement des troupes américaines. Ils attendaient que les marines aient descendu le drapeau étoilé pour coller sur les sacs de sable les effigies barbues de l'imam Khomeiny et de l'imam Moussa Sadr.

A deux heures de l'après-midi, tout était terminé.

A Beyrouth, les Italiens rassemblaient leurs véhicules blindés peints en blanc comme des camions de laitier et, le cœur serré, promettaient de revenir. On affectait de les croire. Les Libanais, même dans le malheur, restent toujours d'une extrême politesse.

Passage rapide à l'hôtel Cavalier où je suis descendu.

Je surprends cette conversation entre journalistes.

— Dans la Montagne, dit l'un, on vient de découvrir un charnier. Deux cents druzes massacrés par les chrétiens.

— Vite, une bagnole ! dit l'autre. Quel titre !

Un troisième intervient :

— Ça ne vaut pas le dérangement. Les victimes ne sont pas des druzes mais des phalangistes.

Et comme pour s'excuser :
— Après tout, ils n'avaient qu'à pas aller dans le Chouf.

Je patouille dans tous ces événements au point d'être aussi déboussolé qu'un téléspectateur parisien que l'on bombarde d'images sans lui en expliquer la chronologie et le sens.

Je passe par l'Agence France-Presse. Xavier Baron, le chef de poste m'aidera certainement à remettre de l'ordre parmi toutes ces nouvelles vraies, fausses, contradictoires qui se mélangent dans ma tête.

Xavier Baron est l'un des correspondants les mieux renseignés de Beyrouth et il est à bout de forces. Lui aussi va quitter ce Liban qui était devenu sa seconde patrie. Il avait été la meilleure, la plus honnête source d'information sur les Palestiniens, et il n'y avait plus de Palestiniens. Les chrétiens libanais qu'il connaissait bien pour être marié à une maronite n'intéressaient plus personne. Pour sacrifier à la mode et au pouvoir, on n'en tenait que pour les « socialistes » druzes de Walid Joumblatt et les « socialistes » chiites de Nabih Berri. Les druzes ne constituaient que 8 % de la population et suivaient Joumblatt par fidélité tribale. Les chiites étaient tournés vers l'Iran et Khomeiny quand ils n'avaient pas été pris en main par les communistes.

— J'ai bien peur que nous assistions à la fin du Liban, me dit-il en caressant songeur son visage maigre. A moins de se comporter en vassaux obéissants des seigneurs alaouites de Damas, d'accepter de passer de l'influence américaine sous l'influence soviétique, les chrétiens ne pourront plus s'en sortir par leurs habituelles contorsions ; et la situation des musulmans, surtout des sunnites, ne vaut guère mieux. Les sauveteurs américains et occidentaux, en qui résidaient tous leurs espoirs, larguent les amarres, rapatrient leurs contingents et regagnent la haute mer. Place aux naufrageurs. Vois comme ils accourent.

Il me montra les téléscripteurs qui ronronnaient.

— Il te suffira de jeter un coup d'œil sur les dernières dépêches.

Discrètement, par le biais « d'une source autorisée », Washington faisait savoir que le gouvernement américain n'envisageait pas de se battre pour sauvegarder l'accord israélo-libanais auquel il semblait tellement tenir, il y a peu de jours encore. Feu vert était donné à Amin Gemayel pour dénoncer ledit accord et s'entendre avec les Syriens. Reagan avait longuement reçu le roi Hussein de Jordanie et le président égyptien Hosni Moubarak afin de les assurer, malgré le lâchage du Liban, que la détermination américaine restait entière. L'Égypte était signataire des accords de Camp David, la Jordanie envisageait de s'y joindre, si le Liban, ayant fait la paix chez lui, en devenait le troisième partenaire. Ils devaient ce jour-là, sous les lambris de la Maison Blanche, s'interroger sur ce que valait la parole de l'Amérique et de son président tout spécialement en période pré-électorale.

A Baabdad, le président Gemayel réaffirmait avec force les propos qu'il m'avait tenus deux jours plus tôt ; il ne démissionnerait pas. Il s'étonnait du lâchage de François Mitterrand qui pourtant paraissait bien l'aimer. Mitterrand ne savait plus à quel saint ou quel diable se vouer. Comme les Italiens et les Anglais, il n'avait prévu aucune politique de rechange, rien que suivre l'Amérique. Comprenant que l'intervention américaine au Liban se soldait par une faillite, il s'efforçait de s'en dégager pour ne pas trop perdre la face. Les amitiés en politique ne valent qu'autant que valent les événements et Amin Gemayel faisait les frais de la manœuvre.

Déjà, dans ce souci de désengagement, le gouvernement français n'avait pas hésité à marquer sa désapprobation lors des bombardements navals américains sur les positions des Syriens et de leurs acolytes, alors qu'au même moment les batteries syriennes expédiaient des obus de gros calibre sur les positions françaises, sur la présidence de la république et sur la résidence de notre ambassadeur. Lequel n'avait pas suffisamment de mots pour remercier les artilleurs américains d'avoir obligé les Syriens à interrompre leur pilonnage ! François Mitterrand n'aurait même pas été prévenu de la décision du retrait de ses troupes prise en quelques heures par Reagan. Il en aurait été extrêmement mortifié, alors qu'il s'efforçait de ménager la chèvre et le chou, en faisant appel aux Casques bleus. Mais Reagan, pressé de toutes parts, avait tranché.

Dans la salle de presse mise à la disposition des journalistes par le ministère de l'Information et restée ouverte par miracle, je tombe sur ce général druze Nadim el Hakim qui lâcha l'armée libanaise pour ne pas avoir à combattre ses coreligionnaires.

Un traître ? L'est-il vraiment ? Est-il possible de trahir un gouvernement qui n'existe plus, alors que ceux qui le soutenaient à l'intérieur comme à l'extérieur lui déniaient toute crédibilité ? Est-ce déserter que de refuser de servir dans une armée qu'on estime dominée par une confession — les chrétiens — aux dépens d'une autre — la sienne, cohérente, soudée par des alliances familiales, des rites secrets dont toute son existence est imprégnée.

Nous touchons là au drame du Liban. Installé dans un confessionnalisme qui arrangeait tout le monde, il n'a jamais pu, il n'a jamais voulu devenir une nation appuyée par une armée, une administration, une police, tenues à l'écart des querelles confessionnelles.

Les coupables ? Tous les Libanais.

Le général m'affirme n'avoir pris les armes ni contre ses camarades ni en faveur de Joumblatt. Il est resté neutre ; ce qui lui vaut aujourd'hui de conserver de bons contacts avec tout le monde et d'avoir en charge le ravitaillement de Beyrouth.

Je lui promets en moi-même un grand avenir. Il deviendra le commandant en chef d'une armée libanaise qui ressemblera à la garde suisse du Vatican, et ne gênera plus personne. Ou un excellent intermédiaire dans les milieux d'affaires.

Je me suis toujours fait une autre image des soldats.

Autre cas de trahison, si ce mot dans un tel contexte pouvait avoir un sens. Pour les mêmes raisons que le général druze, son appartenance confessionnelle, le colonel Losti Jaber, commandant de la 6e brigade se rallia à Amal. Il vient de lancer un appel solennel à ses soldats afin de leur demander de rejoindre leur unité « sous peine... d'engager leur responsabilité ». Ah ! qu'en termes prudents ces choses-là sont dites !

Nabih Berri l'a chargé d'assurer, avec ses troupes, la sécurité du secteur musulman où déjà prolifèrent bandes et organisations diverses, au grand détriment de la population. Encore une mission impossible car ses soldats ont trouvé d'autres maîtres.

Nabih Berri qui joue de plus en plus les chefs d'État souhaiterait rassurer les chrétiens et les étrangers qui font leurs bagages. Mais les chrétiens ne sont-ils pas devenus des étrangers dans ce Beyrouth ouest syro-islamo-progressiste ? Ne sont-ils pas les vaincus entraînés dans la même défaite que l'armée régulière, les

Forces libanaises, l'État représenté par Amin Gemayel et l'Occident dont ils se réclamaient ?

Les chrétiens vont-ils rester à Beyrouth ouest ? J'interroge certains d'entre eux, des commerçants qui bradent leur stocks, des avocats qui n'ont plus de clients dans une ville où il n'y a plus de justice, des médecins qui manquent de médicaments, de sang pour les transfusions, qui ont été chassés de leurs cliniques par des « éléments incontrôlés » qui s'y sont installés, des professeurs dont les écoles, les universités resteront fermées, et qui reçoivent chaque jour, chaque nuit des menaces de mort afin de les obliger à partir.

On n'a plus besoin d'eux. Allah pourvoira au reste.

Tous ne pensent qu'à partir. Le seul problème : comment se loger à l'est ? Les chrétiens ne croient pas aux promesses qui leur sont prodiguées. Ils redoutent surtout l'arrivée des druzes de Joumblatt pour qui un bon chrétien est un chrétien mort. Les colonies étrangères se replient. Trente Belges s'embarquent pour l'Europe, l'ambassade du Canada conseille à ses ressortissants de se réfugier dans des régions plus sûres soit à l'intérieur (Beyrouth est) soit à l'extérieur du pays et propose de prendre en charge leur évacuation.

Le palais Bustros qui est notre Quai d'Orsay annonce fièrement qu'aucune chancellerie étrangère n'a décidé de fermer définitivement ses portes à Beyrouth, bien que certaines ambassades se soient vues contraintes de transférer provisoirement leurs locaux à Chypre ou en Grèce, en attendant que la situation s'améliore.

Comment ne pas penser aux derniers jours de Saigon ?

Une seule différence mais de taille. La piastre indochinoise s'est effondrée en quelques jours ; la livre libanaise n'accuse qu'un léger fléchissement. Signe que le dieu Baal veille toujours sur sa cité.

J'apprends de la bouche d'un commerçant d'Hamra que les combats ont repris place des Canons, comme en 1975, comme en 1976. Les commandos héliportés de la 10e brigade s'en sont assuré les deux côtés mais les milices chiites se sont solidement retranchées dans la partie nord. Miliciens et commandos sont à portée de voix et s'insultent avant de se tirer dessus ou de se balancer des grenades.

Comme je réclame plus de détails, le commerçant s'étonne :

— Vous êtes tellement attaché à cette place des Canons ? Ce ne sont plus que des ruines où pousse l'herbe.

— Peut-être, mais je vais vous révéler une prophétie. Tant que la place des Canons ne sera pas entièrement reconstruite et restaurée, avec ses souks, ses cinémas, ses cafés, avec ses arcades, qu'elle ne sera pas habitée par des chrétiens, des musulmans, des druzes, des Arméniens, jouant comme avant au trictrac, concluant des affaires et roulant gentiment les touristes, jamais le Liban ne connaîtra la paix. Aussi est-ce la raison pour laquelle le milliardaire séoudien Rafic Hariri, qui connaît lui aussi cette prophétie, dépense des millions de dollars à la reconstruire.

Le Libanais me demanda de quel Nostradamus oriental je tenais cette prédiction. Je posai un doigt sur mes lèvres et je m'éclipsai. Je venais de l'inventer à son usage pour me faire pardonner ma curiosité. Mais voilà qu'à mon tour j'y croyais.

Avec Claude Azoulay, nous avons servi d'escorte à V... Parce qu'elle était chrétienne, bien qu'elle fût d'un secours précieux à tous les journalistes, qu'elle ne servît aucune cause sauf celle de son pays, on avait décidé de la tuer alors qu'elle se rendrait de son bureau à l'hôtel Cavalier où elle avait été obligée de s'installer après avoir quitté son appartement. Quelques centaines de mètres à peine les séparaient, mais avec des zones d'ombre. Aucune lumière. Assassiner une chrétienne ? Qui s'en soucierait ? Flinguer deux journalistes posait plus de problèmes.

On nous laissa en paix. Plus tard, la même voix mystérieuse qui l'avait prévenue lui apprit qu'elle ne risquait plus rien. Mais elle savait, malgré son obstination, bien qu'elle refusât de se laisser enfermer dans un ghetto, qu'elle serait obligée, si elle voulait survivre, de rejoindre les siens, les chrétiens et le territoire qui leur avait été concédé dans cette partition de fait.

J'assiste, le cœur lourd, à la seconde débâcle de la grande Amérique, le Liban après le Vietnam, et dans les mêmes conditions, — parce qu'elle paie le luxe de rester une vraie, une authentique démocratie. Qui disait donc que l'histoire ne se répétait pas ?

En 1975, Ford, président des États-Unis, avait renié des engagements, pris par écrit de son prédécesseur Nixon, au nom du peuple américain qui l'avait légalement élu. Il s'engageait auprès du président de la république du Sud-Vietnam, Thieu, si les Nord-Vietnamiens attaquaient en force le Sud, de faire intervenir son aviation.

Les Nordistes lancèrent à découvert leurs divisions blindées équipées de chars soviétiques et d'une DCA imposante mais déjà périmée. Une intervention de l'aviation américaine les aurait écrasés, d'autant que l'US Air Force possédait déjà les systèmes de brouillage des fusées Sam qui firent merveille contre les batteries syriennes. Ford laissa mourir Saigon.

Reagan, après lui, venait de renier ses engagements au Liban et c'était plus grave encore.

Au contraire du Vietnam, l'Amérique trouva au Liban l'appui de ses alliés, la France, l'Angleterre, l'Italie tant ces pays jugeaient cette intervention nécessaire et sans grands risques.

Les Américains disposaient de nombreux partisans, les chrétiens, les musulmans lassés des exactions des Palestiniens qui se disaient les tenants d'une révolution de type soviétique. Tous les Libanais à quelque confession qu'ils appartiennent souhaitaient le retour à une forme de prospérité bannie des régimes totalitaires. Ils voulaient la paix, même au prix d'importantes concessions mutuelles.

Israël appuyait Washington du poids de son armée, l'une des mieux entraînées du monde, de ses services secrets si efficaces qu'ils avaient infiltré toutes les organisations libanaises et palestiniennes.

Les adversaires des États-Unis, en terme de boxe, ne faisaient pas le poids : la Syrie vaincue militairement par Israël en vingt minutes, déchirée intérieurement, aux mains d'une secte que l'Islam disait païenne, les alaouites, d'un parti laïque, le Baas, dans un pays qui se voulait le cœur palpitant de l'Islam. Le soutien qu'apportaient les Soviétiques au régime n'était pas sans réticences. Hafez el Assad n'avait jamais caché qu'il préférait l'Amérique et l'Occident aux Russes.

Les Palestiniens, devenus par leurs maladresses indésirables, avaient provoqué vis-à-vis des organisations progressistes qui les soutenaient un sentiment de rejet.

Stratégiquement, l'Amérique disposait de tous les atouts : Israël était maître du ciel, la VIe flotte appuyée par les flottes alliées, maîtresse de la mer. Assad était un politicien pragmatique, qui rejetait les idéologies mais qui se pliait aux faits. S'il avait été persuadé, et il le fut un moment, que les États-Unis étaient décidés à poursuivre leur politique de fermeté au Moyen-Orient, même en payant le prix, pour ne pas tout perdre et participer au règlement final, il aurait transigé. Il n'en était plus à un changement d'alliance près.

C'est alors qu'intervinrent les sorcières de Moscou. Agitant leurs mixtures et leurs philtres, consultant leurs augures, leurs espions et leurs agents d'influence, elles vaticinèrent, prédisant à Assad que le peuple américain et le Congrès étaient mal guéris du Vietnam qu'il suffirait d'un rien, quelques centaines de morts, pour qu'ils obligent le président à renoncer à sa politique. Et elles lui offrirent de lui en fournir la preuve.

Cette preuve, ce sera le double attentat d'octobre 1983. Il avait pour premier objectif moins le rapatriement de la Force multinationale que de démontrer aux Syriens, aux Libanais et, par-delà eux, à tous les pays arabes que l'Amérique, avait cessé d'être un allié crédible, que le Congrès prendrait n'importe quel prétexte exploitable devant l'opinion publique pour exiger le rapatriement des marines. D'où le soin qui fut apporté à l'exécution de l'attentat et le choix des objectifs. Quitte à bouleverser tous les plans de Reagan, en l'obligeant à lâcher ses alliés libanais, à inquiéter Israël ainsi que les États modérés du Golfe, les émirats, l'Arabie Séoudite. Sans compter les nations libres d'Europe.

Le Congrès obtint en trois mois le retrait des « boys », mais à quel prix, en faisant planer un doute sérieux sur la capacité de résistance de l'Amérique aux visées soviétiques dans le monde.

L'URSS venait de remporter à Beyrouth une immense victoire après avoir frôlé la défaite. Elle avait démontré que la grande Amérique n'était plus qu'un de ces joueurs aux réflexes enfantins prêt à abandonner la partie quand il aperçoit la silhouette grondeuse de la « Mam' » en l'occurrence le Congrès, qui, du geste l'invite à rentrer à la maison. Alors, même gagnant, il abandonne la mise sur le tapis vert.

Je me suis souvenu de la petite phrase de l'épouse du président libanais quand je la quittais :

— Les Russes, eux au moins, restent fidèles à leurs alliés.

Feuilletant les journaux dans ma chambre, espérant y découvrir quelques raisons d'espoir, je tombai par hasard sur un entrefilet du *Réveil*, l'organe proche des phalangistes. « L'expert militaire de l'Armée libanaise a désamorcé hier un obus de 81 mm près du restaurant L'Oriental à Badaro, une roquette de type GRAD à Sim-el-Fin et un obus de 130 mm à Achrafieh. »

Je voulus en savoir plus sur cet « expert » qui promenait ses compétences d'un bout à l'autre de la ville.

J'appris que c'était un adjudant-chef, un certain Youssef Bitar, un gros homme aux mains de fée qui depuis neuf ans, sans se soucier des conditions de travail, du froid, de la chaleur, des roquettes qui pleuvaient, des rafales qu'on lui tirait dessus, impassible, souriant, discret, avait désamorcé des milliers de bombes, de pièges, d'obus de toutes provenances, de tous types.

De l'avis même des sapeurs français qui ne manquaient jamais de le consulter, c'était dans cette dangereuse activité le meilleur spécialiste qui existât.

Rien qu'en les respirant, comme un œnologue un grand cru, l'adjudant-chef Bitar était capable de reconnaître un explosif, sa composition et sa provenance.

Après une défaite, comme celle que nous venions de subir à Beyrouth, il est de tradition d'exalter le courage des soldats qui s'en reviennent tête basse, la bouche amère, de ne pas leur ménager les médailles et les citations.

Il me vint soudain l'idée de proposer à Charles Hernu pour la médaille militaire (la Légion d'honneur des sous-officiers) le seul vainqueur de la guerre absurde du Liban : l'adjudant-chef Youssef Bitar, qui, au péril de la sienne, sauva tant et tant de vies et qui continuait à s'y employer ce 13 février 1984 comme si de rien n'était, lui, dont les journaux ne donnaient même pas le nom.

Il n'était que « l'expert militaire de l'armée libanaise ».

VII

Mardi 14 février 1984
L'armée libanaise

Les armes sont des outils de mauvais augure et la guerre contraire à la vertu. Le général est le ministre de la Mort. Il n'est responsable ni devant le ciel, ni devant la terre, en bas, ni devant l'ennemi en face, ni devant le souverain, à l'arrière.

SUN-TZU,
L'Art de la guerre

Hamra, jadis les Champs-Élysées de Beyrouth, la nuit tombée, qui était devenu après les derniers combats, un décor pour film d'épouvante, s'est en quelques heures, ce matin, transformé en marché aux puces.

Installé dans les ruines, il offre en vrac ses marchandises sur tous les trottoirs, sur le capot des voitures, à l'arrière des camionnettes, dans les recoins des portes cochères. Les parfums de luxe, les lingeries féminines sont proposés à de tels prix qu'ils ne peuvent provenir que d'un pillage. De la police, personne ne se soucie. Le seul agent en uniforme que j'ai rencontré, l'étui de pistolet vide, marchandait un réveil, volé lui aussi.

Alors pourquoi ces camelots aux dégaines peu rassurantes, aux visages mangés par la barbe, façon mollah, semblaient-ils prêts à détaler à tout instant ? Peur d'un bombardement toujours possible, d'un attentat, d'une voiture piégée ? Certains valeureux combattants de Dieu ou du socialisme, affublés d'étiquettes fantaisistes commes les compagnons de Saladin, les Blancs Cavaliers d'Allah, les Rouges Frères de la Révolution, ne voudraient-ils pas instaurer, comme aux temps bénis des Palestiniens, le règne des maffiosi, seigneurs de quartier. Et par quelques rafles, à des moments bien choisis, commencer à se remplir les poches.

A moins que les miliciens d'Amal, auxquels je ne prêtais pas jusqu'à présent un tel souci d'ordre et de vertu, ne décident de confisquer des marchandises qui bravent le puritanisme islamique, comme ils ont brisé dans les bars les bouteilles d'alcool.

Partout, l'Islam chiite s'impose. Deux tréteaux, une planche et sur un drap immaculé on vous offre l'ayatollah Khomeiny, en médaillons, en broches, en porte-clefs, barbe étalée, le regard menaçant d'un vieux Savonarole que ne menace, hélas, aucun bûcher. L'imam Moussa Sadr, son disciple, fondateur du mouvement Amal, se vend moins bien.

Si l'on s'en tient à ces pieux déballages, et aux affiches collées sur les murs et même le portail des églises, Khomeiny apparaît comme le grand vainqueur de la guerre de Beyrouth.

Il en existe bien un autre dont les photographies n'apparaissent nulle part, dont le nom n'est jamais prononcé, comme s'il portait malheur, ce païen, ce « satan », d'Hafez el Assad.

Les cassettes se débitent au même rythme que les images pieuses : chansons d'Oum Kalsoun, prêches de mollahs célèbres. Une complainte bat tous les records au hit-parade local. Une petite fille la chante d'une voix mièvre et sucrée, dans toutes les langues du monde, réclamant la paix pour le Liban. Pas étonnant qu'elle fasse recette.

Au pied de la vitrine incendiée d'Antoine, la grande librairie de langue française, on vend des Corans et toute une littérature pieuse aux couvertures grossièrement colorées représentant des « martyrs » barbus. Le martyrologe chiite s'orne de pilosités abondantes. Des haut-parleurs débitent des slogans religieux, des appels à la guerre, et toujours la chansonnette de la petite fille.

Devant les boutiques qui n'ont pas été pillées ou détruites, dont les vitrines n'ont pas été défoncées, fonctionnent de petits groupes électrogènes, très bruyants qui pallient le manque d'électricité. Quand ils tombent en panne, quand l'essence fait défaut, on tire le rideau de fer s'il existe encore et on ferme. La plupart des centrales électriques ont été détruites ou bombardées. Il n'est pas facile d'expliquer aux rudes guerriers druzes de la Montagne qu'en faisant sauter un pylône, si réjouissant que soit ce genre de distractions, on prive de courant une partie de leurs compatriotes.

— Quels compatriotes, vous répondraient-ils. Sont-ils druzes ? Non. Alors quelle importance ?

— Les chrétiens partiront tous de notre Beyrouth islamique, m'annonce fièrement un de ces marchands à la sauvette dont l'ambition, me semble-t-il, serait de se fixer à Hamra, dans une des boutiques qu'il s'approprierait.

Déjà, il s'imagine devenu un riche commerçant, vendant sa pacotille aux touristes accourus en foule, comme avant. Je n'ose le décevoir, jouer les Cassandre, lui prédire, si l'histoire continue sur ce train qu'il n'y aura plus de riches touristes, seulement de grosses mamas russes ou tchèques, serrant leur sac en plastique sur le ventre de peur qu'on leur vole, marchandant interminablement une paire de bas nylon ou un jean passé en contrebande et qu'elles payeront non plus avec de bons dollars mais en monnaie de singe. Que le négoce privé étant passé sous le contrôle de l'État et n'ayant plus aucun avenir, il a tout intérêt à rester un clandestin — comme maintenant. Il me rappelle ces somnambules qui, à Saigon, quelques jours avant que la ville ne tombe, envisageaient de créer des commerces, avec pour fonds le fruit du pillage de Newport où venaient se ravitailler les PX américains.

Accrochés à des fils pendent des uniformes neufs, des ceinturons, des équipements provenant d'arsenaux qui viennent d'être dévalisés. A moins que ce ne soient les soldats eux-mêmes qui, abandonnant le combat, et rentrés chez eux avec un paquet de fringues les ont aussitôt revendues. Quand ce n'était pas leur propre uniforme.

Nabih Berri qui joue de plus en plus au chef d'État a demandé au colonel Losti Jaber de déployer ses troupes à l'ouest pour rétablir l'ordre ! Mais que reste-t-il de la 6e brigade, sinon ces défroques pendues contre un mur.

Le colonel vient d'échapper à un attentat. Faute de pouvoir s'en prendre à lui, ses agresseurs, « des éléments incontrôlés », en fait des druzes du PSP, ont assommé son fils, puis ont mitraillé le mobilier. Le colonel était-il en quête de sa brigade avant qu'elle ait vendu toutes ses armes et tous ses uniformes ? Cette absence l'a sauvé.

L'armée libanaise annonce trente-six morts et une soixantaine de blessés au cours des combats qui se sont déroulés dans Beyrouth, un chiffre minime si on le compare aux pertes civiles qui se comptent par centaines. Mais est-il exact ? La 6e brigade est passée à l'ennemi avec armes et bagages. Une partie de la 4e brigade s'est réfugiée en zone israélienne, le reste a rejoint ses casernes, ses foyers ou la rébellion. La 1re brigade, cantonnée dans la Bekaa, n'a pas eu à se rallier. Elle était déjà sous contrôle syrien, ce qui lui évita des problèmes de conscience.

La 8e brigade tient toujours Souk-el-Gharb mais ne peut décrocher sous peine de laisser la voie libre aux islamo-progressistes qui se rueraient sur le palais présidentiel. Ils tiendraient sous leur feu tout le secteur chrétien qui est déjà soumis aux bombardements des Syriens. La brigade héliportée, à effectifs encore incomplets, occupe une partie de la place des Canons et la 5e brigade défendrait le port. Les deux autres brigades, à effectifs réduits de moitié, tiendraient la ligne verte.

D'une armée de 37 000 hommes, dont 10 000 étaient « opérationnels », la moitié des « opérationnels » est restée dans le camp légaliste, le camp chrétien et combat aux côtés des phalangistes. Comme en 1976.

La déconfiture de l'armée libanaise restera pour moi liée à une image, celle du brave soldat Georges. Délesté de son arme et de ses équipements, balançant dans un sac en plastique des galettes de pain arabe, il avance d'un pas qu'il voudrait assuré dans le petit matin rose, sur la route du bord de mer, entre Khaldé où se trouve l'aéroport international et Damour dont il ne reste que ruines. Malgré sa grosse moustache, il a l'air d'un enfant perdu qui, s'il l'osait, viendrait nous demander sa route. Parce qu'il est chrétien, il cherche à gagner Saïda que contrôle Israël où 15 000 autres chrétiens habitant la montagne voisine ou les villages de la côte se sont déjà réfugiés. Dans la nuit, il avait été envoyé en liaison, à Mechref au PC des Forces libanaises ; il s'était égaré et quand il avait rejoint la côte, sa propre unité avait disparu. Musulman, il aurait pris la route inverse, remontant vers Beyrouth ouest où il aurait rejoint une milice de son choix ; les mourabitouns, s'il était sunnite et voulait arrondir sa solde, Amal s'il était chiite, les hezbollahis, les fous de Dieu, s'il se sentait l'âme d'un martyr.

Mais il s'appelait Georges et il était bon maronite. Personne ne lui prêtait attention, personne ne songeait à le faire prisonnier comme si par sa tenue impeccable alors que le débraillé se portait beaucoup, par son comportement de dormeur éveillé, il s'était, de lui-même, exclu de cette guerre, comme s'il s'était trompé de théâtre ou de cauchemar.

Les miliciens d'Amal étaient bien trop occupés à remplacer leurs tee-shirts, leurs jeans et leurs baskets par les tenues léopard et les demi-bottes de saut abandonnées par l'armée libanaise ; les druzes de Joumblatt, descendus de la Montagne, à faire crisser les pneus des Jeeps et des command-cars neufs qu'ils avaient récupérés ou à essayer les nouvelles Kalachnikov, à crosse pliante, le modèle à 2000 LL qu'ils venaient de percevoir. L'AK 47, le modèle chinois, du coup, avait subi une sérieuse dévaluation et se négociait à 600 LL. Un druze, à la barbe rousse, aux yeux rougis par la fatigue et la poussière, m'invita à essayer son arme, avec tant de conviction que je ne pus le lui refuser. Tout le monde tirant dans tous les sens, pour fêter la victoire, la rafale que j'expédiai sur un poteau électrique se perdit parmi bien d'autres.

Quant au brave soldat Georges, il poursuivit sa route et je ne sais ce qu'il est devenu.

A quelques kilomètres de là je retrouvai les miliciens chiites qui patiemment attendaient que les marines américains aient fini de rembarquer leur matériel. Pour peu, ils leur auraient donné un coup de main.

Les chiites n'avaient aucune raison personnelle de leur en vouloir à la différence des druzes et des Syriens, dont les canons de la VIe flotte avaient écrasé les positions. Qui sait même s'ils n'avaient pas été ravis du carnage de ces hérétiques, de ces païens avec lesquels ils devraient un jour se mesurer.

Trois mois plus tôt, je m'étais entretenu avec un certain nombre d'officiers de l'armée libanaise qui encadraient les meilleures brigades. De l'allure, beaucoup d'assurance.

Tous s'étaient entendus pour m'affirmer que leur petite armée, malgré les bavures inévitables, et quelques flottements, restait solide, que des rivalités confessionnelles ne la feraient plus éclater, comme en 1975 où chacun avait rejoint son camp. De son unité, de son mordant, elle en avait fourni la preuve à Souk-el-Gharb en résistant victorieusement à tous les assauts des druzes et des progressistes, appuyés par les canons syriens.

Les instructeurs français se montraient plutôt satisfaits de la bonne tenue de la troupe, de ses efforts pour s'initier au maniement d'armes nouvelles. Le corps des officiers leur paraissait homogène ; personne ne faisait état de sa confession sinon pour démontrer combien elle comptait peu. Les Français entretenant des relations privilégiées avec les chrétiens, ils en étaient arrivés à refléter leurs thèses et leurs espoirs. Ils n'avaient que peu de contacts avec la piétaille en majorité chiite, travaillée par la propagande religieuse, qui ignorait le français et dont ils ne pouvaient connaître l'opinion qu'à travers des interprètes, le plus souvent chrétiens, qui traduisaient ce qui les arrangeait ou reflétait leurs points de vue rassurants.

Néanmoins, ils s'étonnaient que l'armée ne mette pas à la raison ces groupuscules chiites qui, avec un armement sommaire, entretenaient une agitation permanente. Ils l'expliquaient par la crainte qu'éprouvait le commandement libanais d'opposer les uns aux autres les membres d'une même confession alors que les recrues n'avaient pas reçu une formation suffisante ni l'armée perçu tout son matériel.

Que ces recrues qui se pressaient si nombreuses devant les bureaux d'engagement soient en majorité chiites ne les inquiétait pas. La misère, le chômage qui régnaient dans cette communauté, l'augmentation appréciable des soldes les poussaient croyaient-ils dans cette voie. Les généraux libanais étaient tellement pressés d'augmenter les effectifs de leurs brigades qu'ils ne s'inquiétaient même pas de ce que certaines de ces recrues aient auparavant appartenu aux milices d'Amal ou à des organisations armées du même genre. On disposait de crédits, il importait de les dépenser.

Plus lucide, un lieutenant-colonel français du génie qui devait trouver la mort au Liban nous avait déclaré :

— Dans sa composante actuelle, une majorité d'officiers chrétiens, de soldats et de sous-officiers chiites avec comme détonateurs quelques druzes, l'armée libanaise est une véritable bombe à retardement. Elle ne peut qu'exploser et plus tôt que vous ne croyez, tant elle est travaillée. Seule une partition, la création d'un État chrétien, défendu par des unités chrétiennes permettrait de reculer cette échéance.

Telle qu'elle fut réorganisée, malgré les efforts qui furent tentés, l'armée ne fut jamais guérie de son cancer : le confessionnalisme. Elle était restée divisée à l'image du pays. Seuls les uniformes étaient de la même couleur.

Déjà en 1979, le général Victor Khoury et son adjoint le général druze Torbey, s'étaient heurtés à ce problème sans pouvoir le résoudre.

C'est ainsi qu'à l'état-major, lorsqu'un musulman occupait le standard, il refusait de transmettre les communications à un chrétien. Et de son côté, le chrétien agissait de même.

Malgré toutes les mises en garde quand Amin Gemayel décida de réorganiser l'armée libanaise, il rétablit, dans toutes ses nuances, « le confessionnalisme militaire ». Les grades et les fonctions furent répartis au prorata des appartenances religieuses.

Et en favorisant les chrétiens, car Amin restait tributaire de sa confession. Manque de caractère ? Pouvait-il agir autrement d'autant que les Phalanges se défiaient d'une armée qui risquait de leur échapper et de se retourner un jour contre eux. Aussi exigeaient-ils des garanties : la majorité des postes de responsabilité.

On en revint aux proportions habituelles. Musulmans : 70 % dans la troupe, 30 % d'officiers ; chrétiens : 70 % d'officiers pour 30 de sous-officiers et de soldats. Les chrétiens étaient en majorité maronites et les musulmans chiites, deux communautés séparées plus que toutes les autres par le barrage de la religion : d'un côté un christianisme conservateur, fervent ; de l'autre, un Islam intégriste et tout aussi fervent.

Le 8 décembre 1982, l'état-major de l'armée avec son nouveau chef, le général Ibrahim Tannous, s'installait à Yarzé, à côté de Baabdad comme si le président souhaitait l'avoir sous sa coupe. Tannous était un homme de cinquante-quatre ans, massif, carré, à la poignée de main vigoureuse, borgne comme Moshe Dayan dont il n'avait hélas ni le prestige, ni l'esprit de décision, ni le foutu caractère.

Fils de petit paysan de la montagne maronite, après ses études dans un séminaire, il hésita longtemps entre le sabre et le goupillon, et finit par choisir l'armée. Il se comporta avec courage et quand la guerre civile éclata, il rejoignit le camp chrétien avec tout le matériel qu'il put sauver. Il combattit dans les rangs maronites, y assuma des responsabilités importantes ce qui lui valut, étant trop marqué politiquement et confessionnellement, d'être exclu de l'armée. Il profita de ses loisirs pour se cultiver et en bon Libanais pour gagner de l'argent. Il passera en Italie une licence d'histoire, un doctorat en droit et montera, de retour au

Liban, une entreprise de travaux publics qu'il dirigera avec succès jusqu'à ce qu'on le réintègre dans l'armée.

On lui avait fait une réputation d'homme à poigne. Il était avant tout un bon officier sage, pondéré, l'homme du président chargé d'exécuter ses ordres, de veiller sur les jeunes et bouillants colonels qui par tempérament ou sous l'influence de certains de leurs instructeurs rêvaient d'une armée nouvelle. Comme au temps du général Chehab, elle aurait pris en main la direction du pays et l'aurait sauvé du chaos.

Mais Amin Gemayel n'était pas Chehab ; c'était un avocat, un politicien et non un général.

— Jamais Tannous ne participera à un complot pour amener l'armée au pouvoir, me confiait un instructeur français. Trop légaliste dans un pays où règne l'illégalité, trop attaché à la personne du président. Amin Gemayel et ses conseillers, très influencés par l'Amérique, disposent à leur guise de l'armée. Et c'est dommage car ils ne savent pas l'utiliser ou l'utilisent très mal.

Je me suis souvenu de l'armée sud-vietnamienne, fabriquée trop vite par des conseillers américains pressés d'en finir et selon des méthodes d'entraînement qui ne lui convenaient pas. Abondance du matériel, manque d'officiers compétents, déterminés par d'autres motifs que la solde. Mais le président Nixon voulait se sortir du piège vietnamien le plus vite possible, comme aujourd'hui Reagan refusait de se laisser engluer au Liban. On inventait une armée et on l'abandonnait à son sort alors qu'elle était incapable de s'en sortir toute seule. Sauver le Salvador, le Nicaragua, le Honduras, de la subversion communiste semblait à Reagan plus important que le Liban. Comme ni le peuple ni le Congrès ne lui permettaient de courir deux lièvres à la fois, il avait fait son choix.

La conjonction du confessionnalisme libanais et de la précipitation américaine ne pouvait que conduire au désastre. Pour respecter le pacte confessionnel, la répartition des fonctions, sans égard à la capacité, on avait donné pour adjoints à Tannous, un général sunnite, un général druze, un général chiite, la panoplie habituelle ! Mais l'état-major restait truffé de chrétiens et les unités manquaient de l'essentiel, ce corps de bons sous-officiers qui confère à une troupe sa solidité. La nouvelle armée libanaise devait s'accommoder des restes d'un héritage catastrophique : pendant neuf ans tout en touchant sa solde et l'améliorant par des bricolages, elle était restée dans ses casernes. Seuls les éléments les plus combatifs avaient rejoint un camp ou l'autre. En vain, elle avait tenté de s'en prendre aux Palestiniens qui violaient les accords du Caire et à leurs alliés progressistes. Les Palestiniens étant sacrés aux yeux d'une opinion internationale manipulée ou émue de leur sort, on avait accusé les militaires de tous les péchés. Et l'armée avait éclaté.

En 1979, en raclant les fonds de tiroir et les arrière-cours des casernements, on avait seulement pu retrouver 5 000 officiers et soldats.

Amin Gemayel, encouragé dans ce sens par l'ambassade des États-Unis, compte asseoir son pouvoir, grâce à cette armée qu'on lui taille sur mesure. Il veut être Chehab, il veut revenir à la situation de 1958. N'a-t-elle pas d'étonnantes analogies avec celle qui prévaut aujourd'hui ? Les marines ont une nouvelle fois débarqué et la doctrine Reagan n'est pas tellement différente de celle d'Eisenhower.

Comme il souhaite la transformer en instrument de gouvernement, il s'attache à développer les services de renseignements, dont le fameux 2e Bureau qui gouverna le Liban sous Chehab. Il lui adjoint une force de frappe, une brigade d'intervention. Une mesure qui inquiète grandement les milieux politiques libanais, même chrétiens et tout spécialement les chiites de Nabih Berri, les druzo-progressistes de Walid Joumblatt... et les Syriens.

Les effectifs de l'armée passeront en un an de 18 000 à 37 000 hommes. 5 % du budget national lui sera consacré. Sur le papier, cette armée compte 20 généraux, 250 officiers supérieurs, 1 500 officiers, 5 000 sous-officiers. Son entraînement accéléré est confié à 70 instructeurs américains et à une dizaine de Français. Les Français déguisent mal leur inquiétude devant les erreurs qui s'accumulent. Ils se sentent chez eux au Liban, les Américains n'y sont que de passage et le laissent trop sentir.

L'armée qui a perdu son armement et son matériel en 1976 a besoin d'être complètement rééquipée. 560 millions de dollars de matériel seront ainsi achetés aux États-Unis. Elle dispose désormais de 100 chars légers Saladin de fabrication anglaise, de 20 chars AMX 13 français, équipés d'un canon de 90 mm, d'une centaine de blindés américains dont 36 M.48 à tir réglé électroniquement, de 500 transports de troupe M.113, de 170 canons de 135 mm et de 30 000 fusils d'assaut M.16. Ainsi que des missiles Milan et Tow.

Seule l'aviation péche par manque d'appareils et de pilotes : 5 vieux Howker-Hunter anglais, 8 Mirage III à peu près hors d'usage sans pistes d'envol, une escadrille de Fouga-Magister qui sont des avions d'entraînement, plus une dizaine d'hélicoptères de toute provenance.

On enseigne à cette troupe à peine dégrossie le combat de rues, le combat en montagne ; ce ne sont que manœuvres combinées avec tir réel. On n'avait pas connu pareille activité depuis le général Chehab. Toute cette agitation n'arrive pas à cacher un malaise certain.

Sept mois plus tard, en juillet 1983, trois brigades, soit 10 000 hommes, sont déclarées opérationnelles : la 5e, la 7e et la 8e. Pour le reste... on recrute, on aménage des camps d'entraînement... Afin de manifester dans tout le Liban la présence de l'État, un certain nombre d'unités sont expédiées en garnison dans le sud à Saïda où elles tombent sous la coupe des Israéliens, dans le nord et dans la Bekaa, où elles passent sous contrôle syrien. Le commandement perd dans cette opération de prestige 5 000 hommes, l'équivalent de deux brigades. Mais la légalité est sauve. Amin Gemayel, à la différence de son frère, croit en la légalité et aux institutions même quand elles ne signifient plus rien. Tant par son équipement, elle dispose de plus de matériel que d'hommes pour le servir, que par ses effectifs, cette armée devrait être en mesure d'affronter avec succès les différentes milices.

On veut le croire, on le croit, on le laisse croire. Nous en arrivons à ce mois de septembre 1983 où elle devra subir l'épreuve du feu. Les dirigeants chiites, encouragés par les Syriens dont les milices dépendent entièrement pour leur ravitaillement en armes et munitions, reprochent violemment à l'État libanais et à son armée d'être entièrement entre les mains des chrétiens.

Un État kataeb servi par des prétoriens kataeb ! Le reproche est exagéré. Fortes de ce prétexte, toujours encouragées par les Syriens, les milices d'Amal entrent en action et tentent de s'emparer de Beyrouth ouest en occupant un certain nombre de postes, de casernes, de points stratégiques. L'heure de vérité vient de sonner.

Le général Tannous engage dans le combat ses meilleures unités, 6 000 hommes équipés de blindés, d'artillerie, dont les commandos aéroportés entraînés par les Français et qui joueront un rôle décisif. L'opération se déroule sous le feu de l'artillerie syrienne qui appuie les chiites. Après deux journées de combats très durs, sans que la Force multinationale ne soit officiellement intervenue, l'armée libanaise nettoie Beyrouth, impose le couvre-feu au prix d'une trentaine de morts, de 80 blessés. 200 morts de l'autre bord ; 150 blessés graves seront évacués sur l'URSS pour recevoir des soins.

Des miliciens d'Amal ? Surtout des communistes du PCL engagés prématurément sous la bannière chiite dans une opération improvisée, mal conduite, mal préparée. Les communistes en retireront la leçon qui convient. Ils imposeront aux dirigeants d'Amal leur tactique, leur conception, leur organisation, leur encadrement. Et trois mois plus tard, en février, ils prendront Beyrouth ouest sans pratiquement aucune perte.

Le PC libanais fondé en 1930 fut constitué à ses débuts de réfugiés arméniens ; sa stricte obédience moscoutaire lui avait interdit tout recrutement parmi les masses musulmanes. Il fut dissous en 1939, ne s'en porta pas plus mal ; il réapparut en 1941, connut des scissions, mais resta toujours fidèle à la doctrine orthodoxe, du Kremlin. C'est un parti d'intellectuels, de cadres, où les chrétiens sont en majorité et que viendront renforcer certains éléments palestiniens comme Georges Habache, Nayef Hawatmeh, chrétiens eux aussi, mais gagnés au communisme.

A Souk-el-Gharb, la 8e brigade, commandée par le colonel Aoun, se distinguera en résistant à tous les assauts lancés par les « druzo-progressistes », qu'appuient les chiites et à qui les Syriens fournissent logistique et appuis de feu. La brigade aura 75 morts et devra certain soir se dégager à l'arme blanche. Un peu trop vite, à Yarzé comme à Baabdad, on se réjouit de cette victoire ; on triomphe. L'armée a résisté à la menace d'éclatement. Dans la Montagne, le soldat druze a combattu contre le milicien druze, à Beyrouth le soldat chiite contre le milicien d'Amal. On ne signale que deux refus d'obéissance, un lieutenant musulman à Beyrouth, un autre dans la Montagne.

On oublie de mentionner la désertion dans la banlieue sud d'une compagnie : 90 hommes avec son encadrement.

Ce sera pourtant en Montagne qu'une semaine plus tard la jeune armée connaîtra ses plus graves revers. Quand les Israéliens évacuent le Chouf sans prévenir le gouvernement libanais et malgré l'opposition des Américains, elle sera incapable de remplir ce vide soudain créé. Elle tiendra quelques axes, quelques positions, laissant les phalangistes combattre seuls, face à un ennemi plus nombreux, mieux équipé, mieux armé, disposant de l'appui syrien et de tout le camp communiste. La ville de Bandhoum tenue par les chrétiens tombe. Une grave défaite qui remet en question le rôle de l'armée. Dans les villages, il s'ensuivra un horrible massacre de chrétiens, plus de 1 500 victimes. 100 000 réfugiés seront forcés d'abandonner leurs maisons et de gagner le réduit maronite. Les Israéliens devront sortir les phalangistes des Forces libanaises du piège de Deir el Khammar où ils se sont laissé enfermer.

600 militaires druzes ont refusé de combattre contre leurs coreligionnaires et sont rentrés chez eux. Un général druze Nadim el Hakim, l'adjoint du général Tannous, les imitera. Dans le Chouf, toujours par souci de ne heurter personne, de respecter les clivages confessionnels, on avait envoyé des unités composées et commandées en partie par des druzes. Comme on a installé à Beyrouth ouest la 6ᵉ brigade, commandée par un colonel chiite Losti Jaber, et qui compte une forte majorité de chiites. Comment pouvait-on ignorer que Jaber était depuis longtemps lié à Nabih Berri et au mouvement Amal ? A quoi servait ce 2ᵉ Bureau constitué à si grands frais ?

Et nous en arrivons aux affrontements des 6 et 7 février 1984 qui verront l'éclatement et la dispersion de l'armée libanaise. Un mystère plane. Qui prit la décision, qui donna l'ordre à l'armée libanaise de s'emparer de la banlieue sud de Beyrouth, citadelle des chiites d'Amal ? Pour forcer la décision ? Ou, comme ses chefs l'ont prétendu, se borna-t-elle, attaquée de toutes parts, à se défendre.

Le résultat, je l'avais sous les yeux, le bon soldat Georges qui a perdu sa brigade en une nuit. Toute la Montagne aux mains des druzes, toute la côte, Khaldé et Beyrouth ouest conquis par les miliciens d'Amal. Druzes et chiites ont fait leur jonction, puis ils se sont retirés à une certaine distance les uns des autres. Après avoir franchi deux ou trois barrages d'Amal, il nous a fallu parcourir un kilomètre d'une route déserte, longeant la côte avant de trouver les druzes qui avaient toute l'apparence d'une véritable armée, et non plus d'une milice.

Et insensiblement, sous mes yeux, j'ai vu les milices chiites elles aussi se transformer et s'organiser.

J'ai visité les quartiers sud de la capitale où se sont livrés les derniers combats. Les dégâts étaient effrayants. Tirant de tous ses canons, écrasant tout sous les chenilles de ses chars, l'armée, comme si elle n'avait plus rien à perdre, déchaîna un orage de fer et d'acier. Elle anéantissait les bâtiments tenant encore debout avec une violence aveugle qui laissait loin derrière les Israéliens sans autres résultats qu'ajouter des destructions à d'autres destructions. Mais en suscitant parmi tous les soldats chiites qui la composaient un sentiment de solidarité qui les poussa à déserter et à rejoindre leurs coreligionnaires — sentiment que pendant six mois on s'était efforcé de leur faire oublier.

J'ai cherché à comprendre les raisons qui avaient pu pousser Amin Gemayel à se lancer dans une telle aventure sans en mesurer les risques. Car si une décision fut prise, ce ne put être que par lui et non par le général Tannous qui ne savait qu'obéir. Ce qui expliquerait pourquoi Walid Joumblatt, avec son manque habituel de mesure, exigeait qu'on jugeât le président de la république comme criminel de guerre — alors qu'il avait lui-même tant de sang sur les mains ! — et non Tannous considéré comme un simple exécutant.

Amin Gemayel a-t-il voulu à tout prix remporter une victoire sur l'opposition et démontrer à ses alliés que l'instrument qu'on lui avait forgé, son armée, résisterait à l'épreuve. Devant le peu de résultats obtenus au Liban, la politique libanaise de Reagan a mobilisé contre lui le Congrès et une opinion publique sensibilisée par l'attentat contre les marines et qui n'avait pu oublier le Vietnam. La presse est hostile, les pressions soviétiques deviennent insistantes. Un succès de l'armée libanaise, pense Gemayel, donnerait à la politique du président américain le ballon d'oxygène qui lui permettrait de respirer. Mais ce succès est-il possible ? Cette armée n'a-t-elle pas sous-estimé ses adversaires ?

Dans la banlieue sud, sous la pluie, parmi les gravats, sautant de flaques d'eau en bourbiers, nous nous étions rendus au bureau d'Amal qui distribuait des laissez-passer aux journalistes étrangers.

Dans la grande pièce où nous attendions, je découvris des piles de brochures en arabe, en français, vantant les mérites de l'Union soviétique, la sagesse de sa politique, en l'opposant au cynisme de l'impérialisme américain et de ses alliés sionistes. Pas trace d'un Khomeiny, d'un Moussa Sadr et de leur littérature. On se serait cru dans une permanence d'un Parti communiste quelconque, avec ce mélange d'austérité, de fumée refroidie de cigarettes, de lumière chichement dispensée. Les responsables avaient la tête de l'emploi, silencieux, distants, se refusant à toute déclaration. Communistes et miliciens chiites cohabitaient-ils ? Étaient-ce les communistes qui avaient mis la maison à la disposition d'Amal ? Ou le contraire ? Un vieux spécialiste des « affaires d'Orient » m'avait tenu ces propos :

— Cherchez qui se trouve derrière Nabih Berri. Cet homme, beau parleur comme tout bon avocat mais sans connaissances politiques particulières, se trouvant placé dans une situation extrêmement délicate, ne dit, ne commet aucune sottise. Il se garde à gauche, il se garde à droite, il ne se compromet jamais. Qui le conseille ? Qui veille sur lui ? Les Syriens ? Ils ne sont capables que de donner des ordres. Non, les communistes. S'il veut un jour s'en débarrasser, il se retrouvera dans la situation d'un Amin Gemayel, il ne sera plus que le leader fantôme d'un parti qu'on lui aura barboté comme on a barboté l'État à Amin.

Il hocha la tête :

— Il est menacé sur sa droite par les extrémistes musulmans qui se réclament de la révolution iranienne et avec lesquels, quoi qu'il vous ait raconté, il est resté en relation, sur sa gauche, ce qui est plus sérieux, par les communistes qui lui ont permis de prendre Beyrouth ouest et de ce fait le tiennent.

« Voyez donc les militaires, interrogez-les sur ce sujet. Ils ont beaucoup à dire, même quand on leur interdit de parler.

J'ai suivi ce conseil et voici ce que j'en ai appris.

Si les milices d'Amal ont fait preuve d'une telle organisation dans la conquête éclair de Beyrouth ouest alors qu'elles étaient encore aux prises avec l'armée libanaise dans le sud de la ville, si elles ont disposé d'une logistique aussi bien organisée, c'est qu'elles étaient aidées, encadrées par les militants éprouvés, les excellents spécialistes du Parti communiste libanais et de sa branche militaire. Les petites unités qui avançaient dans ce secteur inconnu étaient guidées par des communistes connaissant parfaitement le terrain, les points stratégiques qui devaient être occupés en priorité. Parmi eux une majorité de chrétiens qui avaient jeté leur confession aux orties, et qui constituaient l'armature du PC libanais, un PC de cadres en quête d'une clientèle qu'il ne pouvait recruter que parmi la population la plus misérable, la plus déshéritée, les chiites. Et qui pratiquaient leur tactique habituelle : d'abord conseiller, aider, puis infiltrer, et contrôler. Derrière les premiers assaillants — qui n'eurent guère à combattre, grâce à la défection de la 6ᵉ brigade — suivaient dans des camions réquisitionnés par les communistes, conduits par eux, sacs de sable, barbelés, chevaux de frise. Ce fut encore eux qui imposèrent une stricte discipline, évitant ainsi tout pillage, tout grave débordement, empêchant que l'opération tourne à l'échec et à la confusion comme en septembre dernier. François Mitterrand félicita Nabih Berri du bon comportement de ses troupes. Il s'était trompé d'adresse. C'étaient les cadres du PC libanais qui méritaient le compliment.

En cette fin de journée, de la belle armée libanaise, sur laquelle avaient été fondés tant d'espoirs, il ne restait plus que quelques milliers d'hommes déployés sur la fameuse ligne verte et tenant un front allant de Souk-el-Gharb au port de Beyrouth. Elle était réduite à des éléments de la 5ᵉ, de la 7ᵉ et de la 8ᵉ brigade en majorité maronites.

Mais où était donc passée la 3ᵉ brigade ? S'était-elle perdue dans la clandestinité ? Avait-elle même existé sinon sur le papier ? Pour expliquer cette défaite on avança toutes sortes de raisons, que la 4ᵉ brigade avait éclaté parce qu'un lieutenant chrétien avait abattu un soldat musulman qui refusait d'obéir et que ses camarades s'étaient mutinés. J'avais déjà entendu cette histoire trois ou quatre ans plus tôt ; le lieutenant était un capitaine, le soldat un sergent. On prétendit que tout le réseau de télécommunication de la brigade avait été brouillé par des émetteurs plus puissants. Les auteurs de cet exploit hautement technique, après avoir décrypté son code, en donnant des ordres contradictoires auraient expédié dans toutes les directions des bataillons, des compagnies. Elles auraient entamé une partie de colin-maillard entre la Montagne, le Chahhar-el-Gharbi et la route de la côte.

J.-J. Leblond écrivit dans *le Figaro :* « L'imbroglio militaire est étroitement lié à la crise politique. L'éclatement des structures de l'armée correspond au clivage communautaire et renforce les convictions des antagonismes les plus extrémistes selon lesquelles la survie des communautés repose entièrement sur les milices armées... Les plus modérés préconisent une répartition des différentes unités militaires dans les secteurs où elles seront en concordance avec leurs convictions confessionnelles... » Les druzes appliquaient déjà cette solution ; Nabih Berri ne voulait pas en entendre parler. Il réclamait une véritable armée nationale où grades et fonctions seraient répartis au prorata des membres des communautés. L'armée étant composée à 70 % de soldats chiites, elle devra comporter 70 % d'officiers de la même confession. Où les trouvera-t-on ? Parmi les cadres communistes dont beaucoup ont suivi des stages, certains les cours des Écoles militaires des pays de l'autre côté du rideau de fer ? C'est bien ce que souhaitait la Russie. Mais la Syrie ?

– Nous refusons la partition du Liban, proclame Nabih Berri, et la Syrie n'en veut pas non plus. Tous les chrétiens ne sont pas forcément antimusulmans, tous les musulmans antichrétiens. Mais les Kataeb (les Phalanges) avaient mis la main sur l'armée pour qu'elle devienne leur instrument. Notre combat n'a jamais été religieux mais politique. Israël cherche aujourd'hui à miser sur les Kataeb ce que Damas ne peut tolérer. Nous n'avons pas de relations avec les extrémistes pro-iraniens de Baalbek, ni avec Hussein Moussaoui. Bien sûr, nous souhaitons la victoire de la révolution iranienne sur ses ennemis et nous respectons profondément Khomeiny. Mais nous sommes libanais, non pas iraniens, et notre environnement est d'abord arabe. Nous souhaitons conserver un président chrétien à condition que ce ne soit pas Amin Gemayel et que l'on reconnaisse à la communauté chiite, la plus importante du Liban, la place qui lui revient.

Il n'y avait plus d'armée libanaise, il n'y avait plus d'administration ni de gouvernement libanais, son président était lâché de tous côtés, gardé par une poignée de soldats fidèles qui auraient pu être bousculés si Damas y avait mis le prix. Israël n'aurait pas levé le petit doigt pour le défendre. Plus de Liban. Chacun, à sa manière, s'accommodait déjà de sa non-existence. Les Forces libanaises ouvraient un bureau de liaison à Jérusalem qui aurait provisoirement son siège à l'hôtel Hilton et serait dirigé par Pierre Yasbek.

Une unité israélienne d'une dizaine de chars et de véhicules blindés couverte du côté de la mer par une vedette, survolée par des hélicoptères de combat, s'était rendue à Damour sans rencontrer aucune opposition tandis que des milliers de réfugiés chrétiens fuyant la banlieue sud et les druzes se présentaient, sur l'Awali, aux postes de contrôle israéliens. A 23 heures, 600 véhicules transportant 2 500 chrétiens avaient déjà été recensés. Ils avaient reçu des vivres et des couvertures.

Un journaliste anglais se pique consciencieusement le nez au bar du Commodore où les alcools sont revenus. On s'est connu jadis.

— Qu'est-ce que tu cherches, me demande-t-il.

— Comme tout le monde, pourquoi l'armée libanaise a foutu le camp. J'ai trouvé toutes sortes de raisons et, donnant dans le travers libanais de mêler le monde entier à leurs affaires intérieures, j'ai même supposé un marchandage entre les deux grands. Je te refile le Nicaragua ; tu me laisses le Liban.

— Ne cherche pas plus loin, me dit-il, sinon tu finiras par y découvrir la main de Dieu. L'armée a foutu le camp quand elle s'est sentie lâchée et qu'elle a compris qu'elle n'avait plus aucune chance de l'emporter, quand elle a su que les marines rembarquaient, qu'elle ne disposerait plus de l'appui des canons du *New Jersey* et des avions de la VIe flotte. Ils ne lui avaient pourtant servi à rien. Alors ce fut la panique. N'ayant plus personne pour lui tenir la main, le ciment a craqué et cette armée s'est reconvertie en milices ce qu'elle n'avait jamais cessé d'être. N'ayant jamais réussi à devenir une nation, comment veux-tu que le Liban possède un jour une armée nationale ? L'éternel problème de la poule et de l'œuf. Par qui commencer ? Donner une armée au Liban qui lui fournira les structures d'une nation ? L'échec tu l'as sous les yeux. Faire du Liban une nation qui pourra s'offrir le luxe d'une armée nationale ? On s'y efforce depuis quarante ans sans résultat.

Réfugié dans ma chambre, car il n'est guère prudent de sortir la nuit tombée, je tombe sur un exemplaire de *L'Orient Le Jour* daté du mercredi 15 février. L'article de tête paraît avoir été écrit par un facétieux bonhomme, fervent lecteur de ces œuvres admirables, *La Famille Fenouillard* et *Le Sapeur Camembert.* « La roue de l'infortune ne cessera donc pas de tourner et, face à la désagrégation occidentalo-légaliste qui tire à hue et à dia, les coups de boutoir visant sinon à déboulonner le régime, du moins à altérer en profondeur les rapports de force, se poursuivent suivant un mécanisme implacable que même la disparition d'Andropov n'a pas freiné... »

Et si la tragédie libanaise n'avait été qu'une énorme farce !

VIII

Mercredi 15 février 1984
Les Syriens

— *Où est donc la capitale du Liban, mon fils ?*
— *A Damas, mon père.*
— *Quel est son président ?*
— *Hafez el Assad.*
— *Où est l'Amérique ?*
— *Très loin, très loin.*
— *Et la Russie ?*
— *Très près, très près.*

Le Réveil du mercredi 15 février, organe phalangiste de Beyrouth, en français

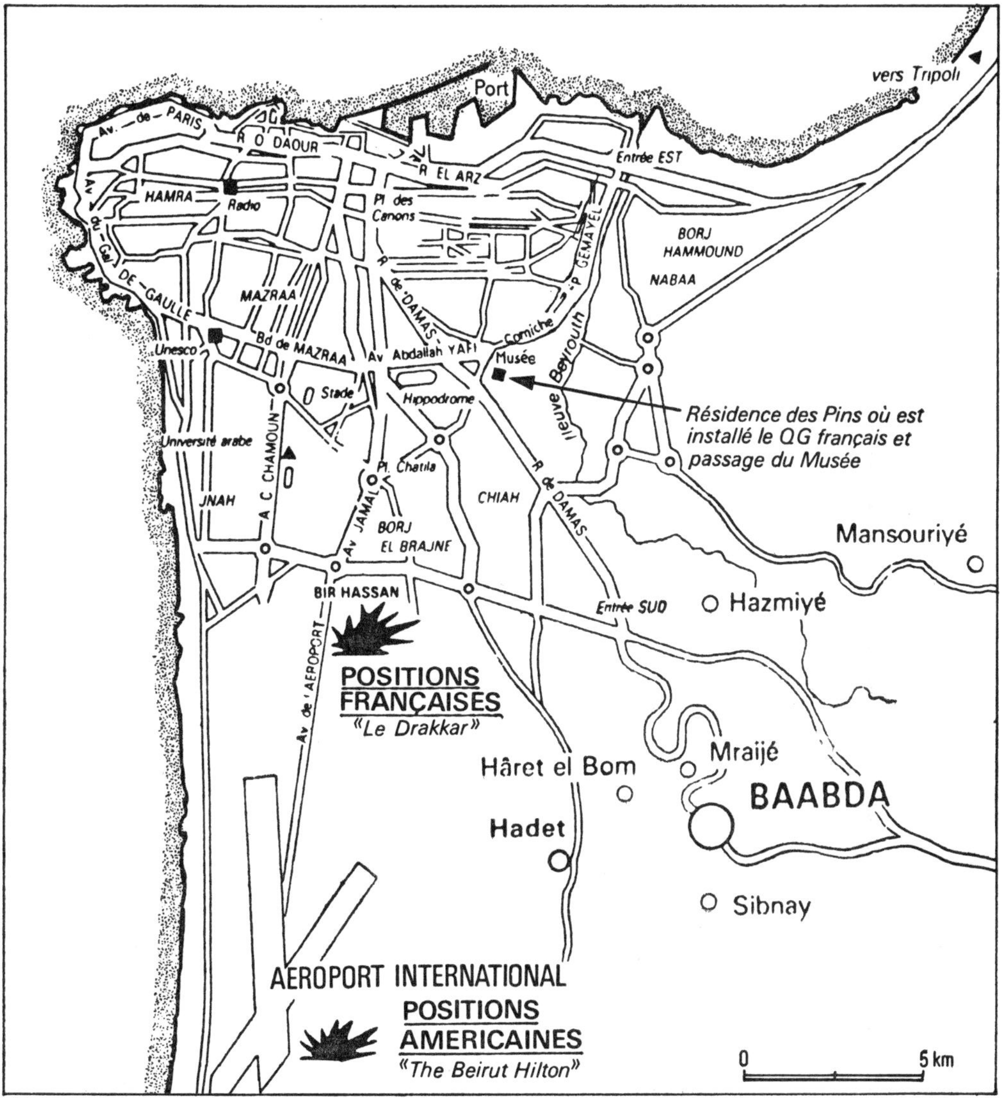

vers Tripoli
Port
Av. de PARIS
R O DAOUR
R EL ARZ
Entrée EST
HAMRA
Radio
Pl des Canons
Av du Gal DE GAULLE
BORJ HAMMOUND
NABAA
P GEMAYEL
MAZRAA
R de DAMAS
Corniche
Unesco
Bd de MAZRAA
Av Abdallah YAFI
Musée
Fleuve Beyrouth
Stade
Hippodrome
Résidence des Pins où est installé le QG français et passage du Musée
Université arabe
A C CHAMOUN
Pl. Chatila
JNAH
Av JAMAL
CHIAH
R de DAMAS
BORJ EL BRAJNE
Mansouriyé
BIR HASSAN
Entrée SUD
Hazmiyé
Av de l'AEROPORT
POSITIONS FRANÇAISES
«Le Drakkar»
Hâret el Bom
Mraijé
BAABDA
Hadet
Sibnay
AEROPORT INTERNATIONAL
POSITIONS AMERICAINES
«The Beirut Hilton»
0
5 km

Dans la nuit de mardi à mercredi, toutes les communications avec l'extérieur, par téléphone ou par telex furent coupées. C'était la première fois qu'une telle mesure était prise depuis le début de la guerre du Liban ! Un Libanais cesse d'exister s'il ne peut appeler Paris, Londres ou New York à tout instant, à tout propos et sous n'importe quel prétexte.

Cette manie lui fut parfois d'un grand secours. Au fond de sa cave, sous les bombardements, ou isolé dans la montagne, il restait toujours relié au monde ; il n'était jamais seul. Alors qu'on ne pouvait communiquer entre deux quartiers, deux immeubles voisins isolés par un violent bombardement, il passait par un ami, un parent qui à Paris, ou à New York servant de relais, le renseignait sur le sort de ses proches dont il n'était séparé que par quelques centaines de mètres. Le 22 à Asnières, façon libanaise ! L'état-major à moins que ce ne soit la Présidence aurait pris cette décision afin d'interdire, en ces heures tragiques où devait se jouer le sort du Liban, toute activité aux correspondants étrangers sous le prétexte aberrant que leurs dépêches, aussitôt répercutées sur Beyrouth, pouvaient aggraver la panique.

L'interruption du téléphone provoqua plus d'affolement que les plus alarmistes de tous les communiqués d'agence. Et il ne manquait pas de motifs de s'inquiéter sans avoir recours à la presse étrangère.

Dans la nuit, la situation militaire s'était encore aggravée, les dernières résistances s'effondrant sous les coups des druzes et de leurs alliés. Les joumblattistes avaient occupé Mechref, abandonné par les Forces libanaises qui « s'étaient redéployées »... Mais où ? A l'abri des canons et des chars israéliens ? Derrière cette mystérieuse ligne rouge que les druzes ne seraient pas autorisés à franchir mais dont jamais personne n'avait pu déterminer le tracé. Les druzes dévalant jusqu'à la côte avaient pris Damour après de violents combats, armée libanaise et phalangistes luttaient côte à côte, comme en 1975. A cette différence près, l'armée avait été lâchée par ses protecteurs, les Américains, les Occidentaux, alors que les Forces libanaises pouvaient apparemment toujours compter sur les Israéliens. Quant aux combats, étaient-ils aussi violents qu'on l'affirmait ? Ce n'étaient somme toute que des redéploiements.

Les druzes de Joumblatt viennent de s'emparer de Khaldé. Que s'est-il passé ? Normalement cette « capitale » chiite aurait dû être occupée par les milices d'Amal. Un taxi nous y conduit. Les druzes sont bien là, barbus, farouches — et en jouant — dans la tenue traditionnelle des montagnards du Chouf: pantalons bouffants bardés de cartouchières mais déjà en vestes d'uniformes et casques. Chaque milice tend à se transformer en une véritable armée ; il ne manque plus que le drapeau, les galons et les défilés. Un responsable druze nous déclara embarrassé :

— Nous ne voulions pas prendre Khaldé, mais nous y avons été obligés pour rétablir l'ordre... entre militaires libanais. La 4e brigade tenait ce carrefour où nous nous trouvons, et ce n'était pas à nous de la déloger de là. Mais un chef de bataillon a été grièvement blessé au cours d'un affrontement entre chrétiens et musulmans. Les musulmans se sont mutinés. Nous ne pouvions assister indifférents à cette véritable bataille rangée qui les opposait les uns aux autres et dont aurait été victime la population civile déjà suffisamment éprouvée. Comme nous nous trouvions à proximité, on est venu nous chercher et nous sommes intervenus.

Une explication qui ne tient guère. Hier c'était un lieutenant chrétien qui avait abattu un musulman, aujourd'hui, un commandant qui avait été blessé, sans que l'on précise sa confession. En général on commence par là. De son côté, l'état-major de Yarzé démentait le lieutenant comme le commandant.

Le carrefour de Khaldé commande l'aéroport et il était évident que les druzes du PSP avaient voulu gagner de vitesse les chiites. En d'autres temps ils en seraient venus aux mains, car ils ne sont alliés que d'occasion. L'incident est rapidement aplani, les druzes laissent la place aux chiites. Qui s'est interposé ? Ni Joumblatt ni Nabih Berri qui ne sont plus maîtres de leurs décisions. Nous en aurons bientôt la confirmation. Seule position de l'armée libanaise qui résiste encore dans la Montagne : Souk-el-Gharb. Elle n'est plus tenue que par 1 500 hommes, éprouvés, démoralisés, et privés de l'appui des canons et des avions américains. Les deux derniers chasseurs bombardiers de l'armée libanaise, les vieux Hunter anglais, fort courageusement, ont tenté de pallier cette défection en bombardant les positions ennemies. L'un s'est perdu ou a été abattu, l'autre a largué ses bombes où il a pu. Souk-el-Gharb, réduit à ses propres moyens, ne pourra résister très longtemps. S'il tombe, Baabdad se trouvera à la merci des druzes et Amin Gemayel de Walid Joumblatt qui le poursuit d'une haine maladive. Il ne lui restera plus qu'à s'enfuir à Chypre en hélicoptère ou à se réfugier à Achrafieh, à Jounieh, ce que souhaitent ses adversaires. Il cessera du même coup d'être le président de la république libanaise en devenant seulement celui des chrétiens et l'otage des phalangistes. Dans l'entourage de Joumblatt on donne comme imminente l'offensive qui balayera Souk-el-Gharb.

Dans les heures qui vont suivre, sur ce tronçon de montagne labouré par des milliers d'obus, se jouera le dernier acte de la tragédie libanaise. Pour qu'il nous soit permis d'accompagner les druzes, nous nous précipitons, Azoulay et moi, à la résidence du Walid Joumblatt à Beyrouth. Elle sert de permanence à ses partisans qui délivrent les laissez-passer, ces billets qui nous autoriseront à assister le cœur chaviré à l'hallali du Liban chrétien.

J'ai connu cette grande maison, triste, inhabitée, jadis accueillante, chaleureuse, animée quand Kamal Joumblatt, lorsqu'il quittait son palais baroque de Moukhtara, y habitait. Certain jour, il m'y tint des propos insensés et d'autres fort raisonnables. Il était fou et il était sage, mais le démon de l'ambition l'habitait. Walid Joumblatt y venait rarement comme s'il redoutait d'y croiser le fantôme de son père qui l'accuserait de s'être mis au service de son assassin, de celui qu'il haïssait le plus au monde et en qui il avait deviné le fossoyeur du Liban : Hafez el Assad.

A peine avions-nous les laissez-passer en poche, que tombait un communiqué émanant de la direction du Parti socialiste druze à Damas et démentant toutes les déclarations précédentes. « Jamais le PSP n'a manifesté l'intention d'attaquer les positions de l'armée à Souk-el-Gharb, positions qui commandent l'accès du palais de Baabdad. »

D'où venait cette rectification sèche, brutale ? D'Hafez el Assad qui rappelait à sa manière que lui seul pouvait décider au Liban de la guerre comme de la paix, et que le sort du président chrétien dépendait de son bon plaisir. Walid Joumblatt s'était fait rappeler à l'ordre. Son père, pour avoir voulu forcer en ce même endroit la décision et en finir avec les chrétiens, malgré toutes les mises en garde, avait été exécuté sur l'ordre d'Assad. Ses partisans et les Palestiniens qui l'avaient suivi dans son équipée avaient été écrasés par l'artillerie syrienne. Walid ne pouvait l'oublier.

Après avoir été l'artisan de leur défaite, Assad, comme en 1976, sauvait la mise aux chrétiens. Dans la fascinante partie d'échecs qu'il livrait à Israël, le seul adversaire de son envergure, il savait jusqu'où il pouvait pousser ses pièces sans que Tsahal, d'un coup de botte, ne renverse l'échiquier. Or Jérusalem venait de faire connaître qu'il ne tolérerait pas la disparition de l'État chrétien. Assad pouvait en tirer argument auprès de ses alliés pour expliquer, autant qu'il en ait jamais eu le souci, ce nouveau renversement de sa politique. En vérité, à aucun moment, il n'avait souhaité cette disparition mais, selon son habitude, il avait laissé planer le doute sur ses intentions et il n'était intervenu qu'au dernier moment.

En ce mercredi 15 février, jamais les chrétiens n'avaient été aussi désemparés, et à juste raison. Face aux 15 000 chiites d'Amal que l'on savait encadrés par les communistes, aux 10 000 druzes progressistes et palestiniens du Mouvement National, aux milliers de déserteurs de l'armée libanaise, tous appuyés par l'artillerie, la logistique syrienne, aux 50 000 réguliers de Damas, et aux Forces spéciales alaouites, épaulés par les conseillers soviétiques, que pouvaient-ils aligner, lâchés par l'Amérique ? 20 000 phalangistes des Forces libanaises, 7 à 8 000 soldats appartenant aux brigades restées fidèles mais très éprouvées par les récents combats et les désertions. Elles avaient heureusement conservé leurs blindés. Le secteur chrétien depuis que la Montagne avait été perdue était partout dominé par l'artillerie des milices adverses, souvent servie par d'excellents spécialistes, les communistes libanais entraînés à l'Est, sans compter les canons lourds soviétiques des Syriens. Leurs positions étaient devenues indéfendables et le courage n'y faisait rien. Ils étaient à la merci d'Hafez el Assad.

Dans ce minuscule réduit de moins de 3 000 kilomètres carrés où les chrétiens sont parqués les uns contre les autres, il n'est personne qui ne cherche le coupable des malheurs du Liban. Les uns accusent la Syrie, les autres Israël, les plus lucides ou qui croient l'être, les deux larrons : Jérusalem et Damas. Étant entendu que les Libanais n'y sont pour rien. Depuis des lustres, les Libanais n'expliquent leurs malheurs qu'à travers les interventions des puissances étrangères qui les appuient, les lâchent ou les combattent. Aujourd'hui les accusations se précisent :

— Nous n'avons plus de président, disent-ils, la preuve en est que personne n'en veut plus. Amin a appelé à l'aide Israël qui n'a pas voulu l'entendre. Moshe Arens, le ministre de la Défense s'est borné à déclarer : « L'armée libanaise n'existe plus et le régime du président Gemayel est en pleine désintégration. Quand il se croyait en situation de force, il refusait de nous entendre. Aujourd'hui, il nous convie à sauver ce qui ne peut plus l'être. Qu'il vienne en personne à Jérusalem demander notre aide. Et nous aviserons. » Washington, moins brutalement reconnaît qu'il ne peut plus rien pour Gemayel après l'abrogation unilatérale de l'accord israélo-libanais dont il était garant. On maintiendra cependant la VIe flotte au large du Liban afin d'éviter toute action des milices ennemies qui pourrait tourner au massacre. On lui conseille de faire appel à l'ONU, ne serait-ce que pour protéger les camps de réfugiés palestiniens. La France ? Seule, elle est impuissante et ne peut que distribuer des bonnes paroles. Les Séoudiens ? Moins ils distribuent d'argent, plus ils sont prodigues en plans et résolutions qui ne sont acceptables qu'appuyés à coups de millions de dollars.

Nabih Berri déclare de son côté qu'il faut changer de président de la république, et comme Jeanne d'Arc, il entend des voix qui lui viennent de France. Walid Joumblatt, qui doit tenir compte des suggestions « impératives » de Damas mais aussi de Jérusalem, estime qu'il ne reste à Amin qu'une solution pour se sortir de la situation désespérée dans laquelle il s'est placé : se suicider.

Un président inexistant dans un pays qui a cessé d'exister conviendrait aux deux larrons, aux deux complices, affirment certains politologues libanais qui n'ont trouvé que ce moyen de se rassurer.

Si Assad se tait, Kadhafi n'en parle que plus. Alors qu'il ne peut intervenir au Liban que par une poignée d'assassins à sa solde, et un petit contingent sous contrôle syrien, il réclame un président chrétien, à condition qu'il ne soit ni phalangiste, ni druze, ni apparenté au Front Progressiste de Walid Joumblatt. Surtout pas chiite car pour les chiites il demeure « le Grand Satan » qui fit assassiner le truculent et joyeux imam Moussa Sadr, le mollah iranien de Koum dont on veut aujourd'hui nous laisser croire qu'il fut un saint libanais.

Après Nabih Berri qui a sorti de son chapeau de prestidigitateur le colonel chiite Jaber, commandant la 6ᵉ brigade afin d'assurer la sécurité dans Beyrouth, Walid Joumblatt met en avant son général, Nadim el Hakim, ce druze qui refusa de combattre les siens dans la guerre de la Montagne et m'en donna les raisons. Il le propose comme chef d'une nouvelle armée libanaise qui se composerait de deux unités d'élite : la 6ᵉ brigade qui passa à l'ennemi sans y passer vraiment, qui vendit ses uniformes, distribua son armement pour ne pas avoir à s'en servir et la 1ʳᵉ brigade qui ne fit jamais rien que balayer les abords de ses casernes, toucher sa solde en regardant pousser le haschich de la Bekaa. Une armée qui ne risquerait guère d'inquiéter les solides guerriers druzes et les miliciens d'Amal.

A Yarzé, faute de mieux, l'état-major en est réduit à expliquer sa défaite. Après avoir rejeté la thèse de la mutinerie, trouvée gênante, il met tout sur le dos du brouillage dont aurait été victime la 4ᵉ brigade et il publie cet ordre du jour :

« Les communications entre le commandement général de l'armée libanaise et la 4ᵉ brigade ont été brouillées dans la matinée de mardi. Les assaillants, après s'être placés sur le réseau, ont donné des ordres contradictoires aux unités, au nom du commandement général. Ainsi, des unités de l'armée libanaise sont demeurées sur la ligne de front sans savoir que les autres avaient dû se déployer sur d'autres positions. »

L'explication fut étendue à toutes les autres unités.

« La débâcle, mardi, des militaires dans le Chahhar el Gharbi est due au brouillage des émissions radio. »

Enfin je connaissais la véritable cause de la débâcle de l'armée libanaise : elle avait été brouillée.

Explications embarrassées, communiqués, parlotes vaines, projets fumeux, menaces et promesses. Seul Hafez el Assad décidera en dernier ressort au moment qu'il aura choisi. Tout se ramène au mystérieux, courtois, souriant, inexorable et silencieux Syrien. Syrien ou alaouite ? Là réside le problème.

« L'homme sur lequel tous s'interrogent — Hafez el Assad — est de haute taille, a le teint clair, le visage allongé que surplombe un large front, de petits yeux pétillant d'intelligence et de fermeté. Tout en portant le menton haut qui trahit un tempérament autoritaire, il a un comportement timide, réservé, une démarche calme, majestueuse. Toujours courtois, n'élevant jamais la voix, il pourrait passer pour terne. Élégant dans sa mise, il garde cependant l'empreinte de ses origines paysannes et de sa formation militaire. Les cheveux coupés dans le style sommaire des casernes, il donne une impression de lourdeur que dément le regard rusé de l'homme de la terre aux prises avec l'orage et familier des menaces... Implacable, le président syrien exécute ses desseins avec patience et obstination. Il a bâti son pouvoir pierre par pierre, ne se précipite jamais, ne s'émeut guère, ne s'emporte pas davantage... Sachant attendre les occasions propices, renforçant ses atouts et laissant s'enferrer ses adversaires, il choisit admirablement son moment. En position de faiblesse, il voit dans toute négociation une inacceptable tentative d'extorsion. Devenu fort, il considère tout compromis comme un don gratuit. Pour lui, tout a un prix mais il lui incombe de le fixer. C'est un négociateur imprévisible, retors, capable tout aussi bien de trancher à la hussarde un problème de fond que de refuser une réponse précise sur une question de détail. S'il promet, il exécute sans délai ; s'il veut refuser, il dit : « je vais en discuter avec un tel ou un tel »... S'il lui arrive, ce qui est rare, de dire un non catégorique, rien ne sert d'insister car sa décision est définitive. Du moins pour le moment car chez lui, tout refus dissimule les prodromes d'une acceptation future comme toute acceptation recèle les fondements d'un éventuel rejet. Duplicité, dédoublement, ruse ou technique avancée de la négociation ? Nul ne peut le dire... » (Karim Pakradouni, *La Paix manquée.*)

Dans le portrait qu'il nous brosse d'Assad, Karim Pakradouni se réfère aux critères qui servent habituellement à juger les chefs d'État. Ses origines : Assad est né en 1928 à Kardaha, dans la montagne Ansarieh, près de Lattaquié. Sa formation, celle d'un officier aviateur, élève de l'école militaire de Homs ; son adhésion au parti Baas, sa difficile ascension au sein de l'armée, puis dans la classe politique syrienne, les rapports ambigus qu'il entretient avec l'Égypte, plus tard avec Israël ; les problèmes que lui pose l'instabilité chronique d'un pays qui s'obstine malgré tout à vouloir jouer un rôle essentiel dans « la nation arabe » ; ses difficultés à se maintenir au pouvoir malgré les complots, les attentats ; ses méthodes, qui sont celles de tous les dictateurs ayant eu la sagesse ou la prudence de se proclamer socialistes, ce qui leur vaut, même après les pires répressions, l'indulgence de la communauté internationale ; la valse hésitation entre l'Est qui lui fournit des armes et l'Ouest de l'argent ; son mariage de raison qui n'est qu'un mariage de dépit avec la Russie qu'il n'aime pas mais les États-Unis qui ont sa sympathie lui ont toujours préféré Israël.

Pakradouni préfère rester sur ce terrain plutôt que de se risquer dans les complications d'un passé confus, mal connu, déroutant, de prendre en compte certains facteurs irrationnels qui confèrent à Assad son opacité, son mystère qui est à l'origine de sa force et de ses faiblesses.

Fils de petits notables de Kardaha, nous dit-on, mais qui jouent déjà un rôle important dans leur communauté, qui sont peut-être bien de ces sages qui la dirigent. Son père, très lié avec les maronites, adressera au nom des siens un télégramme à Léon Blum, alors président du Conseil pour lui demander d'intégrer la montagne alaouite au Liban chrétien. Et il en fournit les raisons : « Le peuple alaouite diffère par ses croyances religieuses, ses habitudes et son histoire du peuple musulman sunnite. Il refuse d'être annexé à la Syrie parce que l'Islam qui est religion d'État traite les alaouites comme des infidèles. »

Aviateur, on ne verra guère Assad aux commandes d'un appareil. Dès sa sortie de l'école, il sera versé avec le grade de lieutenant dans les services de renseignements qu'investissent patiemment les militaires alaouites adeptes du secret. Il stagnera dans les grades subalternes, pour connaître ensuite des promotions fulgurantes.

A 35 ans, après avoir été envoyé en garnison en Haute-Égypte, puis licencié de l'armée avec le grade de capitaine, il sera réintégré comme major. Trois jours plus tard il passe lieutenant-colonel, un an encore et le voilà général de division. Ce ne sont point ses mérites militaires qui l'ont poussé en avant mais la faction des militaires alaouites dont il est devenu le représentant au sein de l'armée. L'année suivante, on le retrouve général d'armée, commandant en chef de l'aviation. Il le restera tout en demeurant ministre de la Défense et plus tard chef d'État.

En même temps se poursuit son ascension au sein du parti Baas qui est devenu une annexe des casernes où les alaouites font la loi. Dès 1970, il se montre résolument antipalestinien. Quand Salah Jedid, alors au pouvoir, envoie ses blindés secourir les milices d'Arafat aux prises en Jordanie avec les bédouins d'Hussein, il refuse de les appuyer de son aviation, et les blindés seront écrasés. Pendant la guerre des Six Jours, il remise sa précieuse aviation en Irak, pour lui éviter d'être détruite par les Israéliens et en 1973, lors de la guerre du Kippour, alors que la bataille est indécise, il refuse encore de faire intervenir ses meilleures troupes : les Brigades spéciales que commande son frère Rifaat.

Karim Pakradouni, proche de Bechir Gemayel, représentait les Phalanges auprès d'Elias Sarkis, élu président avec l'appui de la Syrie. Chargé de missions délicates, il négocia auprès d'Hafez el Assad, les conditions d'intervention de l'armée syrienne aux côtés des chrétiens. Il eut de nombreux contacts avec Assad, contacts toujours discrets, et qui se poursuivirent même quand Phalanges et Syriens en étaient officiellement à couteaux tirés. Il n'a voulu connaître que le Syrien, quitte à oublier l'alaouite. Par complicité confessionnelle ? A dessein ou par prudence ?

Il se permettra seulement une remarque : « Assad a un sens aigu de sa dignité. Sa personne et tout ce qui s'y rapporte, sont choses sacrées. Toutes fautes ou erreurs, en Syrie, sont à la limite excusables, hormis l'injure au président. Elle seule est péché mortel, impardonnable. » Injure au président ou à ce qui le touche de si près, les siens et cette puissante famille qui l'entoure, le soutient et dont il tire la réalité de son pouvoir, la secte des alaouites que l'on appelle encore les Nossaïriés, originaires du djebel Ansarieh, proche de la montagne libanaise.

Pour s'être intéressé de trop près à la secte et à ses secrets, pour avoir essayé de s'en servir, il en coûtera la vie à Salah Bitar, personnage pourtant considérable dans le monde arabe, fondateur avec Michel Aflak du Baas, plusieurs fois président du conseil syrien. Il fut abattu, en plein Paris, alors qu'il regagnait le petit bureau qu'il occupait, avenue Hoche, où après l'avoir connu au Liban, je l'avais souvent rencontré. On invoqua toutes sortes de motifs dont les articles qu'il avait publiés contre le régime syrien dans une revue confidentielle éditée en France. On n'assassine pas pour si peu un homme de son importance, le théoricien d'un parti dont la Syrie continuait à se réclamer comme l'Irak et de nombreux partis arabes. Avant qu'il ne soit abattu, il m'avait déclaré :

— Pour que les frères Assad abandonnent le pouvoir en Syrie sans causer trop de dégâts, sans provoquer une sécession dans le pays en constituant un État alaouite indépendant, il faudrait qu'interviennent les responsables de la secte. Alors lui et son frère ne pourront que s'incliner.

Salah Bitar avait l'intention de nouer certains contacts avec des alaouites dissidents, afin de déstabiliser le régime là où il était vulnérable, Assad comprit aussitôt le danger et chargea son frère Rifaat, dont c'était la fonction, de l'éliminer quitte à braver l'opinion arabe et internationale, sans se soucier des réactions de la France qui avait accordé l'asile politique à Salah Bitar. Les seules réactions vinrent de Bagdad où l'on organisa des funérailles nationales au vieux leader.

Hafez el Assad est un être double en qui cohabitent deux personnalités, aux intérêts apparemment inconciliables : le Syrien, leader d'un parti laïque et socialisant, après avoir été fascisant, le Baas, l'ennemi officiel d'Israël et du sionisme, l'allié de toutes les factions progressistes libanaises, le protégé des Soviétiques dont les canons de 130 mm écrasent les chrétiens d'Achrafieh, le tenant enfin de la Grande Syrie, le successeur de Nasser.

Il déclare en décembre 1983, au cours d'une interview donnée au *Point :*

« Le Liban et la Syrie constituent un seul peuple, une seule nation. Nous sommes deux États indépendants mais cela ne veut pas dire que nous soyons deux nations différentes. »

Et il y a l'alaouite. Déjà son père parlant au nom de la secte refusait d'être syrien, préférant rejoindre les Libanais maronites. Ses ancêtres, ce qui leur avait valu leur surnom d'Assad, les lions, avaient toujours combattu aux côtés des chrétiens. Ils les avaient défendus et abrités au cours des massacres de 1840 et de 1860. Tout comme Assad leur sauvera la mise en 1976 quand ces mêmes chrétiens se trouveront dans une situation désespérée. Moins pour éviter une intervention israélienne en leur faveur, intervention qui n'était pas certaine, que parce qu'il ne pouvait tolérer, lui l'alaouite, la disparition d'un allié traditionnel qui mettrait en danger sa propre communauté.

Dans la sanglante querelle qui opposera les deux grandes familles maronites, les Gemayel et les Frangié, il prendra le parti des Frangié. Il n'agit pas en tant que chef d'État, mais comme montagnard du djebel Ansarieh, allié au sens tribal et confessionnel du terme, de ce clan maronite avec lequel les siens, depuis des générations entretenaient des rapports étroits de montagne à montagne, de réprouvé à réprouvé.

Le Syrien combattra « l'impérialisme sioniste » ; l'alaouite s'arrangera discrètement avec Israël et finira le travail commencé par Tsahal, en écrasant à Tripoli les Palestiniens. Leur crime ? S'être alliés contre Assad, l'alaouite, aux musulmans intégristes du Nord-Liban et aux Frères musulmans d'Égypte. En juin 1983, le grand muphti de Jérusalem mettra Assad au ban de l'Islam par cette « « fatwa » : « Il est du devoir de tout bon musulman de tuer Assad qui est l'ennemi de l'Islam. » Quelques siècles avant, une autre fatwa, nous dirions une excommunication, avait été lancée contre « la secte païenne » et une importante colonie alaouite installée au Liban, entièrement passée au fil de l'épée, parce que considérée comme païenne. N'étant pas comme les chrétiens et les Juifs « gens du livre », ils n'avaient selon le Coran le choix qu'entre se convertir ou mourir. Ils refusèrent de se convertir, on les massacra. Mais ils en tirèrent la leçon qui convenait. Ils pratiquèrent désormais « le double visage », la « taqya ».

Assad, l'alaouite, se sait menacé ainsi que toutes les autres minorités, les chrétiens du Liban, les juifs d'Israël par la grande marée islamique et il n'a aucun espoir de s'entendre avec les musulmans surtout après les massacres d'Hama. Il sait, comme tous les alaouites et il ne manque jamais de le leur rappeler, qu'ils n'ont pas à espérer de quartier. Assad le Syrien ne peut accepter l'annexion du Golan par Israël, comme il n'aurait pu que rejeter la création en 1920 d'un grand Liban au détriment de la Syrie. L'alaouite se sent infiniment moins concerné par ce rêve d'intellectuels damascènes et il est plus important à ses yeux de sauvegarder Lattaquié que Damas, la capitale syrienne. La Montagne libanaise est à ses yeux plus importante que le Golan.

Aujourd'hui où Assad peut disposer à son gré du Liban, il nous importe de savoir qui l'emportera au plus secret de lui-même : le Syrien ou l'alaouite, le Syrien progressiste qui n'a que faire d'une communauté chrétienne, accrochée à des valeurs bourgeoises, à des privilèges insupportables ou l'alaouite conservateur attaché à sa montagne, à ses traditions, fier de sa différence et qui refuse de se perdre dans l'Islam, une communauté religieuse qui l'a toujours rejeté.

C'est bien la question que se posent, ce mercredi, un million de chrétiens. Que va faire Assad ? Avec qui devrons-nous traiter ? L'alaouite, ami des chrétiens, que lient avec Israël de secrètes complicités, le Syrien qui exige notre disparition et ne pense qu'à en découdre avec l'État hébreu.

Les alaouites, comme les druzes, les ismaéliens et toutes les sectes ésotériques du Moyen-Orient ont toujours pratiqué le double langage, la « taqya » que les Persans appellent le « ketman ». La « taqya » fait obligation au fidèle, à l'initié, d'affirmer son appartenance à la religion officielle, l'Islam, sa croyance en l'enseignement du Prophète, afin de mieux dissimuler sa vraie foi, et pour en pratiquer les rites sans être inquiété.

Or de toutes les sectes, celle des alaouites ou Nossaïriés est la plus éloignée de l'Islam. Elle a connu pendant des siècles persécutions, misère, oppression.

Les communautés nossaïriés, autant qu'on en sache, car on y pratique le secret plus encore que chez les druzes, sont dirigées par des cheikhs ou sages qui sont seuls à connaître les livres écrits en kurde mais que personne n'a jamais vus. Ce sont des sortes de Vieux de la Montagne. Et le père d'Assad aurait été l'un d'eux. Ils croient en une Trinité qu'ils désignent pour les profanes ou leurs persécuteurs sous le nom d'Ali, gendre du Prophète, d'où leur nom d'alaouites, de Salmon, un de ses compagnons, et de Mahomet, et qui sont en réalité les antiques divinités de la lune, du soleil et du ciel.

Comme les druzes, ils croient à la métempsycose, que les âmes sont une parcelle déchue de Dieu. A la suite d'un certain nombre de réincarnations, en pratiquant les bonnes pensées, les bonnes actions, elles seront un jour restaurées dans leur authentique condition divine.

Les alaouites mangent du porc, boivent du vin, ne voilent pas leurs femmes, ils n'acceptent pas le divorce ; ils pratiquent la charité, communient sous les deux espèces. Aussi, nombre d'historiens, dont Renan, pensèrent qu'ils n'étaient qu'une branche égarée du christianisme oriental.

« Musulmans d'extérieur, comme tous les autres dissidents, ils professent plus qu'eux et tout autant que les juifs et les chrétiens la haine et le mépris de l'Islam. » (Gobineau, *Trois ans en Asie.*)

On comprend que l'alaouite Assad — en dehors de toute autre considération politique — ait pu approuver de bon cœur l'invasion de l'Afghanistan, pays musulman intégriste.

Mais les cheikhs, les Vieux de la Montagne alaouite ont aussi pour fonction de veiller à la survie de la secte et de lui donner, en veillant à leur ascension, les chefs qui peuvent la diriger, et qui apparaissent au grand jour. Au cours de leur longue histoire, on a accusé les alaouites de toutes les turpitudes, de se livrer à des orgies, de pratiquer le sabbat, d'adorer le diable, ce qui est faux car ils sont de mœurs réservées, surtout d'être des païens que tout bon musulman se doit d'exterminer. Le sultan du Caire décide de les massacrer. Aussitôt ils se convertissent mais transforment en étables les mosquées qu'on leur a construit. Les Français, jouant de leur particularisme, créeront un État alaouite et ils engageront dans leur armée ces paysans misérables souvent sans terre, soumis au bon plaisir de leurs maîtres damascènes qui les considèrent comme une sous-humanité et achètent leurs filles tel du bétail.

Les alaouites, à peine 10 % de la population de la Syrie (9 500 000 habitants) contre 80 % de sunnites (le reste étant composé de chrétiens et de druzes), constituèrent longtemps au sein de la Syrie un groupe de réprouvés, qui acceptaient les tâches rebutant les Syriens. Mais ils restèrent solidaires les uns des autres. Entrés en masse dans l'armée, comme simples soldats ou sous-officiers, ils deviendront officiers et forts des liens secrets qui les unissent, ils se rendront maîtres du pays. Ils ont dans le même temps rejoint le Baas, le seul parti pan-arabe qui se veut laïque et qui les accepte.

Assad sera marqué par la « taqya ». De cette pratique ancestrale, il héritera le goût du secret, du mensonge. Il ne doit la vérité qu'aux gens de sa secte, aux autres, rien. Des malheurs des siens lui viendront sa haine et sa crainte de l'Islam, sa répugnance à se lier avec tout mouvement qui s'en réclame comme les Palestiniens d'Arafat. Son comportement austère, taciturne est celui d'un « parrain » méditerranéen. Il pourrait être sicilien ou corse. Il n'a confiance en personne, sauf dans les siens. Il se servira du Baas qu'il videra de son contenu politique, de l'armée pour installer dans les postes de responsabilité sa « famille », au sens large du terme. De son jeune frère Rifaat, d'abord petit agent des douanes, il fera un lieutenant puis un colonel, le chargeant d'organiser sa garde prétorienne, les célèbres Brigades de Défense, exclusivement recrutées dans la montagne alaouite. Rifaat deviendra le deuxième personnage du régime en même temps que l'exécuteur de ses basses œuvres et le gardien vigilant de son influence au sein de la secte.

Il truffe l'armée, l'administration de ses alaouites. Mais il est suffisamment habile pour déguiser cette emprise confessionnelle. Sur le devant de la scène politique, il pousse en avant un Front National Progressiste qu'on retrouve au Liban sous la même étiquette et qui comprend pêle-mêle le Baas, le Parti communiste, l'Union Socialiste Arabe... Ce Front n'exerce aucun pouvoir, il n'est qu'un alibi pour permettre à l'armée de les exercer tous. 70 % des postes clefs de cette armée sont désormais tenus par des alaouites.

Pour éviter le reproche de confessionnalisme, celui-là même qu'il fait à Amin Gemayel, il prendra pour Premier ministre un sunnite Abdel Rouf Kasem ; comme ministre des Affaires étrangères, un autre sunnite Halim Kaddam, et comme ministre de la Défense Moustapha Tlass, autre sunnite.

Kasem tient un rôle honorifique, Tlass est un vieux guerrier à la retraite qui ne s'intéresse plus qu'à la poésie. Quant à Kaddam, il joue un rôle pour lequel il fallait absolument un sunnite : il établit la liaison entre Assad et son grand bailleur de fonds, le roi d'Arabie Séoudite, gardien de la foi islamique. Kaddam a même épousé la fille du milliardaire séoudien Akkram Ojjeh. Kaddam est utile ; tant qu'il le restera, il demeurera indispensable. Il a aussi ce mérite : son père, un petit instituteur, a été très lié avec la famille Assad et s'il n'est pas de la confession alaouite, il s'en rapproche.

Mais la réalité du pouvoir réside entre les mains de trois alaouites en plus de Rifaat el Assad, « Monsieur frère » : Ali Haïdar qui dirige les Brigades spéciales chargées du maintien de l'ordre, organes d'exécution des services spéciaux syriens ; le général Ali Dhouba qui dirige les moukhabarats, les services secrets ; Ahmed Diab qui contrôle les Services de Sûreté intérieure.

L'armée avec à sa tête le général Tlass, ministre de la Défense, a pour chef d'état-major le général Chehabi, sunnite lui aussi.

Mais le véritable « patron » est encore un alaouite, Ali Arslane. Sur le clan et sa clientèle, silencieux, énigmatique, règne Assad, époux vertueux ; il a cinq enfants, il vit très simplement, on ne lui connaît aucun vice, aucune passion. Il fumait cent cigarettes par jour. Comme de Gaulle et pour l'imiter, dit-on, il s'arrêta du jour au lendemain. Depuis il égrène interminablement un chapelet, un « komboloï », Il n'accorde que peu d'intérêt à l'argent, ni aux plaisirs qu'il procure. Une seule passion le dévore, le pouvoir et tout lui est bon pour le conserver. Il est disposé à tous les renversements politiques, à toutes les alliances, même avec le diable qui, en Orient, s'appelle Israël. Intègre, il favorise la corruption. Il a créé une véritable Nomenklatura de fonctionnaires, de militaires, couverts de prébendes, entourée d'une clientèle de riches commerçants qui se sont scandaleusement enrichis. La concussion, la contrebande, les trafics les plus divers sont monnaie courante.

Mais ces nouveaux millionnaires alaouites ou chrétiens, rarement musulmans, lui sont attachés, et disposés à tous les crimes, toutes les compromissions pour le servir. Ils n'ont le choix qu'entre le maintien de la dictature alaouite et la fuite ou la prison, quand ce ne sera pas le peloton d'exécution ou la potence dont on fait grand usage en Syrie. Puritain, Assad supportera des siens tous les excès, tous les vices, tous les vols. Ils possèdent des comptes en Suisse, de somptueuses résidences en France ou aux États-Unis. Son jeune frère Rifaat donne l'exemple. Par méfiance ancestrale, Assad ne se fie qu'aux hommes de sa secte comme les parrains de la Maffia américaine, aux Siciliens de leur village.

Les deux faces de son personnage, le Syrien et l'alaouite, le nationaliste du Baas et le confessionnel de la Montagne l'obligent à mener une politique déconcertante, à laquelle on attribue, faute de la comprendre, une profondeur, un machiavélisme, dont elle n'est pas exempte mais dont elle manque parfois. On y retrouve en revanche toujours les mêmes motivations simples, brutales : détenir le pouvoir, un pouvoir à l'état pur, grisant, solitaire, débarrassé de tout ses hochets et de toutes ses vanités et l'exercer. Assad a toujours soigneusement évité d'être acculé à un choix, afin de pouvoir manœuvrer à sa guise. Mais la situation qu'il a créée au Liban ou qu'il a laissé s'instaurer l'obligent soudain à choisir entre la Syrie et la secte, entre un grand projet presque réalisé, la Grande Syrie — mais qui exige la disparition des chrétiens comme force confessionnelle, de ces maronites attachés à leur terre, leurs coutumes, leur Dieu et leurs privilèges, ces frères nantis des alaouites — et la défense, la survie d'un million de montagnards alaouites qui interdit ce même projet et qui obligerait à se priver de ces alliés précieux, les chrétiens. En cas de révolte de la Syrie musulmane contre les « maudits », les maronites demeurent avec Israël le seul recours de la « famille ».

Assad dispose à son gré des islamo-progressistes : druzes socialistes de Joumblatt, chiites de Nabih Berri, communistes et milices de toutes appartenances qu'il a lancés à l'assaut du pouvoir chrétien, ce pouvoir d'abord appuyé puis lâché par Israël. Il tient à sa merci ces chrétiens mais par prudence, car il ne veut pas oublier les leçons de l'histoire, il ne peut s'en passer.

Derrière chacun de ces choix, se profile l'ombre des deux Grands. Privilégier la secte, c'est choisir les chrétiens, à plus ou moins long terme, Israël et l'Amérique, avec laquelle Rifaat le successeur désigné d'Hafez par les alaouites, entretient déjà des rapports privilégiés. Choisir la Grande Syrie, le rêve arabe, l'oblige à se compromettre avec les régimes progressistes du Moyen-Orient et de la Corne de l'Afrique qui ne sont pas d'un très grand poids comme le Yémen du Sud, sans pétrole ni dollars. C'est se lier encore plus à la Russie car elle seule peut aider Assad à se maintenir au pouvoir malgré l'hostilité des milieux religieux et contre Israël. En échange, elle exigera une collectivisation catastrophique de l'économie, de l'agriculture, qu'on accorde un rôle plus grand au Parti communiste, une politique qui se soldera par d'autres massacres comme à Hama et l'annexion pure et simple du Liban qui ne voudra rien entendre et se débattra qu'il soit chrétien ou musulman.

Assad hésitait encore quand il reçut une visiteuse qui lui offrit de résoudre tous ses problèmes, de trancher souverainement, de ses doutes, ce nœud gordien. C'était la mort qui venait lui réclamer en échange de sa victoire ambiguë au Liban le prix qu'elle avait fixé : sa vie. Le jour où Hafez el Assad, le président syrien et le chef de clan alaouite, l'homme au double visage, à la double identité que l'on avait un peu trop vite comparé à Metternich — Metternich n'avait pas ses problèmes — venait au prix des plus subtiles, des plus sanglantes combinaisons, de mettre la main sur le Liban, la mort se rappelait à lui. Oublié, le rêve pan-arabe, ne restait plus que la fidélité à ses origines, sa famille, son clan. Ce sera en alaouite, en protecteur, en allié des chrétiens qu'il se comportera, si la mort lui en laisse le temps.

Il n'a guère d'estime pour Amin Gemayel — il n'estime que ceux qu'il tue parce qu'ils le gênent, Bechir et Kamal Joumblatt. Il s'emploiera, cependant, à lui sauver la mise mais à ses conditions et elles seront impitoyables. Le Liban du Pacte national n'existera plus.

IX

Jeudi 16 février 1984
Canossa

Car la violence faite au Liban te submergera, car tu as versé le sang humain et violenté le pays, la cité et tous ceux qui l'habitaient.

La Bible, Habacuc II-4

Le soleil brille sur Beyrouth, ses ruines, ses rues désertes, ses boutiques aux rideaux tirés comme si la ville, après le long cauchemar de la nuit refusait de se réveiller, mais il ne peut chasser cette odeur de cendres mouillées. Un marchand de légumes pousse sa carriole assez mal fournie : des oignons, quelques salades anémiques, des oranges ratatinées. Le ravitaillement devient difficile. La nuit, personne ne sort et faute de pouvoir se rendre à la campagne, on vit sur les stocks. Un gamin passe portant sur un large plateau des galettes encore chaudes qui sortent du four. Au contraire de Saïda, Beyrouth ne manquera pas de pain, a déclaré fièrement Mahmoud Ismael, président du syndicat des boulangers.

Il n'est partout question que de la décision historique que doit bientôt prendre le président Amin Gemayel et chacun s'interroge balançant selon son appartenance confessionnelle entre l'espoir et le découragement.

Ici on brûle un drapeau kataeb, un cèdre stylisé sur fond blanc. A Jbail, Byblos, on enterre Ghait Khoury, l'un des principaux responsables phalangistes. Il a été abattu dans l'une des zones les mieux tenues par les milices chrétiennes alors qu'il rentrait au volant de sa voiture, accompagné de sa femme. Ses agresseurs ont ouvert le feu avec des armes automatiques, à partir d'un véhicule militaire. Est-ce un avertissement aux Forces libanaises de se tenir tranquilles, de ne pas intervenir pour gêner le règlement qui se prépare ? C'est bien ainsi qu'on l'entend à la Quarantia, le PC des milices où l'on se prépare au pire.

De leur côté, les Israéliens viennent de décider la fermeture de cinq casernes des Forces libanaises installées en novembre 1982 dans leur zone d'occupation. La raison officielle : l'Armée du Liban libre de feu le commandant Haddad peut fort bien assurer la sécurité du Sud-Liban sans l'aide des phalangistes. La seconde : éviter les affrontements entre chiites, soulevés d'enthousiasme par la victoire de leurs coreligionnaires, et phalangistes que la hargne, le sentiment d'avoir été trahis pourraient rendre agressifs. Les phalangistes doivent-ils comprendre que pour un temps ils doivent s'effacer ?

Au couvent Saint-Georges, à Aoukar, autour de Camille Chamoun et de Pierre Gemayel se sont réunis les principaux responsables du Front libanais qui regroupe toutes les organisations chrétiennes. Les deux vieux leaders s'emploient de leur mieux à les préparer à « la décision historique » qui risque de se révéler une pilule particulièrement amère.

Je regarde défiler une patrouille blindée d'Amal dans un ordre impressionnant. Les miliciens arborent fièrement des uniformes. Casqués, ils bombent le torse. Pour un peu, je les aurais confondus avec un détachement de l'armée libanaise. Qui a pris en main la réorganisation de ces milices au point de leur donner si belle allure ? Qui leur impose une telle discipline ? Qui a formé les conducteurs de chars de fabrication soviétique et des transports blindés ? Car ce ne sont pas des déserteurs de l'armée, m'apprend-on. Qui, sinon les communistes ?

Est-ce encore sous leur influence que l'étau islamique se desserre. Nabih Berri répète à tous les échos qu'il n'a rien d'un chiite intégriste, révolutionnaire de type iranien. Et il prépare à son tour ses partisans à « la décision historique ». Il leur dit : « Nous refusons que le Liban soit, comme le prétendent certains phalangistes ou membres du Front libanais, un pays chrétien. Mais nous ne voulons pas non plus que ce soit un pays musulman. » Qui le conseille, qui l'incite à tant de modération, qui l'a poussé à présenter ses excuses aux patrons de bar dont les bouteilles d'alcool avaient été brisées ?

Décidément les communistes sont partout. Ils inspirent aux cadres du PSP druze une déclaration commune dans cette langue de bois dont ils ne peuvent, malgré leur prudence, se départir : « L'offensive que nos forces patriotiques ont lancée contre les fascistes sionistes et impérialistes au pouvoir s'est soldée par une victoire écrasante. Elle nous a permis de libérer Beyrouth ouest, la banlieue sud de l'hégémonie du parti unique à la solde d'Israël et de procéder à un rééquilibrage des forces politiques et militaires sur la scène libanaise... Nos forces nationales garantiront la restauration d'une véritable démocratie au Liban... »

A Damas, Joumblatt s'époumone. Il veut constituer son armée « nationaliste », faire comparaître en justice les officiers supérieurs responsables du massacre du peuple libanais et il refuse tout dialogue avec Amin Gemayel. Comme s'il pressentait « une décision historique » qui ruinerait certains de ses projets.

Amin Gemayel a longuement conféré avec son conseiller Wadid Haddad que l'on dit son mauvais génie pour l'avoir jeté dans les bras des Américains. Il l'a envoyé jusqu'à la résidence de l'ambassadeur des États-Unis Reginald Bartholomew et ce n'est qu'à son retour, quand il lui confirma qu'il n'y avait plus aucun secours à attendre de Washington, que le président s'est résigné à la « décision historique ».

Le processus s'est mis en marche. Amin Gemayel a longuement rencontré à Jbail Sleimane Frangié, le vieux seigneur de la montagne zghortiote avec qui sa famille poursuivait une sanglante vendetta parsemée de cadavres d'hommes, de femmes et d'enfants. C'était pour le supplier de s'entremettre entre lui et Hafez el Assad son ami, de tenter de le fléchir, d'obtenir des conditions moins dures. Quelle douce vengeance pour l'intraitable maffioso de tenir à sa merci le jeune président, le dernier représentant de ce clan qui avait osé lui ravir son fief en tuant son fils, sa femme et ses enfants. Assad lui avait accordé cette revanche, mais en lui dictant ses conditions sur lesquelles il n'était pas question de revenir.

Aucune marge de manœuvre. Par l'intermédiaire de Frangié, Assad offrait au président libanais le choix entre se soumettre ou être jugé comme criminel de guerre pour avoir décidé l'intervention de l'armée dans le quartier sud et être responsable des dégâts qu'elle y avait causés. Peu importait que son intervention ait été justifiée par les attaques incessantes auxquelles elle était en butte.

Avec Azoulay, nous passons à l'est, par le Musée, en taxi, sans problèmes. Les marsouins règlent la circulation et les mourabitouns ont disparu, ce qui arrange bien les choses. Ils ont connu de sérieux ennuis au cours de la nuit et ils ont préféré s'éclipser. L'ordre chiite règne dans la ville musulmane pourtant à majorité sunnite. Qui l'inspire ?

Je souhaitais me rendre à Baabdad. Je téléphone à M... et lui demande :

— Peut-on rencontrer le président ou un membre de son entourage ?

Il me coupe :

— Le président Amin Gemayel est parti à Canossa faire sa soumission. Il vient de monter dans l'hélicoptère qui le conduira à Damas où il sera reçu par Hafez el Assad. Comment ? Tout le monde l'ignore, lui le premier.

— Quelles sont les conditions ?

— Pour ce qu'on en connaît : abrogation de l'accord du 17 mai.

— Elle était déjà acquise. Les Américains comme les Israéliens s'y étaient résignés.

— Cette abrogation sera mise en avant pour faire passer le reste, et qu'on soupçonne : le démantèlement de l'armée libanaise et de ses services spéciaux, ce qui mettra le régime sous la coupe des militaires syriens et des moukhtabarats, les redoutables agents de Damas qui pourront agir à leur guise sur toute l'étendue du territoire libanais. On demandera à Amin Gemayel, Frangié ne le lui a pas caché, de renoncer à l'indépendance du Liban et de sacrifier la communauté chrétienne dont il reste, malgré tout, le représentant.

— Les chrétiens ? Dans quelle mesure seront-ils particulièrement concernés ?

— Après le démantèlement de l'armée viendra celui des Forces libanaises déjà déchirées entre pro-Syriens, les politiques, et pro-Israéliens, les militaires. Les phalangistes ne pourront que se soumettre et ceux qui voudront en découdre avec les musulmans n'auront plus qu'à s'engager dans les unités spéciales alaouites où servent déjà un certain nombre de chrétiens syriens. Ou encore rejoindre les communistes, des chrétiens eux aussi, qui ne demanderont qu'à les accueillir.

« Désormais les chrétiens dépendront pour leur existence,

leur survie, la défense de leurs biens, la protection de leurs personnes du bon plaisir des Syriens. Tant qu'Hafez el Assad et ses alaouites resteront au pouvoir ce sera un moindre mal. Mais imagine qu'après sa disparition la Syrie redevienne un État musulman sunnite, intégriste et renoue avec la tradition des khalifes Omeyyades ? Il ne nous restera plus qu'à tendre la gorge et pour les rescapés d'espérer comme en 1860 qu'une flotte multinationale viendra les embarquer.

« Le Liban que tu as connu, que tu as aimé, le Liban chrétien, je dirais plus justement ce Liban où les chrétiens donnaient le ton, vient de mourir, mais si discrètement que personne ne lui a prêté attention. On se battra encore au-dessus de son cadavre mais cela n'aura plus d'importance.

Et avec une profonde amertume :

— Nous ne serons plus que les vassaux des alaouites et la sagesse voudrait que nous rejoignions en masse les rangs du Baas qui n'est plus qu'une annexe de la secte. Il ne nous reste qu'à acclamer notre nouveau président : « Longue vie à Hafez el Assad ! » Manque de chance, on le dit très malade. Devrons-nous, en bons minoritaires syriens, intervenir dans la guerre de succession aux côtés de Rifaat qui est peut-être un voyou, de Kaddam ou d'un autre, qui ne valent pas mieux.

« Je ne suis assuré que d'une chose, nous devrons apprendre à nous tourner vers la Russie et oublier l'Amérique. Tu peux quitter Beyrouth maintenant, tu viens d'assister à la mort du Liban. C'est ce que tu souhaitais. Un bateau part de Jounieh cet après-midi pour Larnaca. Si tu t'y prends assez tôt, tu as des chances de trouver une place. Adieu, vieux fossoyeur.

Le président Amin Gemayel n'eut pas comme l'empereur germanique Henri à s'humilier devant le pape et à recevoir publiquement la discipline. Hafez el Assad, en grand seigneur de la Montagne, sut y mettre les formes. Amin fut reçu à Damas en chef d'État, avec toute la pompe, tout le protocole désirés. La garde présidentielle lui rendit les honneurs, des drapeaux syriens et libanais flottaient sur son passage. Il eut droit à des discours de bienvenue et le ministre des Affaires étrangères vint l'accueillir à l'aéroport.

Hafez el Assad le reçut à son domicile privé, un honneur qu'il accorde rarement et seulement à des hôtes auxquels il prête une particulière importance. Il le confirmait ainsi dans sa fonction de président de la province libanaise. Joumblatt, Berri et les autres, dès cet instant, cessèrent de réclamer sa démission. Restait le prix à payer.

L'entrevue dura sept heures malgré la fatigue du chef d'État syrien. Assad aimait les longs entretiens où il écoutait en silence son interlocuteur s'enferrer dans ses plaidoyers et ses protestations. Il poussait même la politesse ou la cruauté jusqu'à esquisser un sourire, un mouvement de tête qui semblait l'approuver. Puis la sentence tomba.

Désormais le Liban pour sa politique étrangère comme pour sa défense dépendrait exclusivement de Damas. Il perdait ainsi les deux prérogatives essentielles de l'indépendance. Pour le reste, Amin, si ça lui chantait pouvait préparer toutes les rencontres à Genève ou ailleurs. Si elle tournait à la confusion comme c'était probable, on enverrait Kaddam, qui avait l'habitude de remettre de l'ordre dans ce genre de colloque.

Le ferry était ancré au large de Jounieh. Les passagers, les réfugiés, le mot était plus juste, bardés de valises, celles que l'on emporte pour un très long voyage, s'y entassaient. Traînée par un Riva, dans une gerbe d'écume, une fille, très belle, bronzée, les cheveux au vent vint, en skis nautiques, faire le tour du bateau. Le Liban, celui qui venait de mourir, se rappelait ainsi à mon souvenir.

Dès que l'ancre fut levée, le ferry se transforma en casino. Roulette, black-jack, chemin de fer fonctionnèrent, et on se pressa autour des tapis verts dans le tintement des pièces des machines à sous.

— Voyez-vous comme nous sommes, nous autres Libanais, me dit ce passager qui quittait le Liban avec toute sa famille. Même dans le désespoir et la défaite, il nous reste cette passion du jeu, de l'argent et du risque. Nous faisons bien trop confiance à la chance pour vraiment désespérer.

Il réfléchit en faisant cliqueter ses plaques et ses jetons :

— Je me demande si Hafez el Assad, quand il étudiait à Kardaha sur les bancs de l'école qu'avaient montée les jésuites, a appris à lire la Bible. Il devrait se souvenir de cette prédiction d'un prophète : « La violence faite au Liban te submergera. » C'est Assad et tous les siens qui sont perdus. Nous autres, nous sommes comme l'or, l'argent, l'eau — insaisissables. Aujourd'hui nous partons, demain nous reviendrons parce que nos maîtres d'un jour auront disparu ou qu'ils ne pourront pas se passer de nous. Jouez-vous, Monsieur ? Le 9 devrait bientôt sortir.

EN GUISE DE POSTFACE

Le 3 avril 1984 Chafic Wazzam, toujours virtuellement démissionnaire et toujours en place accueillera officiellement à Beyrouth Karen Brutens, responsable des relations extérieures du Comité central du PC soviétique. Karen Brutens tiendra désormais le rôle de Philip Habib, l'envoyé spécial américain. Comme lui, il a reçu tous les leaders et hommes politiques libanais importants depuis Elie Salem, ministre des Affaires étrangères, Nabih Berri, chef du mouvement Amal, jusqu'aux trois anciens premiers ministres sans oublier Walid Joumblatt qui l'attendait à Moukhtara. Mais jusqu'à présent, il n'a rencontré aucun leader chrétien. Ce qui ne saurait tarder. Les « parrains » savent être patients.

Après cette entrevue, Chafic Wazzam dressera le bilan de l'échec américain, « échec qu'ils sont eux-mêmes bien obligés d'admettre », dira-t-il. Il en tirera cette leçon : « Nous devons désormais ouvrir une page nouvelle et mettre à contribution tous nos amis, toutes les forces actives sur le plan international. Or l'Union soviétique joue un rôle efficace dans le monde et particulièrement dans cette région. »

20 mars 1984

Signature du 322e cessez-le-feu. Sans plus d'effets que le premier en 1975.

En clôturant ses travaux, la conférence de Lausanne propose

un plan de désengagement des forces combattantes par la création d'un haut comité politique et militaire qui sera chargé de présenter un rapport sur les résultats obtenus dans un délai de six mois.

La France met en vente la Résidence des Pins qui servait de résidence privée à l'ambassadeur de France et où le général Gouraud avait proclamé la naissance d'un « Grand Liban ». L'affaire serait sur le point d'être conclue avec deux promoteurs, l'un libanais l'autre séoudien.

7 mai 1984

Après « des délibérations intenses » et un sévère rappel à l'ordre de Damas, Rachid Karamé, Premier ministre désigné, et Amin Gemayel, président de la république toujours en place, ont décidé « de former sur-le-champ un gouvernement restreint du fait accompli ».

En dehors des « parrains » habituels, certains nés avant le siècle, deux nouveaux venus, Walid Joumblatt, à qui l'on a collé le ministère du Tourisme, et Nabih Berri, celui de la Justice et des Ressources hydrauliques. Il n'y a plus de touristes au Liban, chacun y fait sa justice et si torrents et rivières coulent encore, ils charrient souvent des cadavres.

8 mai 1984

Le général Tannous a été prié de quitter l'armée. Compte-t-il reprendre en main son entreprise de travaux publics qu'il n'avait jamais complètement abandonnée ?

Wadid Haddad, le conseiller très écouté du président de la république, proche des Américains, a été remercié. On lui cherche un remplaçant qui aurait l'oreille de Moscou.

21 mai 1984

A Beyrouth ouest, les miliciens chiites dynamitent systématiquement les débits de boisson. Les hommes et les femmes ne pourront plus se baigner ensemble. Les trois premiers jours de la semaine seront réservés aux hommes, les trois autres aux femmes, et le samedi tous rendront grâce à Allah et à Khomeiny qui est son prophète sur cette terre.

A Tripoli, le port du tchador sera obligatoire durant toute la durée du Ramadan.

Ni le port ni l'aéroport n'ont été rouverts. On prévoit la création d'une ligne d'hélicoptères entre Jounieh et Larnaca, à Chypre.

Né des hasards de l'histoire, de la rencontre dans les montagnes de quelques poignées de réprouvés attachés à leur foi, de l'initiative de Gouraud, un général français manchot qui se voulait l'héritier des croisés, ce Liban indépendant, décidant luimême de son sort, pratiquant la tolérance religieuse dans un environnement de passions fanatiques, ce miracle a cessé d'exister.

Pour nous Français, il demeurera comme un remords, comme une blessure, notre dernière et malheureuse tentative pour jouer à la grande puissance, en venant en aide au seul pays d'Orient où nous ne nous sentions pas encore des étrangers.

Paris, Saint-Cézaire, le 21 mai 1984.

Cet ouvrage a été réalisé sur
Système Cameron
par la SOCIÉTÉ NOUVELLE FIRMIN-DIDOT
Mesnil-sur-l'Estrée
pour le compte des Presses de la Cité
le 30 mai 1984

Photocomposition : Hérissey

Imprimé en France
Dépôt légal juin 1984
N° d'édition : 4910 N° d'impression : 1048